アンゲラ·メルケル

東ドイツの物理学者がヨーロッパの母になるまで

C'était Merkel

Marion Van Renterghem

東京書籍

目次

第1章 メルケルは去っていく …… 6
第2章 アンゲラのエゴはどこに? …… 21
第3章 独特のライトブルー …… 36
第4章 故郷テンプリンとNATOの町ブリュッセル …… 62
第5章 ミス・カスナーからドクトル・メルケルへ …… 71
第6章 政治の世界へ …… 86
第7章 バルト海の修業 …… 94
第8章 メルケルの小屋 …… 109
第9章 ブロイエルさんのお茶の時間 …… 114
第10章 シリアルキラー物語——蹴落とされた男たち …… 126
第11章 ガールズ・キャンプ …… 143

第12章　首相官邸の三人の女性たち　160
第13章　グローバル・ムッティ（お母さん）　174
第14章　メルケルと四人のフランス大統領　198
第15章　二〇一六年、*annus*《アヌス》 *horribilis*《ホリビリス》（ひどい年）　229
第16章　最後のメルケル　244
第17章　マクロン語る　266
第18章　「幸福なドイツ」の首相　284
第19章　Tschüss（バイバイ）、メルケル　297

参考文献　304
謝辞　306
アンゲラ・メルケル　関連年表　308
訳者あとがき　310

C'était Merkel

アンゲラ・メルケル

東ドイツの物理学者がヨーロッパの母になるまで

第1章 メルケルは去っていく

「彼女は労をいとわなかった」

アンゲラ・メルケル（自身に関して）

さあ終わり。アンゲラ・メルケルは去っていく。ライトブルーの瞳、口元に厳めしい二本の皺が刻まれた、あのいつもの顔が画面に登場することはもうなくなる。国家元首に歩み寄って挨拶するときの堂々たる足取りも、独特の握手のしかたも、もう見られなくなる。感情をあらわにせず、こくこくと頷いて儀礼的な笑みをさっと浮かべる、あの姿だ。大見得や気の利いた言い回し、あるいはコミュニケーション・アドバイザーが練ったつまらぬスローガンをはさむといったメリハリはいっさいない、あの淡々とした声が「Twitter や Instagram に登場することも、もうない。コミュニケーション・アドバイザーなど、メルケルはまったく頼ろうとしなかった。大言壮語は彼女の趣味ではなかったし、ましてや熱狂的な感情表現は、ドイツのサッカー代表チーム（マンシャフト）がゴールを決めたときを除けば、たいていの場合無意味であり、みっともないと考えていた。メルケルのジャケットが今日は何色だったとか、言う人もいなくなるだろう。いかなる風雪にも動じない気質が唯一目に見える形でヴァリエーションを展開するのは、このジャケットの色によってだったのだが。もう彼女の姿を見ることはなくなる。首相官邸を去ったら、アンゲラ・メルケルは名実ともに政界から引退する、と私はほとんど確信している。国際機関の名誉職に就くこともないだろう。彼女は後進の人々の政策にとやかく口をはさんだりしないだろう。良心の象徴であるかのように振る舞うこともないだろうし、ロールモデルの役割もその気になれば引き受けられるのだが、頑として断るだろう。次々と降ってくる依頼をすべて断るのにも飽きたときか、あるいは民主主義や多国間主義がふたたび困難に陥ったときか、あるいは彼女が本当に必要と判断したときに、おそらくメルケルは演説という形で時おり姿を見せるだろう。彼女は新たな重責を担うことはないだろうが、社会活動には参加するだろう。発展途上国のため、そのほか彼女の価値観と合致するあらゆる大義のために立てられた企画をあちこちで支援するだろう。その価値観こそ、子ども時代から彼女の人格を形成してきたものであり、意欲の原動力なのだ。

メルケルは旅をするだろう。ロシア、アメリカ、そして広い世界を彼女は夢見ている。トルストイとパステルナークを、ヴォルガ川とシベリア鉄道を夢見ている。ロッキー山脈、カリフォルニアのサボテンを夢見ている。有刺鉄線と監視塔に囲まれていた東ドイツの子ども時代に、年を取ったら行ってみようと思っていた自由な世界を夢見ている。彼女はトマトの栽培をするだろう。週末にブランデンブルクの別荘《ダーチャ》で畑の手入れをして、月曜朝の官邸での打ち合わせのとき、いい感じに熟してきたなど側近に話したりしているのだから。アンゲラ・メルケルは六七歳にして自由への第一歩を踏み出す。三〇年のほぼ二倍の歳月、彼女は自由を奪われてきた。東ドイツの独裁政権下で過ごした一九五四年から一九八九年まで、そして議員、大臣、CDU（キリスト教民主同盟）幹事長、党首、首相を連続四期と脚光を浴び続けた一九九〇年から二〇二一年までの歳月だ。金銭や贅沢には興味がない。休暇の過ごし方のひとつだった山歩きをもっと楽しむことになるだろう。科学者としての志は遂げられなかったが、最新の成果を追うことだろう。彼女は、「ファーストジェントルマン」役を控えめに務めてきた、フンボルト大学の著名な量子化学名誉教授である夫ヨアヒム・ザウアー教授の「ファーストレディ」になる。名誉博士号を授与された、フィンランドからイスラエルにいたるおよそ一二の大学を訪ねるだろう。時間を割いて学生たちと政治や科学（彼女も学者なのだ）について語るだろう。二〇二〇年一〇月に惜しくも亡くなったルドルフ・ザフラドニクがもし健在だったら、足を運んで会いに行っただろう。メルケルがチェコスロヴァキアでの研修で量子化学の講義を受けて以来、慕ってやまなかった老教授である。家庭菜園と山歩きに精を出しても、彼女はどこにでもいる普通のおばさんにはならないだろう。アンゲラ・メルケルは、初めて自由を満喫する。じつは今までその味を知らなかったのだ。

アンゲラ・メルケルが去っていくことに、私は奇妙な不安を覚えている。メルケルがいなくなれば寂しくなる、でもなぜ？　慣れ親しんだ存在がなくなることに対する空虚感なのだろうか？　ヨーロッパで暮らすこの一六年間、このまったく型破りな指導者が私たちの日常の一部となり、SNSの爆発的な普及とともに、先人に比べはるかにあらゆる場面に登場し、情報チャンネルに繰り返し現れ

1982 年、旧チェコスロヴァキアのプラハで物理学の研修を受けたときの写真。メルケルは量子化学を教わったルドルフ・ザフラドニク（左から二番目）を、彼が亡くなる 2020 年 10 月まで定期的に訪ねた。
写真提供：dpa/時事通信フォト

るのを見てきた。アンゲラ・メルケルほど、長期にわたり民主的で透明性ある手法でひとつの大国を率いたことを誇れる人物はいない。八〇パーセント近い支持率を得ながら、彼女ほど潔く辞任を決心した人物もいない。いわば強権的で不透明な部類に属するウラジーミル・プーチン、レジェップ・タイイップ・エルドアン、オルバーン・ヴィクトルは例外として、現代に生きる他国の人物で我々フランス人の生活にこれほど関わってきた人物もいない。そしてこれほど私の人生に関わってきた人物もいないのだ。アンゲラ・メルケルはそれほど私の心をとらえ、興味をそそり、魅了した。つまるところ、執着と言っていいかもしれない。メルケルを観察し追いかけた一六年間は、連邦議会選挙が行われた二〇〇五年九月一八日の夕刻から始まった。続投がかかっていた饒舌で見栄っ張りな首相ゲアハルト・シュレーダーは、敗北を認めようとせず、軽蔑と男の傲慢さをむき出しにし、「彼女」に——東ドイツ出身で、地味な黒いジャケットを着た、おずおずした小娘のようなメルケルのことだ——自分の代わりの首相など絶対に務まらないと言った。当のメルケルはシュレーダーをじっと見つめ、平然と彼の話を聞いていた。口元にはかすかな笑みすら浮かべていた。シュレーダーは自分がどんな人物を相手にしているのか、理解していなかった。

それは私も同じだった。アンゲラ・メルケルはそのときまで私の視野に入っていなかった。私自身のドイツとの関わり合いにしても、ほんの数年前、気づかぬうちにまったく思いがけない形で始まったばかりだった。それはコソヴォ紛争が終わろうとしていたアルバニアでのことだった。アルバニア北東のクケスから二〇キロメートルほどの地点にあるモリナの国境検問所を『ル・モンド』の取材で訪れた私は、コソヴォという紛糾の地に入るための手段を求め、待機していた。コソヴォはアルバニア人が圧倒的多数を占める地域だったが、当時はセルビアの領土に属していた。セルビアはコソヴォの独立を認めようとせず、民族浄化を繰り広げていた。コソヴォの難民はアルバニアとの国境に仮設キャンプを作り、故郷に帰る日を待っていた。紛争はまだ終結しておらず、セルビア人兵士らはまだ引き揚げておらず、時おり沈黙を破って銃撃が起こりロケット弾が発射された。コソヴォ人らは税関の仮事務所を囲む無人地帯に飛び出し、爆弾を投げたり、タイヤに火をつけたり、ユーゴスラヴィアの赤い星印のナンバープレートを車から引きはがし、怒りをこめて弾圧の最後の象徴を踏みにじったりした。当時は高機能の携帯電話もインターネットもなかったが、セルビア軍が撤退し、KFOR（コソヴォ治安維持部隊）がそれぞれ異なった方角からこの地方に入ろうとしているという噂が広がり始めていた。一九九九年六月一三日早朝、谷間から何か音がしたかと思うと、耳を聾するようなエンジンのうなりに変わった。戦車と装甲車の列がモリナの国境検問所の方に来たのだ。車列は我々の目の前で検問所を通過した。車体には黒、赤、黄の小さな旗が描かれていた。KFORのドイツ軍部隊だった。NATO司令部からこの地域の南側への進駐を割り当てられたのだ。コソヴォはドイツ人によって開かれていた。入国するにはただドイツ人兵士の後をついて行けば良かった。アルバニア人の通訳と私は、荒れ果てた故郷に一刻でも早く帰ろうとするコソヴォ難民の家族が荷物とともにぎゅう詰めになった車の列に交じり、順番を待った。

一人の若いドイツ人兵士が国境に配置され、入境者の身分を確認していた。童顔に丸いヘルメットをかぶったその兵士は私たちに軍隊式の敬礼をし、車の中をのぞき込んだ。彼は「Ausweis!（身分証）Passport bitte!（パスポートお願いします）」と、はにかむような表情でにっこりしながら言った。私の通訳は怯えていた。軍服の青年に驚いたのではなく、セルビア人の民兵や残留兵士に遭遇するのが怖かったのだ。アルバニア人の彼にとってセルビア人は敵であり、国境の向こうで出くわすのではないかとびくびくしていた。私は逆にこの丸いヘルメットの兵士を見てすっかり戸惑い、民兵のことなど頭から飛んでいた。家族から聞いた第二次世界大戦中の話や、心に刻みつけられたドイツ国防軍のイメージや、戦争映画につきものの伝説などをうのみにしてきた身には、ドイツ人兵士が微笑みかけながら、

「Ausweis（身分証）」を要求するのに「bitte（お願いします）」とつけ加えることなど、考えられなかった。ユーゴスラヴィア紛争終結を記念する日という以上に、私はヨーロッパ史のいまだかつてない瞬間に立ち会っている気がした。ドイツ人は、半世紀にわたって引きずってきたナチズムに対する罪悪感から抜け出そうとしていた。当時政権を握っていたゲアハルト・シュレーダーは一九四四年生まれであり、第二次世界大戦を経験していない最初の首相だった。しかしこの一九九九年六月一三日、まさにひとつのページが閉じられ、新たなページが開かれた。ドイツ連邦軍の軍服姿のドイツ人が、解放者として歓呼して迎えられていた。子どもたちは戦車を追いかけ、歓声を上げながらドイツの旗を振っていた。この日私は、二〇世紀が幕を閉じたこと、今構築されつつあるヨーロッパが、ナショナリズムと人種主義を旗印に始まり、今なお禍根を残す戦争を乗り越えることが可能になったことを理解した。のちに私はドイツについて学び、その範とすべき政治的再建、廃墟となった旧国会議事堂を修復し、ガラス張りのドームとともに蘇った連邦議会、民主的透明性、堅固な体制、公民精神について知った。しかし私がこの国に讃嘆の念を抱くようになったのは、あのコソヴォの都プリシュティナへ向かう途上だった。そして初の戦後生まれの首相アンゲラ・メルケルがこの新しいドイツを体現し、その顔となることを私はまもなく知ることになる。メルケルはもはや国民の「Mutti（お母さん）」であり、ローリングストーンズの歌「アンジー」にのってロックスターのように歓迎され、党では「アンジー」と呼ばれるようになった。

童顔のドイツ人兵士に会ったとき、私の視界にアンゲラ・メルケルはいなかった。ごく一部のグループを除けば、彼女が、自分の指導者であるヘルムート・コール首相の政治生命を奪おうとひそかにたくらんでいることなど誰も知らなかったし、ドイツ人兵士たちによる解放戦争は、当時の彼女の関心事ではなかった。数か月後の一九九九年一二月二二日、メルケルはマキャベリ的な才能を初めて発揮しようとしていた。『FAZ（フランクフルター・アルゲマイネ紙）』にコールを批判した有名な原稿を送ったことにより、メルケルはコール時代の幕引きをし、CDU党首の座を奪った。五年後、メルケルは女性として、そして鉄のカーテンの向こう側出身として初めての首相になった。彼女は、ナチズムと共産主義という二つの苦しみを負わされた旧ドイツ民主共和国（東ドイツ）という埋もれた世界から来ていた。ヤルタ会談ののち見捨てられたヨーロッパの全体主義支配の地から来ていた。誕生してわずか一五年の再統一された国、現在のドイツ連邦共和国を率いようとしていた。G8やG20に出席する首脳陣のなかで、平穏な民主主義制度下ではなくソ連傘下の独裁政権のもとで育ったただ一人の、強大な民主主義国の偉大な指導者となろうとしていた。

アンゲラ・メルケルがいなくなれば寂しくなるだろう。それは感傷的な気持ちからではない。ヨーロッパの大国の主な指導者のうちで、メルケルだけは、地理的、政治的、精神的に異なる世界を経験している。東ヨーロッパ、壁の暗い向こう側、独裁と全体主義が与える精神的影響を知っている。民主主義と自由が奪われることがどういうことか、骨身にしみている彼女だけが、これらの価値について語ることができる。男性社会の紅一点、カトリック社会（CDUはカトリック社会教義を標榜していた）の中のプロテスタント、保守主義者の中の離婚経験者、西側諸国の人々の中の「オッシー（旧東ドイツ人）」

だった。彼女は東から来たよそ者だった。弱みだったことが強みになり、人間的な奥行きが増した。ジョージ・W・ブッシュからジョー・バイデン、トニー・ブレアからボリス・ジョンソン、ジャック・シラクからエマニュエル・マクロンにいたるまで、対決してきた諸国の指導者たちはいずれも自由主義社会しか経験していないので、彼女ほど自由とは何かを知っている者はいない。西側の世界で彼女だけが、自由がどれほど尊いかを知っている。ヴァーツラフ・ハヴェルはさらに驚くほど知恵と勇気をそなえた人であり、旧チェコスロヴァキアという東側の国を自由なヨーロッパへと橋渡ししたのは事実だ。しかし、鉄条網の向こうで少なくとも半生を――三五歳まで――過ごしてきて、ヨーロッパの歴史ある強大国――ヨーロッパで一番、世界で四番目の経済大国――の指導者となったのはアンゲラ・メルケルただ一人である。元英国首相トニー・ブレアは、二〇〇五年から二〇〇七年までの二年間、欧州理事会で彼女とつき合い、対峙したが、彼から見ると、どの引き出しにも収まらないメルケルの個性は、通常の政治的相違というより二つの制度を経験したという事実に起因している。「彼女は保守派というより中道派でした。政治的に、我々の間にさほどの違いはありませんでした。私たちが根本的に異なっていた原因は、出身の問題です。東側にいたという彼女の過去です」。

アンゲラ・メルケルがいなくなれば寂しくなるだろう。彼女はまったく異色の存在だからだ。ヨーロッパ一の経済大国を支配してきた一六年間、権力は彼女の信条や人格にまったく影響を及ぼさなかった。彼女は変わらない。昔と同じように、必要以上のお金はなくてもいいし、贅沢は正直うんざりだし、傲慢な態度や自慢話とは無縁だ。バイロイト音楽祭のために毎年訪れる田舎にぽつんとあるゲストハウスは、政界のお偉方が嬉々として利用するスパやプールつきの豪華ホテルとは大違いだ。メルケルは諸問題に取り組む部下と対等に話し、国家元首や政府の長に対するのと同じくらいに彼らのことを気にかけた。国を代表する大物たちがそのような謙虚さを持ち合わせるとは限らないが。彼女は、国際的な主要メディアから是非にとインタビューの申し込みが来てもきっぱり断り続けている。彼公用車は皆と同じように赤信号で停止する。政策の安定性は、彼女自身の一貫性をそのまま表している。彼女の周囲を固める、やはり控えめな側近一人一人もその安定感に染まっているようだ。メルケルはプライベートな生活を守り、イメージを演出せず、名を売ろうとせず、目立つことを嫌がり、いかなる功績も自慢しない。一六年間も権力を握りながら、まったく変わらない慎ましさだ。彼女とよく似た人物が世界にいるとしたら、対抗できるのはやはり同じくらい型破りな一人の指導者しかいないようだ。英国女王――イングランド国教会の首長という職務は、首相となった牧師の娘メルケルとどこか遠いところで似通っている――である。ただ一人、メルケルよりさらにインタビューや公的な発言を制限しているエリザベス二世なら、選挙区のメクレンブルク＝フォアポンメルン州のシュトラールズントの集会でアンゲラ・メルケルが述べた言葉とよく似た答え方をするかもしれない。一人の出席者が「五〇年後の歴史書にどんなふうに書かれたいですか？」と尋ねたところ、メルケルは「彼女は労をいとわなかった」と、はっとするようなひと言を返しただけだった。

メルケルは先祖がポーランド系であり、ドイツの東と北の両方に縁があるのだが、単に東ドイツ出身というくくり方をされがちである。彼女は一九五四年七月、西ドイツのハンブルクに生まれているからバルト海地方の子であり、育ったのはブランデンブルクの田舎だが、一九九〇年一二月に東ドイツのシュトラールズント選出の議員となったことで、バルト海地方に回帰したことになる。彼女はまた、宗教が体制の敵であり、民衆のアヘンとみなされる共産主義独裁政権下におけるプロテスタントだった。家族として警戒する理由は多々あった。ドイツの東で、アンゲラ・メルケルは用心深さを学んだ。ドイツの北で、簡素さを身につけた。宗教が敵視されるなかで父が牧師だったこと、キリスト教の教育を受けたことで、ちょっとした工夫、妥協、二枚舌が必要なこと、目立たないように我が道を行くコツがあることを彼女は理解した。ヒトラー失脚からおよそ一〇年を経た戦後に生まれ、ソ連傘下の旧ドイツ民主共和国で育ったメルケルは、第二次世界大戦に対しては、コンプレックスから比較的解放された捉え方をしていた。幼少期から思春期まで、障害者施設の子たちや近所の遊び友達と一緒に過ごした経験から、いかなる違いも受け容れながら人を尊重することを学んだ。さらに科学を学ぶことによって、彼女は、世界のどの指導者も持ちあわせない強みと冷静な分析力を身につけた。女性で物理学者でプロテスタント、ドイツの東と北に縁が深く、政治経験なしだったアンゲラ・メルケルは与党ＣＤＵにＵＦＯのように舞い降りた。ＣＤＵは昔から、西ドイツのカトリックの男性陣が年寄り同士のなれ合いで支配するような政党だった。西側の人間からは仲間と認識されず、東側の人間からもやはり理解されなかった女性に、彼らはお目にかかったことがなかった。それほどメルケルはどの所属にも当てはまらなかった。「世界最強の女性」は誰にも似ていないし、考え方も論理の立て方も人と違い、自ら行いを改め変貌し、見解を変え、今明白なことでも既定事項とはけっして見なさない。私はメルケルに数学を教えた恩師をブランデンブルクの自宅に訪ねたことがあるが、彼はメルケルの個性と類まれな能力をはっきり見抜いていた。「アンゲラは、教科書的な模範解答とはしばしば異なった、すっきりした解き方で問題に取り組みました。（……）彼女はけっして諦めず、できないとは絶対に言いませんでした。あらゆる方向から探り、つねに解き方を見つけました」。

全体主義、プロテスタンティズム、科学。ドイツの東と北、戦後、アメリカへの憧れ。メルケルという謎を解く鍵はひとつひとつ別々に探り当てるのではなく、総合的に考えなければいけない。ベルリンの壁崩壊まで、人生の前半を占める三五年間にメルケルの人格は形成された。過去をこれほど背負っている指導者も珍しい。粘り強く慎重な彼女の志、長きにわたる政権掌握、チェスプレイヤーのようなマキャベリズム、統治のスタイルと方法、時おり見せる変革への勇気の欠如、それとは対照的な、原理原則の問題に対する厳格なけじめ。アンゲラ・メルケルのすべては、ひとつの世界からもうひとつの世界へ、東から西へと二つの世界にまたがる価値観と人生の複合的な経験から来ている。

アンゲラ・メルケルがいなくなれば寂しくなるだろう。彼女は精神的指導者だからである。党と権力を率い、綿密な計算の得意なこうした女性について語るときに、この言葉はおかしく思われるかもしれない。策略家かプロの殺し屋並みかと思われる才能でドイツの政界の度肝を抜いてきたのは彼女なのだ。権力の頂点への途上で、メルケルは、マハトマ・ガンジーから受けた影響よりも、ニッコロ・マキャベリとカラミティ・ジェーン（アメリカ西部開拓時代の女性ガンファイターでプロの斥候）から教訓を得たかのような手法を見せつけた。すなわち、政治屋的な小賢しさと、敵を蹴落とし多数の支持を確保するための駆け引きの連続だった。アンゲラ・メルケルが無為無策ぶりを見せたときもある。二〇一一年のギリシャ債務危機の際、メルケルの対応に果断と連帯意識と展望が欠けていたことをギリシャ国民はけっして許さなかった。ギリシャは苦しみ、ＥＵは高い代償を払った。歴史に残る慧眼の主がとったような長期戦略もメルケルにはなかったし、任期の最後にコロナ禍が彼女の真価を示し、根本的な変化に導くまでは、彼女がなんらかのスケールの大きい構造改革を行った実績はなかった。メルケルはたいていの場合、ヨーロッパの連帯よりもドイツの実業家と納税者の利益を優先してきた。彼女はドイツの企業家に代わって、十分練られていないＥＵ・中国投資協定の締結に強引なほどの指導力を示した。ウラジーミル・プーチン率いるロシアへのドイツの依存を厄介にも象徴する天然ガスパイプライン「ノルドストリーム2」の敷設停止に反対し、メルケルは闘った。とはいえ、彼女は、中国政府が体制の敵と公言する人物の筆頭であるダライ・ラマとの会談を承諾したり、ロシア政府が反体制派アレクセイ・ナワリヌイに毒を盛ったことを公表し、ナワリヌイをドイツの病院に受け入れたりすることもためらわなかった。アンゲラ・メルケルがいなくなれば寂しくなるだろう。実利主義を超えた彼女の政治的一貫性は戦略よりも価値観と原理に基づいているからである。

二〇一五年、シリアを始めとする国の戦禍と暴政から逃れてきた何十万人もの難民を受け入れるよう、メルケルがドイツ国民にみずから願ったとき、その決断に埒のあかない論議がまき起こった。ドイツの「国境を開いた」という誤った非難をした人々は、(圏内での国境検査が撤廃されている)シェンゲン圏において、国境は定義上開放されているのであり、メルケルが開放したわけではないことを理解していなかった。場合によってはメルケルが軍隊や警察力を動員して閉鎖することはできた。そんなことになれば、愚かな人々がますます吠えたと思われるが。ドイツの国境に兵士が立つ姿を想像して、メルケルはナチだ！というわけである。支持率を上げるためにひとしきり善行を装った「政治的パフォーマンス」だという人々もいた。こういう人たちは、ヒューマニズムもほどほどにしないと、極右勢力が台頭してCDUが弱体化すると顔を曇らせ、「政治的パフォーマンス」どころの話ではないと嘆いた。また、ドイツの少子高齢化に対応し、人件費や既得権益の負担を大幅に減らすために難民の大量受け入れを「打算的に」決めたのだという批判もあった。最初に来る難民は後続の難民よりも豊かで高学歴であり、社会的水準が高いとメルケルは踏んでいるのだとまで言われた。フランスの指導者たちは、自分たちが手をこまねいているのをごまかしたく、また、当時はスウェーデンとオーストリアだけが味方だったドイツ人の人情が我々すべての名誉を救ったことを認めたくないばかりに、公然と批判を繰り広げた。百万人の難民はすでにヨーロッパ大陸に来ていたが、フランスはドイツほど切迫感がなかったので、見て見ぬふりができたのだ。もしドイツが、国境を開いたままにせず、シェンゲン圏の真ん中に壁を建設するか軍隊を送るかして難民を国境でせき止めたりしていたら、彼らは何と言っただろう？　二〇一五年、アンゲラ・メルケルは我々の名誉を救い、政治的な代価を払った。彼女のすべてを規定する歴史と信条という基盤に立ち、国境を閉鎖しなかった。鉄条網の向こうで三五年間の前半生をすごしたヨーロッパ人、旧東ドイツ人、クリスチャンである彼女は、思いがけない出来事によって自由の国に舞い戻った以上、不運な人々を見捨てなかった。

アンゲラ・メルケルがいなくなれば寂しくなるだろう。彼女は真実に今なお耳を傾ける世界を体現しているからだ。トランプ主義と、その増幅器であるSNSが跋扈《ばっこ》する以前の世界だ。「オルタナティブ・ファクト（もうひとつの事実）」なる虚偽が流され、嘘が政治的戦略としてまかり通り、真実が徹底的に疑われ、真偽の区別がかき消される以前の世界だ。アンゲラ・メルケルは言葉を大切にする指導者であり、コミュニケーションより事実を求める。できること以上のことを約束する愚を彼女が犯したことはない。メルケルは「骨の折れる」民主主義の実践を行ったことになるだろう。この表現はもっとも英雄的な闘士の一人だったチェコスロヴァキアの元大統領ヴァーツラフ・ハヴェルのものだ。「民主主義が元来持つ難点は、真摯に受けとめない者にほとんど何もかも許すいっぽうで、誠実に実践する者にはきわめて骨の折れる仕事であるということだ」。アンゲラ・メルケルは権力の行使に苦心し骨を折った。彼女は自由の価値を誰よりも知っていたからだ。シニスム（冷笑主義）よりもモラル、原理、法治国家、ヨーロッパの統一といった気の重い事柄を選び、骨を折った。彼女は平和と民主主義がどれほど手の届かないものか誰よりも知っていたからだ。メルケルは本質的に、そしてきわめてアンチ・トランプ、アンチ・ジョンソン、アンチ・ポピュリズム派だったことになるだろう。彼女は先行き不安な世界の道標だった。メルケルが退任したら私たちは不安になる。私たちは支えを失う。堤防が決壊する。

第2章

アンゲラのエゴはどこに？

「アンゲラが何を考えているのかは絶対に分かりませんでした」

ヘルリンデ・ケルブル（写真家）

彼女はやや気づまりな様子で立ち、手をどうすればよいか、持てあましていた。ボーイッシュなショートカットで化粧っ気はなく、一九六〇年のジーン・セバーグが三一年後に出現したと言えないこともなかった。タートルネックのセーターに、六〇年代の解放された若い女性でも絶対にほしがらないような地味なニットのカーディガンをはおっていた。彼女は森の中で跳ね回っているところを邪魔された動物のようにレンズを見た。好奇心が不安に打ち勝った、という目だった。彼女はにっこりはしなかったが、うっすらと浮かべた作り笑いが、自分でもそれを意識しており、何もかも承知の上だということを示していた。白黒の写真だが、瞳の青さが分かるようだった。グレーがかった青い瞳からはそれほど強烈で明敏な感じを受けた。アーモンド形の目は落ち着きと意志の強さを同時に感じさせた。アンゲラ・メルケルは言われるままに、白い壁を背景に置かれた椅子に座ったり、また立ち上がったりした。「ポーズを取らなくていいですよ。政治家らしい笑い方をしないでください。ただ私の方を見てください」と、写真家は言った。

それは一九九一年一〇月のことだった。冷戦で分断されていたドイツが再統一されて間もない頃で、旧西ドイツのボンにはあいかわらず首都機能が置かれ、新首都ベルリンへの移転が待たれていた。アンゲラ・メルケルは三七歳だったが、二五歳くらいにしか見えなかった。ソ連の衛星国で長い前半生を送ってきた。その滅びた世界は鉄条網で仕切られ、武装兵士に警備され、自由が仲間同士の秘密として沈黙のうちに得られるところだった。壁が崩壊し、メルケルは壁の向こうの世界から全方位に開かれた世界に移動し、物理の研究とそれまでの生活を捨てた。政治が急速に彼女の心をとらえたのだ。議員に初当選し、ヘルムート・コール政権の女性・青少年相に任命されたばかりだった。政権の座について九年、すでに伝説的存在だったコール首相は、メルケルを父権主義的《パターナリズム》態度で守り立て、「お嬢ちゃん」と呼んだ。新人議員のメルケルは知名度も地盤もなかったし、ほとんど名前も知られていなかったが、女性写真家ヘルリンデ・ケルブルは彼女に目をつけた。ベルリンの壁崩壊、ドイツ再統一、政治的大変動、ドイツのほぼ全面的な再出発に触発されたケルブルは、キャリアの第一歩を踏み出した人物一五人を選び出し、毎年彼らの写真を撮ってその成長を追うという企画を立てた。彼らがどんな仕事をしているか、どんな人物か、危機に際してどのように振る舞ったか、勝ったのか負けたのか、退任したか続投したか、権勢欲はどのくらいあるか、権力によってどう変わったかを追究するという企てだ。ケルブルから提案した契約は、全員が八年間――連邦議会の任期二期に相当する――毎年、写真撮影に応じること、というものだった。八年が終わって初めて、時系列に並べられた八年分の写真が一冊の本になる。ケルブルは初対面の人々をじっくり観察したうえで、エネルギーと人間力が伝わってきたか、その志に感じるところがあったか、将来性を直感したか、という三つの基準で選んだ。その後の彼らの肩書き一覧を見るに、ケルブルの勘はまずまずといったところだ。一五人のうち、公的な立場から退いた人もいるし、一時的にせよ長期にせよ名誉ある地位に就いた人もいる。その中で、当時ヘッセン州内閣の緑の党の環境大臣だった人物は連邦外務大臣になった。ヨシュカ・フィッシャーである。首相になったのは二名だ。ゲアハルト・シュレーダーと……アンゲラ・メルケルである。

一九九一年秋のある日、ヘルリンデ・ケルブルがメルケルに撮影の契約を持ちかけたとき、「お嬢ちゃん」は一瞬ためらった。「八年！　新聞や雑誌に写真を載せていただきたいのは今だわ。八年後なんて！」。この頃からすでにアンゲラ・メルケルは、実現するかどうか分からない計画を立てるより、今この瞬間について考えることにこだわった。優れた科学者として、彼女は仮定よりも目の前の事実に集中するたちだった。とはいえメルケルは八年後に向けて契約書に署名した。一九九八年、彼女はこの試みの期間を延長し、年一度の撮影シリーズの契約を更新したが、これが二〇二一年夏まで続くとは思いもしなかった。ケルブルは初日からピンとくるものがあった。若いアンゲラは自分の政治家としての将来をほとんど疑っていない、と気づいた。首相になるとまでは思わなかったにしても、彼女は女性・青少年相では終わらないことを自覚していた。「（メルケルが）おずおずとしていながら意志は強かったのがひじょうに印象的でした。制度に慣れ、その一部と化している他の人たちと違って、彼女は新人で、水を得た魚という感じではまったくありませんでした。けれども、他の人にはないエネルギーや気力や知性が感じられました。ある種の頑固さもね。将来自分が重要な人物になることをこの人は分かっているのだ、と私は直感しました」と、ミュンヘン郊外のアトリエで会ったケルブルは私に語った。

ヘルリンデ・ケルブルは人の心を見透かす占い師のようだった。独特の赤茶色の髪、皺さえ素敵に見える顔立ち、緑色の目を前にしていると、彼女が何も言わないのにこちらはいつの間にか喋ってしまうのだった。ケルブルはすぐに自分から打ち解けて喋る人ではなく、しばらくじっと観察してからようやく相手を信用するのだった。アンゲラ・メルケルは仲間を見つけたようでうれしかった。ケルブルのほうは、メルケルというキャラクターをなんとか理解しようとしていた。最初の打ち合わせのときからその並外れた強烈なキャラクターを感じとり、この人を被写体にしたいと思ったのだ。「彼女の性格でいちばん驚いたのは、エゴがないことでした。たとえば、ひじょうに強いエゴを持ち合わせていたシュレーダーやフィッシャーと対照的でした。メルケルにはエゴというものがなく、もっと正確にいえば虚栄心がなかったのです。彼女は自惚れていませんでした。それはたいへんな強みです。し、自惚れていないことは強みを持つために大事です。虚栄心を持つともろい人間になります。おべっかに弱くなるからです。時に見栄っ張りになってしまう人は、その罠に陥っているのです。アンゲラは冷静な考え方ができる人でしたから、それとは無縁でした。逆に、高い志は最初から持っていました。このシリーズで撮影したすべての人々と同様、彼女は自分が何を望んでいるかを知っていました――当然ながら。そうでなければ今の地位はありえなかったでしょうし、ここまで続くこともなかったでしょう。しかし彼らと違って、アンゲラは野心満々なところは見せないよう、ひじょうに注意していました」と、ケルブルは分析する。ケルブルは、当時ニーダーザクセン州の州首相だったシュレーダーが、首相官邸を征するとしょっちゅう言っていたのを覚えているという。ケルブルは一点を見つめて宣言するように、「あそこに入る!」、「首相になってやる!」と言っていたシュレーダーの口真似をした。「シュレーダーは一九九一年からそう言っていましたし、公言することになんの疑いもためらいも感じていませんでした。でも、もし女性で、東ドイツ出身だったら、野心を表に出してはならないのです。アンゲラはそれをすぐに理解しました。アンゲラが何を考えているかは絶対に分かりませんでした。次の段階にどう進むか、彼女は絶対に明かしませんでした。同じ党の男性たちに気づかれたら、妨害されるに決まっていますから。少しでも権力をほしがっているふりを見せていたら、彼女は手にすることはなかったでしょう」。

ヘルリンデ・ケルブルの話を聞きながら、私はヘルムート・コールのことを思い出し、同情が湧いてきた。コールは、アンゲラ・メルケルを見くびり、手痛いしっぺ返しをくらった一連の人々の中で最初の人物である。メルケルがあるとき側近の一人に言ったという極めつきのひと言も頭に浮かんだ。その側近は私に何度もこの話をしたものだ。「私は虚栄心が強い方ではありませんが、男の人の虚栄心を利用することはできます」。

八年が経ち、メルケルとケルブルの契約期間は終わった。ケルブルは、厳選した若手一五人を年に一度撮った写真と、録画された一人一人との対談の記録をまとめることができた。今改めて読むとひじょうに面白い。一五人とも皆、すんなりと取材に応じ、ケルブルがさまざまな話題をふって投げかける個人的な質問に誠実に答えている。両親のこと、影響を受けたこと、これまでの道のり、撮影の感想、恐いもの、出世するために大事な能力、家庭を犠牲にしてきたか、挑戦は好きか、この一年で学んだこと……。最初の年から、アンゲラ・メルケルの答えは明晰な頭脳と冷静な自己分析を反映していた。メルケルは最初、この年一回の行事につき合いながら、なぜこんなことを引き受けたのかしらと思っていた。時が経つにつれ、彼女はこの取材が好きになり、てきぱきと指示する無口で面白い写真家、ケルブルにすっかり親しみを感じるようになった。メルケルは感謝の印に次のような手紙を書いている。「最初の頃、私はこの取材がイヤでたまりませんでした。内心反発していて、いつものようにドアのところにあなたの姿を認めると、がっかりしていました。『いったい何なの!』と思っていました。（……）そして私は少しずつこう思うようになったことに気づいたのです。『あら、ケルブルさんはもう今年来たのだったかしら』。じつは私はあなたの企画を面白く感じるほど目立ちたがりだったことを、認めざるをえませんでした。（……）私の初期の反抗心は消え、企画を受け容れるようになりました。じつのところ、まったく信じられません」。

この最初の八年の写真集は、*Spuren der Macht*（『権力の軌跡』）という題名で一九九九年に出版された。被写体となった人々が目覚ましい躍進を遂げた時期だ。この年、ゲアハルト・シュレーダーは、公言していた通り、みごと連邦首相の座にいた。ナンバー2となる外務大臣兼副首相は、シュレーダーと野心を共にし、やはり写真集のモデルとなったヨシュカ・フィッシャーだった。見慣れない他の若手、ハインリヒ・フォン・ピーラーは多国籍企業シーメンス社の代表取締役社長、フランク・シルマッハーはドイツ社会に影響力を持つ保守系日刊紙、FAZ（フランクフルター・アルゲマイネ紙）の編集長になっていた。「お嬢ちゃん」メルケルは、一九九九年一二月にFAZに掲載されることになるあの有名な寄稿の構想をまさにじっくり練っていた。彼女はその寄稿によってヘルムート・コールを引きずり降ろし、野党第一党CDUの党首に就任した。彼女は偉大な歴史に残る人物をことごとく追い落とそうとしていたが、写真集が刊行されたとき、そうしたことは誰にも分からなかったし、メルケルの写真も表紙の目立つ位置ではなかった。出版物に「今こそ」写真を載せてほしいと言ったメルケルは、俄然やる気になり、新たな契約をケルブルと結んだ。契約期限は二〇二一年八月であり、最後の撮影の予定が決まっている。

最初のシリーズが終わった一九九八年、メルケルは見違えるほどいそいそと訪ねてきた。もはや昔の彼女ではなく、大きな自信がついていた。この年の一二月三〇日、メルケルは、八〇年代から生活をともにしてきたパートナー、ヨアヒム・ザウアーと結婚した。ジーン・セバーグ風カットはつまらないおかっぱ頭に変わり、ニットのカーディガンはチェックのゆったりしたジャケットに変わり、ボトムスはとても「女らしい」黒いスカートになっていた。このとき初めてメルケルは、立ち姿のときに両手を持てあましたりしなかった。本に採用された写真では座っているので分からないが、人前に

有名なメルケルのひし形。Photo/Getty Images

出ることが多くなった彼女は、この年、すっきり見えるコツをつかんだのである。両手の親指の先を合わせ、他の四本の指も同じようにそろえるのだ。すると手でひし形を作ったようになる。以来、この手の合わせ方はアンゲラ・メルケルの癖になった。「ひし形」は彼女のトレードマークになり、マグカップやTシャツなどのグッズにシンボルとして使われている。永遠に続くかのような任期が終わる頃になって、とうとうメルケルはこうしたポップ・アイコンとなった。なまじユダヤ教に詳しい人は、メルケルがこの幾何学的な形に何らかの意味をこめているのではないかと、とんちんかんな解釈をする。意味するところは平和か協調か愛か？　いやどれでもない。もっと何でもない、リラックスする秘訣なのだ。ヘルリンデ・ケルブルは、「あとであの手の形のことを一緒に話しました。女性は、なかなかポケットに手を突っ込んだりできません。手をぶらぶらさせているのもみっともない。腕を組むのも素敵に見えない。あるとき彼女は手をあの形にしてみて、気に入ったのです。それだけですよ」と私に言った。

化粧をしたアンゲラ・メルケルの顔が拝めるようになったのは、首相候補になったときだ。それまでは化粧っ気もなく、本人はそれでよかったらしい。彼女がプロの手を借りるようになったのもこのときだ。おかっぱ頭をカットして、毎朝さっとブラッシングして髪をふんわりさせるのはプロの仕事だった。ヘルリンデ・ケルブルは「ボディランゲージ」のさまざまな変化形を探り、白黒とむき出しの壁で効果を出すよう苦心した。アンゲラ・メルケルは他の者ほど大きな変化はなかった。彼女は権力にまつわるものには色気を示さなかった。「明らかに変わったのは、彼女の時間の取り方です。偉くなった人すべてに共通することがあります。地位が上がるにつれ、辛抱がなくなるのです。最初の頃は年に一度一時間半、時間を割いてくれたのに、だんだん減って首相になると一五分になりました……」と、ケルブルは述べている。とはいえアンゲラ・メルケルは日々の慌ただしさを自分でも感じており、政治に専念するようになって何かを失ったのではないかとかなり前から危惧していた。彼女は一九九三年のインタビューで「今のような生活が今後も続くとは思えません。この移動の多い生活からは何かが失われていきます」と述べている。彼女が長い年月の間にあちこちで残している言葉は、粗いタッチの描きかけの素描のようであり、ひじょうに謎めいている。一九九一年、「私はそれほど自分に自信がありませんし、余裕綽々《しゃくしゃく》というわけでもありません」。一九九二年、「私はしたたかな政治屋の類ではありませんが、自分はこの難局を切り抜けるだろうと思っています」。一九九四年、「今年の重要な経験は、頼れるのは自分だけだと分かったことです。自分自身と、自分の直観に」。一九九五年、「私は以前に比べて感覚が鈍ったのかもしれません。切迫した状況がこれだけ続くと、何も感じなくなってしまいます。とにかく切り抜ける戦略を練らなければならないのです」。一九九六年、「もちろん皆さんは、本心を覚られないように、一定の態度を装っているのですね」。一九九七年、「政治家として地位が上がるにつれ、私人としても変化しました。もう以前のようにはいきません」。FAZへの寄稿により政界の前面に出て物議をかもす一年前の一九九八年に述べた言葉は、アンゲラ・メルケルがいよいよ辞任する二〇二一年、不思議な響きを持っている。「いつかいいタイミングで政界を去りたいと思っています。満身創痍の落ちぶれた姿になりたくありません」。

一九九一年、ヘルリンデ・ケルブルは根本的な質問をした。「あなたは野心家ですか?」と。メルケルの答えはこうだった。「野心なしにこうしたことすべてが可能だとは思いません。しかしながら、私の場合、野心はもともとありませんでしたし、それだけに何かをする喜びが野心とどう違うのかをきちんと述べることはできません。私の野心は、課せられた仕事をきちんとやり遂げることでしたし、私はそのようにして、自分でもちょっと怖くなるくらい速く昇進しました。次々と役目を振られてきましたが、最初から目指したわけではまったくありません。ドイツ再統一後初の連邦議会を担う一人になりたいとは思いましたが、大臣になるとは、ましてやCDU副党首になるとは思っていませんでした。私には荷が重すぎるのではと思うこともありました。私は自分にできることを、理にかなった方法でやりたいと思いますから」。

アンゲラ・メルケルの政治的野心の原動力はなんだろう？　彼女の深いモチベーションとは？　どのような志向、どのような理由でこの女性は粉骨砕身、権力を握り、長きにわたって維持しながら、未練も外連味《けれんみ》もなくきっぱりと引退を決意したのか？　二〇一九年夏の盛りに三度、アンゲラ・メルケルは身体に震えが来た。公式行事の最中に震えがとまらなくなり立ち尽くすドイツ首相の見るに忍びない映像を、世界中のSNSがすかさずあらゆるアングルで流した。メルケルはじっと耐え、何も言わず発作がおさまるのを待った。不調を見せつけたこの映像は、ヨーロッパ随一の大国の頂点に立ち、どっしりと構えて絶え間ない激動を乗り越えてきた「肝っ玉母さん」の見慣れたイメージを裏切った。その姿は、彼女も疲労に勝てないことがあるのだ、という事実を初めて見せつけた。その後彼女は元通り精力的な姿で前線に戻った。それは新型コロナウイルス感染症拡大、世界的な経済危機、ヨーロッパ再建計画、その他さまざまな出来事の前のことだった。ここで、権力行使の責任を担うあらゆる者についての鋭い質問、しかも虚栄心のない女性に関してなおさらぶつけたい問いが湧いてくる。「なぜこうしたことすべてを彼女はしてきたのですか？」。

私は何人かのメルケルの友人にこの質問をしてみた。ヘルリンデ・ケルブルは、「だれにもその理由は分からないわ。彼女が政界入りしたのが一九九一年だったからかもしれない。あの頃は、物事を根本的に変えることができたから」。一九九四年からメルケルとつき合いのある映画監督のフォルカー・シュレンドルフは、「それはおおいに知りたいところだね。私は二つ理由があると思う。ひとつはプロテスタントで高潔な人柄だったこと。彼女は祖国のために善きことを行い、惨禍を招いた戦中戦後の罪の償いに一役買った。もうひとつはおそらく権力志向だ。やはり彼女といえども、食欲は食べているうちに湧いてくる、ということさ」と答えた。俳優のウルリヒ・マテスにも聞いた。オリヴァー・ヒルシュビーゲル監督の映画『ヒトラー〜最期の一二日間〜』でゲッベルス役を演じたのは彼だ。メルケルは都合のつくかぎりマテスの舞台初日に顔を見せ、芝居がはねたあと差し向かいで食事するのが常だ。二〇一二年八月、メルケルはベルリンのドイツ座の公演を見に来た。マテスは『オイディプス王』の主役を演じた。テーバイの町と、この町を支配し滅ぼしたという伝説の家族をめぐる政治的戯曲である。権力とその対抗勢力、殺人、恐怖、妥協の失敗といった、もつれた筋立ての悲劇だ。食事の席で、アンゲラ・メルケルは延々とこの劇の面白味について分析した。賢明なクレオンに彼女はこだわっていた。政治家であり妥協の主導者であるクレオンは殺人が連続して起こったのち王位につき、テーバイを守ると思われたにもかかわらず結局滅ぼしてしまう。なぜこういう結末になったのか？我々に何かを語りかけているのか？　彼女は論じた。「シュニッツェルを食べながら、彼女は考え、高い声で話し続けました。ひとつひとつの場面を思い出し、解釈しようとするのです。ひじょうに頭がよくて面白く、好奇心旺盛な人です。彼女は人の話をよく聞きます。舞台を見に来る政治家は男性も女性も大勢いますが、あれほど熱心に、ひとつの上演を的確に分析して語った人はいません」と、ウルリヒ・マテスは述懐する。マテスは私の質問に答えなかった。権力のメカニズムに対するアンゲラ・メルケルの飽くなき関心は権勢欲を十分物語るという意味だろうか。

　私は東ベルリンでメルケルの親友だった人物も訪ね、同じ質問をしてみた。一九八〇年代、アドラースホーフの科学アカデミーでメルケルといっしょに物理学の研究をしていたミヒャエル・シントヘルムである。一九八六年に撮ったという写真を見ると、彼はアンゲラと同じテーブルの左側に座り、アンゲラの右側には当時の同僚で、のちに夫となったヨアヒム・ザウアーが座っている。理論化学や量子物理学などの研究部門に属する一二人の研究者とその他のスタッフがメルケルを囲んで食事をとっているところだ。メルケルはこのとき三二歳、博士論文の口頭試問を受けた日だった。研究棟の一室に皆が集まり、テーブルをくっつけて盛大にお祝いの会を開いたのである。写真には、輪切りにしたソーセージ、灰皿、コーヒーカップ、ビールやワインのボトルがごちゃごちゃと並べられている。前髪をまっすぐそろえたおかっぱ頭のアンゲラは、笑みを浮かべてグラスを口に運んでいる。「歴史が我々の前に大きく立ちはだかったとき、政治がメルケルの前に大きく立ちはだかったのです。ベルリンの壁崩壊はゲームの規則を根本的に変えました。我々の親たちは人生をやり直すには年をとりすぎていました。しかし我々にとっては、すべてが変わり、可能性が開けたのです。我々はアンゲラと一緒に、電車の窓から壁の向こうの西ベルリンを眺めていました。そして突然、空間が広がったのです。人々は新しい世界を発見し、二つのドイツを統合して別の世界を建設しようとしていました。権力を手にしたいとアンゲラが思うようになったのはこの挑戦があったからですね」と、ミヒャエル・シントヘルムは述べた。

ミュンヘン近くにあるヘルリンデ・ケルブルのアトリエを辞して、私は電車に乗り、アンゲラ・メルケルの別の友人、ハルトムートの待つドレスデンに向かった。幼なじみだという。アンゲラとは旧

父親、ホルスト・カスナー牧師。写真提供：dpa/時事通信フォト

東ドイツのテンプリンで一緒に学び、小・中・高の算数・数学でともにトップクラスだった。二人は仲良しグループをつくり、アンゲラの家でよく集まった。牧師の父が若い神学生に講義をしていた部屋はパーティをするのに最適だった。エルヴィス・プレスリーみたいなもみ上げと前髪のハルトムートとアンゲラがスローダンスを踊っている写真がある。彼らはずっと連絡を取り続け、皆で定期的に集まっている。二〇〇五年、アンゲラ・メルケルが初めて首相に選ばれたとき、ハルトムートは重い石を持ち上げる女性の小さな像を贈った。「勝利する女性像だよ」と、彼は言った。メルケルがこれほど勝ちたがり、これほど長く権力の頂点に立とうとしたのはなぜか、何がその野心を駆り立てたのか彼にも聞いてみたところ、しばらく考えて急にきっぱり言った。「お父さんのためです」。

父親の足跡を訪ねてテンプリンへ行かねばならない。牧師ホルスト・カスナーに向かって。

第3章

独特のライトブルー

「私の教え子の中でもっとも数学的センスのある生徒でした」

ハンス＝ウルリヒ・ベースコウ（メルケルの恩師）

バルト海沿岸のドイツ人の瞳はたいてい、独特のライトブルーだ。東ドイツの歴史は、その瞳をますます神秘的にした。さまざまな歴史的経緯で用心深さが身につき、自分の正体は明かさずに相手の本心を探るような目つきになったかのようだった。北方の人らしい慎ましさに加え、東西を隔てる壁のこちら側で植えつけられた警戒心が瞳に宿ったかのようだった。共産主義政権が全体主義の浸透に成功し、どんな仲間もスパイになり、どんな腹心の友も密告者となりえた時代だった。アンゲラ・メルケルは二つの極を持つ女性だ。北の簡素さを受け継ぎ、東の用心深さを身につけた。結果、彼女は反射的に控えめな笑みを浮かべる癖がついた。高圧的ではないが毅然とした態度、静かな勇気。鋭い刃で突き刺すような、そして「どうぞその調子で。あなたが誰かは分かっているし、あなたの言いな

ヘルリント・カスナー。メルケルは母について「陽気で楽しく、裏表のない性格」だったと語り、「お喋りだと言われるくらい話し好き」なのは母譲りだという。Photo/Getty Images

りにはならないわ」とそっと囁くようなあのライトブルーだ。アンゲラのポーランドの血がこのブルーの効果を強めた。母親のヘルリント・イエンチュは一九二八年にダンツィヒ（グダニスク）に生まれた。このバルト海に臨む大港湾都市が国際連盟保護下の「自由都市」だった時代である。この町は、戦争と侵略によって度々国名が変わった末、再びポーランド領となった。父親のホルスト・カスナーは、出生時の姓をカズミエルチャクといった。元々の家系はポーゼン（ポズナニ）――プロイセンに併合され、一八七一年のドイツ統一後はドイツ帝国領となったこの都市は、第一次世界大戦後ヴェルサイユ条約によって再びポーランド領となった

――の出だったが、ホルストの父は一九二〇年代にベルリンに移住した。一九三〇年、苗字をカスナーとドイツ風に変えたとき、ホルストは四歳だった。ホルストの父ルートヴィヒ・カスナーはドイツ国籍を取得しており、当時はベルリンの警察官だった。ホルストは右目の視力を失ったが、瞳の色はまさに娘と同じライトブルーだった。突き抜けるようなブルーだ。

「お父さんのため」。アンゲラ・メルケル昔なじみの友、ハルトムート・ホーヘンゼーが彼女の政治家としての野心の理由として口にしたこの短い言葉は、テンプリンの道の無数の小石のように限りなく広がった。色とりどりの家々や川といい、このブランデンブルク州ウッカーマルク郡の田舎に漂う中欧の雰囲気といい、テンプリンの町は想像以上に美しかった。農民と職人と商人からなるこの町の人口は、アンゲラの子ども時代で一万四〇〇〇人、今はそれよりやや多い。ベルリンから北へ一時間半のところにある、森と湖に囲まれた旧東ドイツの何の変哲もない地方のありふれた町だ。ベルリンからの距離とポーランド国境からの距離はほぼ同じだ。旧プロイセンの歴史的な中心地である。カスナー一家がテンプリンに引っ越したのは一九五七年、アンゲラが三歳のときだが、最初の一時期はクヴィッツォウで暮らした。クヴィッツォウはさらに西へ一五〇キロメートルほど離れた、ソ連とアメリカの占領地域の境界にある村だった。ソヴィエト圏ではプロテスタントの牧師が不足しており、アンゲラの父はテンプリンの町はずれにある通称ヴァルトホーフ（「森の館」）で神学生の教育に携わるポストを提示された。

一九五四年という年に、分裂したドイツの東側に移住したこと自体、とんでもないことだが、この物語の始まりはここからである。西ドイツへ脱出する膨大な人々の流れに逆らうように、一家が東ドイツに居を移さなければ、アンゲラ・メルケルは何の冒険も運命の展開もない人生を送ったかもしれない。イデオロギーによって強引に二分されたヨーロッパにおいて、鉄のカーテンで仕切られた良い方の地域に戦後生まれ、歴史の本でナチズムについて学び、恵まれた人々の中で冷戦を体感したドイツ人女性の平凡な生涯となったかもしれなかった。西側は大西洋圏と民主主義、東側はソヴィエト圏と全体主義の世界だった。一九五四年七月一七日、アンゲラがハンブルクで生まれたとき、ベルリンの壁はまだ建設されていなかったが、ドイツはすでに分裂していた。翌一九五五年、ドイツ連邦共和国はNATO（北大西洋条約機構）に、ドイツ民主共和国はワルシャワ条約機構に加盟した。同じようにアジアにおいて、資本主義陣営と共産主義陣営が対立した朝鮮戦争を背景に、二つのドイツは冷戦の縮図となった。西側には、アメリカとNATOを軸に、欧州評議会と、EUにつながる母体となったヨーロッパ石炭鉄鋼共同体（ECSC）があった。東側にはソ連と衛星国を軸とするワルシャワ条約機構加盟国があった。ドイツはその境界だった。冷戦の子アンゲラはまさに東西のはざまにいた。

北からのそよ風が吹く自由なヨーロッパの中心、ハンブルクに生まれたアンゲラ・カスナーという赤ん坊の前には、すでにレールが敷かれているように思われた。牧師と英語教師の間に生まれた娘アンゲラはおそらく、成長して優等生となり、普通にいけば科学者の道を歩むはずだった。西ドイツの教育の高い中産階級に生まれていれば、たいていの同じような環境の子と同じく、屈辱と破滅の後に何もかもゼロからやり直そうとした国民の強靭な意志をバネにして生きたはずだった。それが違った。

通説とは異なるが、アンゲラ・メルケルは、旧東ドイツのブランデンブルク州テンプリンで幸福な子ども時代を過ごした。1960 年、6 歳のアンゲラ。© Ullstein Bild-Frank Ossenbrink

赤ん坊は正反対の方向に行ったのだ。一九五四年、独裁政権が敷かれた東ドイツから一八万人が自由な西ドイツに向かうのをよそ目に（一九六一年のベルリンの壁建設までに流出した人の数は合計三〇〇万人にのぼることになる）、アンゲラの両親は逆方向の道をたどった。ヴァルトホーフの牧師のポストを引き受けたホルスト・カスナーはリスクを負うことになる。宗教は民衆のアヘンと言われ、共産主義国では敵視されていたからだ。東ドイツではプロテスタントが大半を占めるキリスト教徒に対し、政府は一九五〇年代初めから抑圧を開始した。牧師は投獄され、子どもたちは学校から追放された。しかし、ホルスト・カスナーにとってこの赴任は仕事のうえでの好機であり、共産主義の理想に貢献できるのではという期待に彼の心は動いた。妻ヘルリントは、親兄弟は皆、西ドイツにいたが、夫について行った。二人は生後数週間の赤ん坊を連れ、東との国境を越えた。ベルリンの壁が一九六一年に建設される前であっても、帰るあてのない旅となるのは目に見えていた。こうしてアンゲラ・メルケルの運命は、西から東へと逆方向に国境を越えるという変わった経験から始まった。

一九六一年の八月半ば、カスナー一家はハンブルクの祖母と一緒に西ドイツのバイエルンで四週間の休暇を過ごして帰ってきた。帰りは車でチューリンゲンの田舎を通り、前の席に両親、後ろの席にアンゲラと弟、そして祖母といった具合に、窮屈なフォルクスワーゲンのビートルに五人も乗った。「帰り道、父方の祖母の家に寄りました。父は祖母に、『何かありそうだ、そんな予感がする。森のあちこちに有刺鉄線があった』と言っていました。土曜から日曜にかけての夜、壁の建設が始まりました。父はその日曜日、礼拝をしましたが、ただならぬ雰囲気でした。私はいつまでも忘れられません。

人々は泣いていました。母もです。皆動揺していました」とアンゲラはフーゴ・ミュラー＝フォッグに語っている。一九六一年八月一三日、アンゲラが七歳のときだった。世界は茫然としてベルリンの壁建設を見守った。それはアンゲラ・メルケルが人生で初めて経験した政治的大事件だった。ブダペストにソ連軍の戦車が出動した、一九五六年のハンガリー動乱のときは幼くて覚えていない。記憶に残る二番目の出来事は壁建設から二年後に起こった。母親が「ケネディが暗殺されたのよ」と言いに来た日だった。東ベルリン暴動のあった一九五三年から東ドイツ政府は体制批判に対する弾圧を強め、人材の流出がいっそう進んでいた。ベルリンの東西を分ける壁は九月に建った。二つの国家の国境は固められた。アンゲラが小学校に入った年のことで、教会の信者たちが「涙と不安」に暮れたことを記憶している。とはいえヴァルトホーフの生活は変わりなかった。一九六八年、プラハの春の後、ソ連軍がチェコスロヴァキアに軍事介入したときでさえ、テンプリンはいつも通り平穏だった。

アンゲラが友達とともに送ったテンプリンの生活は、陰気で不気味なシュタージ（国家保安省）の目が光る独裁国家、東ドイツにまつわるイメージからはかけ離れていた。巷間に伝わるところとは裏腹に、アンゲラの子ども時代は楽しいものだった。町と田舎の境界に位置するヴァルトホーフ（「森の館」）は通称名であり、敷地内には農場、牧師の研修施設、障害者のためのプロテスタント系施設があった。障害者たちは施設の職員とともに生活し、働いていた。この三つの世界に住む一五人ほどの子どもたちが、ヴァルトホーフという広大な遊び場で交じり合い、思い切り動きまわった。「アンゲラとはここで一緒に、障害を持った子どもたちを仲間に入れながら育ちました。彼らとつき合い、彼らから大きな影響を受け、多くのものを与えられ、人間について多くを学びました。アンゲラ・メルケルが難民に寄せる共感もこの頃の経験が大きいと思います」と、いまやＳＰＤ（社会民主党）の地方議会議員であり、当時両親が働いていた障害者施設の館長となった幼なじみは私に語った。障害を持って生まれた子どもたちと日常的に接しながら暮らした経験を考え合わせると、メルケルが出生前診断に懐疑的なことも理解できるかもしれない（ドイツでは妊娠中絶は容認されているが、原則的に違法である）。二〇一六年、アルテ（独仏共同出資のテレビ局）の制作によるドキュメンタリー『Die Unerwartete』（「予想外のこと」の意）で、メルケル自身、「（障害者とは）よく一緒に遊んだので、その時のことはいつまでも忘れられません」と述べている。「一日の大半を彼らと共に過ごし、同じ年頃の子たちのほとんどが違和感を持つようなことを普通だと思う癖がつきました」。

アンゲラは前髪を切りそろえたブロンドの少女だった。いつも陽気で、女の子の友達とバレーボールやゴム跳びをして遊んだ。男の子は自分たちで家の間の空地にサッカーコートを作った。アンゲラは長女で、下には弟マルクス、妹イレーネがいた。スポーツは苦手だった。アンゲラは動きが鈍くてすぐつまずくので、百メートル走をどうにかこなすのに、さんざん練習しなければならなかった。スポーツ競技に力を入れる東ドイツの学校では必須だったのだ。しかしメルケルはそんな自分を「運動オンチ」と茶化し、なれるものならスケート選手になってみたいわなどと冗談を言っていた。プールの飛び込み台の上でぐずぐずためらう癖があったというエピソードは、決断の遅さという、その後彼女の特徴となる政治家としての気質をよく表している。アンゲラはヴァルトホーフで動物の世話もした。雌牛が八〇頭、豚が一〇〇頭もいたし、ブーダン（豚の血と脂で作るソーセージ）を作る機械もあった。生温かい豚の血を入れてハンドルを回すと、反対側から長いソーセージが出てきた。「アンゲラはこれが大嫌いでしたよ」と、嬉々としてハンドルを回していた幼なじみのゴットフリート・ケルナーは言う。アンゲラが好きだったのはビー玉遊び、読書、バレーボールの試合だった。「アンゲラは普通の女の子でした。私などより真面目で、外で遊ぶことはちょっと少なかったのですが、いつも皆と一緒でした。目立ったところは何もありませんでした。あの子が将来首相になるなんて、ほんとに、夢にも思いませんでしたよ！」とケルナーは述懐する。朝と夕方、二キロメートル以上の道のりを小学生のときは徒歩で、中学生になると自転車で通学した。子どもたちは森の中を通り抜けて行った。森を囲むように小麦畑や灰色のブロック造りの家があった。その家々も今では黄土色やバラ色に塗り替えられ、道路は当時砂利や厚い敷石で覆われていたが、今はアスファルトになっている。ドイツ民主共和国の数少ない特権階級しか所有できなかった自動車はほとんど見かけなかったので、人々は目を丸くしてトラバントを見送っていた。今では「オスタルギー」（「東」へのノスタルジー）のシンボルとして観光客に勧められる、あの味も素っ気もない小型乗用車だ。黄色い正面の壁、赤い瓦屋根のカスナーの家はヴァルトホーフの一番外れにあり、森に接するように建っていた。一家は二階に住み、アンゲラはマンサード式の屋根裏部屋をあてがわれた。アンゲラは小さな自分の部屋にセザンヌの複製画を掛けた。ハンブルクの親戚が持ってきたり送ってくれたりする貴重な荷物をカスナー一家はいつも大喜びで受け取ったが、セザンヌはその中のひとつだった。

ヴァルトホーフの仲間はいつも一緒だった。当時、五組のカップルが誕生し、ドレスデンの家に迎えてくれたハルトムートとイングリット・ホーヘンゼーのように、結婚して今に至っている。アンゲラの親友の一人だったハルトムートは心臓病専門医だったが、今は引退している。彼女と同様、ハルトムートも優秀な生徒で、「オリンピアード」という、広範囲から参加者を集め、地域、国、さらにはソヴィエト圏諸国と順次レベルが上がっていく一種のコンクールに参加した。ハルトムートとイングリットはたびたび数学のコンクール参加者に選ばれ、アンゲラは数学のほか、やはり得意だったロシア語で選ばれていた。一九七〇年、アンゲラはこの二つの得意科目で「ノイブランデンブルク」地方代表となり、褒賞としてモスクワ見学をさせてもらった。テンプリンのゲーテ学校（一般教育総合技術学校）時代からヘルマン・マテルン中学高校時代まで、ハルトムートとアンゲラは一緒に通学し、一緒に宿題をやり、優秀な生徒のための補習授業を一緒に受けた。ヴァルトホーフで他の子も交えて週末をともに過ごし、食卓を囲んだ。

ハルトムートとイングリットはアルバムを何冊か取り出した。黄ばんだページに無数の白黒写真が貼りつけられたアルバムが、テンプリン時代のものだけで二冊ある。「アンゲラは、科学はもちろん文学から絵画まで幅広く関心をもち、まったく信じられないほど吸収が速かったです」と、ハルトムートはアルバムのページをめくりながら話した。笑ったり、ふざけたりしているアンゲラの写真が目の前にあった。「アンゲラはとても明るく、穏やかで気さくでした。私はしょっちゅう彼女の家に行っていました。とくに一五歳頃はよく行っていましたね。本の貸し借りをしていました。アンゲラはコレ

メルケルの子ども時代からの友人、ハルトムート・ホーヘンゼーのアルバムにあった写真。
写真提供：dpa/時事通信フォト

クションしていた有名な画家の絵葉書をみせてくれました。レンブラント、フェルメール、モネとか……」。ハルトムートはページをめくりながら思い出話をしていたが、急に手を止めて一枚の写真を指差した。「ほら、これが一九七三年、フュルステンベルクへ行く途中の湖でキャンプしたときのもの。そしてこれが、ヴァルトホーフで年越しパーティをやったときだよ！」。一九七一年大晦日の夜に友達同士で撮った写真を、私たちはひとつひとつ見ていった。ホルスト・カスナーは若者たちのために教会の研修施設の部屋を開放してくれたので、彼らはありがたく会場にし、テーブルを囲んで食事会を開いたのである。ハルトムートとイングリットは一人一人の名前を挙げた。ゲルトはエーファと結婚した。ギュンター

1971 年大晦日、ヴァルトホーフでの年越しパーティ。17 歳のアンゲラ・カスナーと友人、ハルトムート・ホーヘンゼーがスローダンスを踊っている。© Gleascher/Laif/Rea

はエデルガルトと結婚した。そしてビルギット、コニー、ドリス、ボリス、ボド……。ハルトムートがアンゲラとムードたっぷりにスローダンスをしているところや、エルヴィス・プレスリーみたいな彼の髪型を見て、私たちは笑った。このとき彼らは一七歳だ。「ところであなたは？　やきもちをやかなかったんですか？」と私はイングリットに尋ねた。「やきましたよ！」、イングリットはプンプン怒ったふりをした。「アンゲラにちょっと嫉妬したわ。彼ったらアンゲラと一緒にいる時間がすごく長かったから！」」。ハルトムートはイングリットをなだめようと、「アンゲラは一六歳のときにはCDUのメンバーだったから……」と言った。イングリットは吹き出したが、私は何のことか分からなかった。「CDU（キリスト教民主同盟）の？」と尋ねたが、二人はまだ笑っている。ハルトムートが説明してくれた。「テンプリンの警察署長になった男なんですが、アンゲラ、コニー、ビルギットに『CDU』ってあだ名をつけたんです。《Club Der Ungeküssten》（キスされたことのない女の子のクラブ）の頭文字ですよ。あの子たちが一六歳のときでした」。イングリットが胸をなでおろすふりをした。

テンプリンの昔の仲間は今も五年ごとくらいに会っている。ハルトムートはその証拠として「トップシークレットの書類」を私に見せてくれた。仲間全員の住所と携帯番号が書かれた紙だ。アンゲラ・メルケルなる名前も含まれている。彼女の身分に鑑みてどこで集まるかもやはりトップシークレットだ。「彼女はほとんど我々の会に来ていますよ。とても義理堅い人です。大臣になった年の会は警備が厳重で楽しむどころではなく、つまらなかったですね。そのあと改善しました。彼女は首相になってからも三回来ました」とハルトムートは言った。彼らは再会して古き良き時代の思い出話をするの

1972年、ブランデンブルク州ヴァンドリッツとベルリンに修学旅行に行った際、バレーボールをしているところ。ネットのすぐ前にいるのが18歳のアンゲラ。© Laif/Redux/Rea

を楽しみにしている。人生楽しかった。

　人生楽しかった？　七〇年代の東ドイツで？　シュタージと密告者が思想と言論に目を光らせ、反体制派が牢につながれ、一市民が逮捕や銃殺の危険を冒し、敢然と鉄のカーテンを越えて西側に逃亡した時代に？　ときにはひもじい思いをし、冬に暖をとることもままならなかった時代に？　共産主義政権の全体主義はそれほど牧歌的だったのか？　アンゲラ・メルケルはジャーナリストで政治学者のフーゴ・ミュラー＝フォッグに、テンプリンではそのような厳しい状況下でもどうにかくぐり抜ける方法があった、とほのめかしている。「生活の中につねにシュタージの存在がありました。家族の誰かが長電話していると、母はシュタージが全部聞いて録音しているから切りなさいと言うのです。どういうときにどういうことを言っていいかは、分かっていたのですが。でもびくびくしているのは嫌でした。もちろん、友人が切羽詰まった状況だとか、逃亡計画を立てるとかいった、森の中でしか話せないようなことはありました。私は、たとえ電話の内容がすべて録音されていたとしても、どうせつまらない話ばかりなんだから、と思っていました。ですから抑圧されている感じはそれほどありませんでした」。ゴットフリート・ケルナーは、「森、小麦畑やトウモロコシ畑、庭で過ごした時間」を懐かしみ、「僕たちには最高の生活でした！」と言った。ハルトムートはもっとつぶさに語る。「そう、我々の子ども時代はひじょうにいい思い出として残っています。素晴らしい環境でした。いやヴァルトホーフは特別でした。あの田舎には我々しかいませんでした。我々だけに許された環境でした。じつは二つの世界があって、我々は第二の世界、すなわち何でも話せる内輪の世界に生きていたのです。働いて将来安定した生活がほしければ、違った話し方をしなければならない実世界とはまったく違うところでした。皆はつねに注意を払っていました。我々は世間から隔絶された状態でしたし、我々にしてみればそれが普通でした。私たちの世界は素晴らしかったのです」。

当時の流行曲に合わせて皆で踊ったりもした。アンゲラはローリングストーンズよりビートルズが好きだったが、うがった見方をする人はたいてい、そこに保守的な傾向が表れているという。彼女はフランク・ショーベルといったポップミュージックが好きで、彼らはスレイド、ステイタス・クォー、OMSをよく聴いていた。彼らは西側テレビの情報をむさぼるように求め、楽しんだ。それは禁じられた魅力的な遊びであり政治教育だった。理論的には受信できないはずだったが、皆、通信妨害をたくみにかわして視聴していた。ラジオ・フリー・ヨーロッパの放送もやはり楽しみだった。ニューヨークで設立され、アメリカ合衆国議会が出資したラジオ・フリー・ヨーロッパは、ソヴィエト圏諸国に放送を流し、西側の現実を伝えていた。アンゲラは東ベルリンの祖母の家を訪ねた折には、劇場や美術館に行った。カスナー家には時おり郵便で荷物が届いた。西ドイツの服や西側住民の店で使える通貨などをハンブルクにいる親戚が送ってくれるのだった。アンゲラの服は皆の羨望の的だった。教師だったある人も、「アンゲラのジーンズは本物の生地で、この辺で見るのとはカッティングが断然違った」のでさすがに羨ましく感じたという。「西っぽい」服を着ることはお洒落と幸福の何よりの印だった。一九七四年FIFAワールドカップ西ドイツ大会で、同根でありながら敵味方に分かれた東西ドイツが一次リーグで戦った、ハンブルクでの歴史的な試合を、カスナー一家はテレビで観戦した（東ドイツは二次リーグで敗退、主催国の西ドイツが決勝まで進み、オランダを下して優勝）。それは国を代表するチーム同士がひとつのピッチで対決した、多分に政治的な匂いのする最初で最後の試合だった。七七分でゴールが決まり、東ドイツが試合を制した。私はメルケルの補佐官の一人から、「どちらのチームを応援したか尋ねたのですが、首相はお答えになりませんでした」と聞いていたが、ハルトムートが代わりに答えてくれた。「東ドイツが勝って、皆、大喜びだったよ！」。その後ベルリンの壁が崩壊する一年前の一九八八年、ハルトムートはジョー・コッカーのコンサートを聴きにドレスデンに行った。アンゲラ・メルケルも多分、同じ年にベルリンで行われたブルース・スプリングスティーンのコンサートにちゃんと行っている。それまでは皆、テンプリンの映画館で、東ドイツ礼讃の映画や、観客動員数三百万人を記録したヒット作『パウルとパウラの伝説』を観ていた。インドの映画産業ボリウッドの作品かと思うような安っぽい映像で、不幸な結婚と不倫をめぐる、ロマンティックな悲劇だった。この映画は、東ドイツのエーリヒ・ホーネッカー政権によって上映禁止になるところだった。保守的道徳に照らしてではなく、共産主義のイデオロギーでは、個人の恋愛と幸福が、輝かしいはずの集団的闘争の未来にまさることを良しとしなかったからである。物議をかもすかと思われた『パウルとパウラの伝説』は、愛の勝利で終わるハッピーエンドとしないよう変更するという条件で、けっきょく上映を許可された。アンゲラ・メルケルは皆と同じように、この傑作を「政治的に正しい」バージョンでしか見ることができなかったが、いつまでも好きな映画だという。十代だったアンゲラの心をつかんだらしい。

ヴァルトホーフとテンプリン映画館という閉じた世界から一歩出ると、盗聴と不安の世界だった。プロテスタントは疑いの目で見られ、信仰の代償を払わねばならないだけにいっそう厳しい境遇だった。ヘルリント・カスナーは、牧師の妻というだけで、英語とラテン語の教師の職に就く権利を奪われた。プロテスタントは民衆のアヘンというだけではなく、西側との繋がりもあった。そしてプロテスタント信仰は大西洋同盟国で重要な意味を持つというまさにその理由で、外交的事情により容認され配慮を受けていた。プロテスタント教会は監視されつつ保護される場所という二重の曖昧な地位を甘受していた。アンゲラは反射的にその場を切り抜けるコツを覚えた。親の職業について聞かれると、アンゲラは牧師《Pfarrer》のpを弱めに発音し、父は運転手《Fahrer》です、と口ごもりながら言うようになった。こうして未来のドイツ首相アンゲラ・メルケルは、その後も痕跡を残すことになる基本原則によって鍛えられた。目立たないこと、折り合いをつけること、慎重さを身につけることの三原則だ。牧師の娘アンゲラは注意を引く言葉を言う前に二度考えることを知っていた。嫉妬や羨望をあおったり、あるいは単に注目を受けたりしないよう気をつけた。母ヘルリントはよく「プロテスタントだから、あなたは人より大変なの。だから皆よりできなきゃだめ。頑張って勉強して、目立たないようにしなさい。引っ込み思案でも駄目。勉強や進路で遅れをとらないように気をつけなさい」と言い聞かせた。父ホルストは頑として、皆と同じように東ドイツの公式青少年団体に入るよう促した。最初は、青いシャツを着るピオニールに、その後一四歳から二五歳までの若者が対象の自由ドイツ青年団（FDJ）に加入した。これらは確かに教化の場であり、中には思い切って脱退する者もいた。しかし、こうした加盟は平穏無事に学業を続ける唯一の手段だった。クラスでトップの成績をおさめても、「優秀なピオニール」だけが褒美を与えられ、いじめられないですむ。そしてカスナー家では、仕事と勉強は何より大事な意味をもっていた。頑張って勉強や仕事をし、挑戦し、高い志を持つことは、アンゲラ・メルケルの四つ目の基本原則である。そして彼女にそれを引き継ぎ、その方法を教えたのは父、ホルスト・カスナーだった。

ホルスト・カスナーは印象的な人だ。長身で白髪、ヘビースモーカーで、教養があり威厳がそなわっている。牧師の黒い長衣を着た姿は、ぱっと見たところイングマール・ベルイマンの映画に出てくる架空の人物を思わせる。ホルスト・カスナーは冷淡で尊大な風を装っていたが、訪ねてきた客にはそうした態度はとらなかった。ハルトムート・ホーヘンゼーは、「すごくカリスマ性がありましたが、我々にはひじょうに気さくでした。アンゲラの友達を知っておきたいと思っていて、いつでも議論に応じてくれました」と述べている。父親が東ドイツ国営鉄道の機関車の運転士だったハルトムートは、ホルストの蔵書に目を丸くし、家族が夕食のとき活発に意見を述べあうことに驚いた。「夜、カスナーさんの家で、政治、文学、哲学、ドイツの歴史についてよく話をしたものです。マルセル・プルースト、ギュンター・グラス、ハインリヒ・ベルなど、東ドイツにはない『西の』本がたくさんありました。アンゲラは読書家で、あの知的で教養あふれる雰囲気の中で成長しました。彼女の家は別世界でした」と、ハルトムートは述懐した。父を無条件に尊敬したアンゲラ・メルケルは、一九九一年、写真家ヘルリンデ・ケルブルのインタビューで、父に関し別のコメントを残している。彼女の大志は父の仕事へのこだわりと完璧主義に大いに関係がある、という。「父はいつも仕事熱心でした。仕事と自由な時間の区別をつけず、家庭での義務そっちのけで仕事をすることもありました。父は要求が多く厳しい人でした。ああ！　子どものとき、何もかもつねに完璧にやらなければならないということは、かならずしも楽ではなかったのです。時々腹が立ったのは、父はよその人にはひじょうに寛大だったことです。でも私たち子どもがちゃんとできないと、父はまったく違う態度を見せるのでした」と、メルケルは語っている。母のことは「陽気で楽しく、裏表のない性格」だったという。母親から受け継いだものは何かと尋ねられたメルケルは「おしゃべりだと言われるくらい話好きなことですね。でも、いざとなれば腹をくくれる性格は、おそらく父譲りです」と答えている。

ホルスト・カスナーは謎に包まれている。一九二六年ベルリンに生まれ、一九四四年には兵役義務を負う一八歳になり、一九歳のときに戦争捕虜となったが、戦争中の彼の行動については何も分からない。当時ホルストの親は何をしていたのか、ナチズムとはどのような関係にあったのか？　アンゲラ・メルケルはそれについてはいっさい言及せず、聞かれたときには何も知らないとはっきり答えている。東ドイツで、彼女の父親は本質的に曖昧な立場だった。ホルストに関するシュタージの記録には、疑わしい人物として記載されている。「カスナーは一九五四年に西ドイツのハンブルクから来た。労農国家の敵である」。西ドイツ出身のプロテスタントであるホルストは否応なく敵視された。同時にホルスト・カスナーは、イデオロギーを信じ、社会主義の実践に理想主義的な共感を抱いて東ドイツに来たのである。彼は「赤い牧師」と呼ばれていた。東ドイツのプロテスタント教会を西ドイツのヒエラルキーから分離させるために闘い、資本主義制度を批判し、東ドイツのプロテスタント教会の有力者になり、時の政権とも繋がりを持ち、取り入る術も知っていた。小型乗用車のトラバントやヴァルトブルクを所有するといった特権も享受した。ヴァルトブルクは教会の高位者用の贅沢な車だった。ごく稀には国外へ行くことも許された。カスナー家の家計はつましいもので、山羊から搾ったミルクを飲んだり庭のイラクサを使って料理をしたりした。厳しさとある程度の貧しさは東ドイツの教育の一部だった。「母は、普段の生活で困ったことがあっても何とかしのぎ、機転を利かせるよう教えました。例えば、皆の口に入るように、ちょっとしたものを加えて四人分を八人分にしたものです」とフーゴ・ミュラー＝フォッグに語っている。東ドイツの反体制派の代表的人物であり、ホルスト・カスナーの教え子だったライナー・エッペルマン牧師は、いまだに共産政権下のカスナーの態度に疑問を持っている。「（カスナーが）曖昧な人だったかどうか、私には分からない。体制批判をしなかったわけではないが、壁が建設され東ドイツが市民の流出を止める決定をした後でさえ、カスナー氏はあいかわらず、この国は『二つのドイツの良い方』と言い、そんな風に考えていたのが私には不思議だ。教会の人間がどうしてあの独裁政権と良好な関係を維持できたのか。私はいまだに怒りを覚える」。アンゲラは、内々で全体主義体制を批判し、自由に話し合える家庭環境に恵まれた。そのいっぽう、社会主義ユートピアをあくまで支持し、また表明する父親の影響力を漠然と感じてもいた。そうした相反する要素が並存する緊張感のなか、彼女は成長した。党の一員でもないのに、父親を介して帰属していた。共産主義系青少年団体のメンバーであると同時に批判してもいた。この歳ですでにひじょうにメルケル的な政治的判断のしかたを心得ていた。東西ドイツが統一されたとき、ホルスト・カスナーは緑の党に接近し、母ヘルリントは、ＳＰＤ（社会民主党）に所属してテンプリンの市議会議員になったが、のちに離党した。娘アンゲラは保守政党ＣＤＵの頂点を目指しつつ、彼女なりに親たちの思想を吸収し総括した。「アンゲラは父と母の両方の性格を受け継いでいます。冷静さと駆け引きのうまさは父譲り、意志の強さと積極性は母譲りです」と、現在テンプリンで牧師を務めるラルフ＝ギュンター・シャインは言う。

ホルスト・カスナーは二〇一一年に肺癌で亡くなり、テンプリンの墓地に葬られた。妻ヘルリントは二〇一九年に後を追った。亡くなるまでテンプリンの教区で元気に働いていた。昔奪われた教師の仕事を晴れて再開し、大人向けに英語講座を開いていた。テンプリンでは、メルケル首相が母親と一緒に買い物に出かけ、小型スーパーでカートを押していても誰も驚かなかった。夫ザウアーとメルケルはこの近くの小集落に小さな別荘《ダーチャ》を持っている。東ドイツ時代に購入したもので、週末はいつもここで過ごす。世界最強の女性の割にはささやかな場所だが、その人となりを理解するためにはわざわざ足を運ぶ価値がある。赤い屋根の白い家で、目につく特徴といえば囲いがあることくらいである。訪れた人によるとＩＫＥＡの家具が置いてあるという。庭の手入れをし、トマトの生育ぶりに目を細め、森の中を散歩し、なるべく遠くで見ているようボディガードに頼みながら湖で泳ぎ、スーパーで買い物をする。料理もするし、ポトフ、エスカロップ、魚料理、お菓子を作っては出来栄えに満足している。得意料理はジャガイモのスープだ。日曜一六時からＳＭＳ（ショート・メッセージ・サービス）を送信し始め、夜、ベルリンに戻る。帰る先は首相官邸ではない。メルケルは官邸住まいを避け続けている。シュプレー川岸のペルガモン博物館周辺の観光地区にあって、最小限の警備しかされていない質素なアパートに帰るのだ。私はベルリンで、偶然メルケルを見かけたことが少なくとも二回ある。自宅とも官邸とも近いブラッスリーで、側近のベアーテ・バウマンと静かに食事をしているところ、そしてフリードリヒ通りのギャラリー・ラファイエットの食料品コーナーにいるところを目撃した。人々に交じり紙袋を持ってフランス産のチーズを物色している小柄な女性がメルケルだった。自撮りを頼む人もいなければジロジロ見る人もいなかった。誰一人構う人はいなかったので、皆、メルケルがいるのに気づいていないのではないかと思ったほどだった。そのくらい彼女はどこにでもいるおばさん風だった。アンゲラ・メルケルはみごとに素朴な印象を与えていた。こうした普通の生活と、子ども時代を過ごしたブランデンブルクでのくつろいだ週末を努めて維持していることが、メルケルの活力と落ち着きの秘密なのだ。彼女を育んだ出身地である東ドイツと、絶えず根っこで繋がっているかのように。

歴史上もっとも特筆すべきドイツの首相メルケルの人格を決定づけた要素は、東ドイツで過ごした人生の前半と牧師だった父から受けた知的、精神的影響である。メルケルの政治家としての働きはすべてここから来ており、ここに帰する。彼女の人間性のあらゆるカギがこの多様に混じりあった経験に潜んでいるのだが、まだ少なくともひとつのカギが見つかっていなかった。それはやはりテンプリンにあった。そのカギを与えてくれたのは、暑い夏のさなか、ショートパンツに大きなサンダルをはいてバルコニーに座っていた、あの男性だ。ハンス＝ウルリヒ・ベースコウ氏はアンゲラの数学教師だった。背が高く痩身でにこやかな紳士は、一九六〇年代の教え子メルケルとは異なり、テンプリンを離れたことがなかった。ハンブルクから送られてきたアンゲラのジーンズが「本物の生地」で、カッティングが断然いいので羨ましく思ったという人である。二〇一六年に会ったとき、七七歳だったベースコウ氏は白髪で、日焼けした顔に地方の人らしい実直な感じの目をしていた。昔のことをぽつりぽつりと語りながら、ベースコウ氏は何度も「前髪を切りそろえた、ちょっとボーイッシュで滅法頭が良かったあの生徒が、将来、初の女性首相となるなど、私に予想できたでしょうか?」という問いに行きつくのだった。答えはノーだが、ひとつだけ彼が確信していることがあった。「彼女がアンゲラ・メルケルにならなかったとしても」、けっして忘れはしなかっただろうということだ。「アンゲラは超がつくほどよくできた」からである。

科学と英語とロシア語の三つはアンゲラの得意科目で、将来彼女の強みとなる三つの基礎科目だった。英語は世界で活躍するために必須だった。堪能なロシア語はモスクワとの交渉に不可欠な要素であり、ベルリンの壁崩壊後、東ドイツから民主的に選ばれた唯一の指導者ロタール・デメジエールの副報道官という重要ポストにいきなり就くことができたのはこのお蔭だった。またウラジーミル・プーチンがいまいましく思いつつもメルケルに一目置くようになったのも、達者なロシア語のお蔭と言えた。理系科目の数学と物理は、統治の方法や、権謀術数が渦巻く状況の冷静な分析において生きる重要な要素である。ゲーテ学校から中学まで、ベースコウ氏は数学が抜群にできる生徒を集めた選抜クラスを担当し、月二回の補習授業を行った。アンゲラ・カスナーは一二歳から一五歳までこのクラスにいた。「選抜クラスのレベルはひじょうに高かったですし、男子の方が人数も多く、えてして理系科目に強いのですが、それでもなおアンゲラほど優秀な子はいませんでした」とベースコウ氏は述べ、「私の教え子の中でもっとも数学的センスのある生徒でした」と懐かしがった。数学的センスってどういうことですか、と私は尋ねた。いかんせんそんなものに縁がなかったのだ。「アンゲラは、教科書的な模範解答とはしばしば異なった、すっきりした解き方で問題に取り組みました。論理的思考力と高い分析力があり、とことん粘って解法を探り当てました。彼女はけっして諦めず、できないとは絶対に言いませんでした。あらゆる方向から探り、つねに解き方を見つけました。それだけでも大したものでした。政権を握ってからの彼女を見ていると、確かにこんな戦略的思考もできる子だったと改めて思っています」。

背景には、アメリカという遠い夢があった。東ドイツが公の敵ナンバーワンと指さした、あらゆる秘めたる欲望を象徴する自由の地アメリカ、手の届かない理想の国アメリカである。ハルトムート・ホーヘンゼーは「アメリカは我々にとって一種の夢でしたが、実際、願望だったかというとそうではありません。思ってもいませんでしたから。別世界だし、仕方がない、と」と語った。ベルリンの壁がいつか崩壊するなど誰も想像もしなかったし、多くの東ドイツ人と同様、若いアンゲラも、定年になったらアメリカに行こうと思っていた。政府は寛大にも、反乱を起こす元気もない高齢者になれば、東ドイツを出国する許可を与えると明らかにしていたからである。子どもの頃にアメリカへの憧れを植えつけられた彼女は、筋金入りの対米協調主義者となった。ベルリンの壁崩壊によって、定年まで待つ必要がなくなった。東ドイツの政権が崩壊して間もなくの一九九〇年、アンゲラは早速、伴侶のヨアヒム・ザウアーとともに飛行機でロサンゼルスに行った。三六歳のときだった。彼女は二〇年後の二〇〇九年一一月三日、威圧感を覚えるようなアメリカ合衆国議会でこの旅行について語っている。「私をそこまで熱く駆り立てたもの、それはアメリカンドリームでした」と、アンゲラは思いをこめて言った。居並ぶ議員たちはその声に打たれた。「誰もが成功し、努力次第で目標に達する機会を与えられるという夢です。そして多くの若者と同じように、東ドイツでは買えない、あるジーンズのブランドが私も大好きでした。私には西ドイツに叔母がいましたので、それを送ってもらっていましたが。

私はアメリカの雄大な景色に憧れました。そこには自由と独立の精神が満ちていました。一九九〇年、夫と私は飛行機で、初めてアメリカへ行きました。カリフォルニア！　初めて太平洋を目にしたときのことを私たちはけっして忘れません。ほんとうに素晴らしい景色でした」。

アンゲラ・カスナーは一九歳でテンプリンを離れた。ライプツィヒで物理学を学ぶために。彼女は聡明で慎重で折り目正しい科学者としての生活に向けて飛び立った。

第4章

故郷テンプリンとNATOの町ブリュッセル

「良心に従うべき問題においては、価値観が重要になるのです」

アンゲラ・メルケル

その日のブリュッセルは晴れて暑かった。NATO新本部庁舎前の中庭に演壇が置かれていた。二〇一七年五月二五日、NATO国家・政府首脳会談は通常と違った開幕となった。就任したばかりのいささか個性的なアメリカ大統領ドナルド・トランプが初めて出席したというだけでなく、二つの象徴的なモニュメントが披露されたからである。ひとつは世界貿易センタービル（WTC）の残骸で、二〇〇一年九月一一日のニューヨーク同時多発テロの犠牲者と、北大西洋条約第五条への敬意を表したものだった。第五条は締約国間の軍事的連帯と、一締約国が武力攻撃を受けた場合の集団的自衛権の行使を謳っている。もうひとつのモニュメントは、冷戦を記憶し、また統合ヨーロッパを象徴するための、ベルリンの壁の本物の破片である。WTCのモニュメントのお披露目はドナルド・トランプが、ベルリンの壁はアンゲラ・メルケルが受け持った。

さてNATO国家・政府首脳および事務総長の総勢二九名を前に、赤いジャケットのメルケルが一人、演壇に立った。ブリュッセルの太陽が眩しいほど照りつけ、五月にしては異例の厳しい暑さがNATO本部を圧していた。この日から間もない一週間後に、気候変動対策の国際的枠組みである二〇一五年のパリ協定からの離脱を表明しようとしていたトランプ大統領に向けて、地球が温暖化の証拠を最後につきつけているようだった。ドナルド・トランプは携帯をいじりながら、気のない様子でメルケルの話を聞いていた。ブレグジットの遺言執行人というべきテリーザ・メイ英国首相もいたが、あまり威厳はなかった。アンゲラ・メルケルはか細くカリスマ性のない声と、淡々として一本調子ないつもの口調で、力強く小さく頷きながら視線を送り、二分半にわたって演説した。それは、同じ国家元首であるトランプ大統領にいくつかの真実を伝えるために与えられた時間だった——当の本人はどこ吹く風といった風情だったが。「私たちは信頼で結ばれなければなりません。私たちの成功は、内向きの姿勢や壁の建設によってではなく、同じ価値観を共有する開かれた社会によって実現するのです」。壁を作りたがるトランプと、皆が二度と要らないと思った壁の崩壊を見たメルケルは、互いに平行線だった。NATOのために設置されたベルリンの壁のかけらを目の前にしたメルケルは、慣れ親しんだ場所にいるように感じ、この折角の機会に、自分を成長させた大切な価値観について改めて語ろうとした。トランプを筆頭に、そうした価値観をないがしろにする人々に訴えたかった。メルケルはあの独特の声の調子で話し始めた。「未来への確かな対応をするために、私たちは過去に成し遂げたことと、今築くことのできるものについて改めて考えるべきです。このベルリンの壁のかけらは、冷戦期に歴史が残した爪痕を象徴しています。あの冷たい戦争は、長い間私の人生を決定する要素でした。なぜなら私はこの壁の東側に生活していたからです……」。最後にメルケルはこう言ってくぎを刺した。「皆さん、東西を分かつ紛争の終わりとともに新たな時代が始まり、新たな挑戦、新たな脅威がもたらされましたが、私たちは共通の価値観に基づく同盟を今後も築いていきます。NATOがどれほど再統一に貢献してくれたかをドイツはけっして忘れません」。

トランプが続いて演壇に立ち、もうひとつのモニュメントについて言及した。このWTCの残骸は、北大西洋条約第五条と、この条文が援用された唯一の出来事のシンボルだった。すなわち、イスラム過激派がアメリカで起こした同時多発テロ事件の後、NATO加盟国が集団的自衛権の発動を決定し、アメリカに協力してアフガニスタンに攻撃を行ったことを想起させるモニュメントだった。このアフガニスタン紛争で一〇〇〇人のヨーロッパ人兵士が亡くなっている。ところが、メルケルの演説が敬意と楽観主義を呼び覚ましたのと対照的に、トランプの演説は人々を唖然とさせた。トランプは死者に敬意をはらうこともせず、締約国への攻撃に対する全締約国の連帯の原則を謳う北大西洋条約第五条にもまったく触れなかった。加盟国の唯一の期待は、アメリカ大統領による第五条への支持表明にかかっていた。出席者の間に当惑が広がった。口には出さないがトランプのターゲットは何か、皆は分かっていた。アンゲラ・メルケルのドイツだった。アメリカに負担を押しつけて金持ち国になり、防衛費をろくに払わず大幅な財政黒字を達成し好景気を謳歌する国々をトランプは批判した。内紛の種が蒔かれた。

一九四五年以来初めてアメリカは、ヨーロッパ、そして世界に背を向けた。ドイツの指導者のうちでもっとも親米派であり、西側のあらゆる指導者のうちでもっとも自由にこだわり、ヨーロッパの指導者のうちでもっとも影響力があるメルケルは三期目を終えようという今、第二次世界大戦後の秩序維持を担うアメリカ、一世紀近くにわたって西側諸国を守ることになったはずのアメリカに、はしごを外された思いだった。二〇一七年一月二〇日、ドナルド・トランプの大統領就任式がワシントンで行われていたそのとき、クロード・モネの絵をじっと見つめているメルケルの場違いな写真は、彼女の幻滅を語っていた。世界中のテレビが報じる「大統領就任式の一日（イノギュレーション・デイ）」をよそに、メルケルは別の開館式《イノギュレーション》に出席していた。ポツダムのバルベリーニ宮殿にできた新しい印象派美術館のオープンを祝ったメルケルは、ヨーロッパ文化の逸品を鑑賞していた。トランプが選出されて間もなかった二か月前、前任のバラク・オバマ大統領も、わざわざベルリンを訪れ、ヨーロッパに別れを告げ、「素晴らしいパートナー」とよぶメルケルに敬意を表するという象徴的な振る舞いをした。二〇一三年、同盟国であるアメリカの情報機関が彼女の携帯電話を盗聴していたとの疑惑が生じたが、メルケルとオバマの緊密な関係は少しもゆるがなかった。自由、開放、人間性という西洋の価値観は、孤立主義的な言説やトランプが建設した壁と対極をなすものであり、二人を結束させた。オバマの訪問は、トップの交代によって時代が変わる節目となった。

それにしても、ホワイトハウスの共同記者会見でメルケルがトランプをにらんだときの、あきれて

もの も言えないといわんばかりの目つきといったらなかった。メディアが「握手拒否事件」の動画を——その日トランプはメルケルに対しひじょうに愛想よく振る舞ったにもかかわらず、（二人で）握手を、とカメラマンから頼まれると不機嫌な顔で断った——繰り返し流した結果、歪曲されただけにせよ、メルケルは以前から両国の精神的な連帯について言及していたのに対し、トランプはもう真っ平といわんばかりだった。アメリカ大統領選の日、メルケルは官邸から、「ドイツとアメリカは共通の価値観で結ばれています。その価値観とは、民主主義と自由、そして出身、肌の色、宗教、性別、性的指向、政治的主張にかかわらず、個人の権利と尊厳を尊重することです」と述べた。「こうした価値観に基づいた緊密な協力関係を、新しいアメリカ大統領に提案します。アメリカとのパートナーシップは今も将来も、ドイツの外交政策の基盤であり続けます」。ヨーロッパの指導者のなかで、これほどはっきりしたメッセージを送り、外交辞令的ではあるが単刀直入に懸案事項を明らかにしたのはメルケルだけである。メルケルにとって民主主義的価値観は絶対だった。二〇一七年にＮＡＴＯで述べた事柄は自明の理であり、メルケルはその発言通りに二〇一五年末、百万人近い移民をドイツに受け入れた。その萌芽は子ども時代にある。

ゆえに、東ドイツのプロテスタント信者だった彼女の実家のあった故郷テンプリンで、つねに念頭にあるこの価値観について語ることにしたのは偶然ではなかった。教会の説教のような、政治と宗教にかかわる驚くべき告白をするためにメルケルがこの町に来たのは二〇一四年、三期目が始まったばかりの頃である。

ラルフ＝ギュンター・シャイン牧師は、メルケルを招聘して「キリスト教徒であること、政治を行うこと」というテーマを掲げた講演会を教区で開催しようと考え、ベルリンのヴィリー・ブラント通り一番地の首相官邸宛てに手紙を送った。二週間後、二〇一四年五月三日付けの手書きの手紙が届いた。首相ではなく議員メルケルからだった。封筒には連邦議会の住所とともに差出人の名前がこう書かれていた。「ドクトル・アンゲラ・メルケル、ドイツ連邦議会議員、共和国広場一、一一〇一一、ベルリン」。シャイン牧師は、大事にしまっている手紙を箱から取り出し、やや誇らしげに私に見せてくれた。きれいな丸い字で「親愛なるシャイン様」と書かれていた。「首相ではなくCDU党首としてまいります」とあり、今後の手紙は首相官邸の住所ではなく、ベルリンの「アム・クプファーグラーベン」の自宅住所に送るようシャイン牧師に頼んでいた。いつでもゆっくりと時間をかけ、けっして軽々に決断しない、いかにもメルケルらしい文面だった。「伺えるとはっきり申し上げられない限り、ご返事を差し控えたく思います。しかしいったんイエスとなれば、イエスです。よろしくお願いいたします。アンゲラ・メルケル」。

自分は信者だと言い、キリスト教的価値観を綱領とするCDU（キリスト教民主同盟）という政党に属しているにもかかわらず、メルケルは信仰について公言したことがなかった。一九七七年の初婚のときは教会で式を挙げたが、二度目は違った。それには「一回失敗したら、別のやり方にしたくなるものよ」という、ひじょうに現実的な説明をしている。しかしメルケルにとって政治は、信仰、そして牧師の娘として受けた教育と切り離せるものではなかった。「私は信仰については慎重に扱いますし、こうした問題をあからさまに取り上げるのは好みません」と、フーゴ・ミュラー＝フォッグに語っている。「最初、党大会の前に礼拝が行われることに、いくらか抵抗がありました。私にとって礼拝は個人の問題だったからです。今は見方が変わりました。この礼拝は、あらゆることを考慮に入れ、重要なことと些細なことを見極めるのに役立ちます」。メルケルはさらに続けた。「神がいるという希望があれば謙虚でいられます。謙虚とは、いつも自分が世界の中心であるかのように思わず、他者を受け容れ、欠点や過ちを自覚することです。『隣人を自分のように愛しなさい』、私はこの考え方を素晴らしいと思います。政治では隣人愛は、他者のことを考慮すべきであるという考え方を裏打ちします。信仰によって私は自分自身と他者に対してより寛大になりましたし、重い責務に押しつぶされずにすんでいます。私が無神論者だったら、これだけの責任を負うことははるかに困難に思われたでしょう。信仰は私にとって安らぎです」。

二〇一四年一〇月三一日、CDU党首メルケルは約束通りテンプリンに到着した。シャイン牧師にイエスと言った以上、イエスだった。有名なマルティン・ルター通りのマリア＝マグダレーナ教会には、もちろん溢れんばかりの人が集まった。母ヘルリントは、慎み深いカスナー家にふさわしく、牧師に勧められても最前列に座ろうとせず、大勢の人々に交じって目立たぬよう着席した。そんな母親に似た娘アンゲラは、白いプラスチックの演壇が置いてあるのを大仰だと言い、さっさと移動させることにした。アンゲラは演壇を持ち上げ、そのまま内陣を横切って脇に置いた。皆の質問に答えるにはその方が気さくで、先生と生徒のようでなく、聴衆に近かった。

その日、アンゲラ・メルケルは普段にまして胸中を明かした。「キリスト教徒であるということは、信じられないほどの庇護を受けているということです」と話し始めた。「人は完璧ではありません。人間が過ちを犯しうるにもかかわらず、神に受け容れられていることは、安心して生きる道を与えてくれます。心の迷いを口に出してもいいのです」。彼女の「命の言葉」である有名な「コリントの信徒への手紙」をつねに念頭に置いているメルケルは、「主の望みたもう」自由についての一節〔コリントの信徒への手紙2・第三章〕を引用した。さらに首相として自らの決断に対する迷いを縷々《るる》述べるに至った。この時彼女は、自分のとった政策について、驚くほど率直に、キリスト者の視点に立ち返って語った。

まずウクライナ紛争から始まった。「ウクライナについてですが、なぜあのようなことが起きるのか、考えました。私は何らかの選択をするとき、完璧でなくとも可能な限り良いものにします。これに対し皆さんから『そうです、しかしウクライナに対する制裁はわが国の経済に打撃を与えます』と言われましたので、私は『そうです、しかし不利益を被る恐れがあることを口実に、我々のルールや価値観に妥協的な態度を見せれば、もっと重大な対立が起きたときに我々の意見が真摯に受け止められなくなります。良心に従うべき問題においては、価値観が重要になるのです』と答えました」。

次の話題は難民政策だった。メルケルは、二〇一四年、すなわちヨーロッパへの難民の流入がピークに達する一年前に意志表明をしたのである。後々の分析によると、二〇一五年秋に一時的な感情に駆られて国境を開いたことになっているが、メルケルは難民問題に関する懸念を、このテンプリン訪問のときすでに口にしている。「この二〇一四年、私たちは二〇万人以上の難民を受け入れました。アフリカでは一〇億人が私たちよりはるかに厳しい条件下で暮らしています。私たちはどこに線引きすべきでしょうか。私たちは広い心を持たねばなりませんが、困っている人々をすべて受け入れるわけにはいかないことも分かっています」。そして「世界最強の女」は思いがけない発言をした。「まだこの問題に対する答えを持ち合わせていません」。

ラルフ＝ギュンター・シャイン牧師はマリア＝マグダレーナ福音教会の棚にきちんとしまわれた黒く分厚い台帳を取り出した。プロテスタント教育の必須段階として、確認事項が記入されたものだった。ペンで書かれた名前が一行ずつ並んでおり、シャイン牧師の指が一九七〇年のページで止まった。「アンゲラ・カスナー」と書かれた横には「一．Ｋｏｒ．一三（章）一三（節）」とあった。コリントの信徒への手紙をアンゲラは一六歳のときに学んだことになる。「それゆえ、信仰と、希望と、愛、この三つは、いつまでも残る。その中でもっとも大いなるものは、愛である」（新共同訳）、シャイン牧師は諳んじた。「彼女の『命の言葉』ですね」。そして台帳を閉じ、魔法書であるかのように厳粛な面持ちで元の場所にしまった。

政治と信仰を織り交ぜた談話を終え、アンゲラ・メルケルはテンプリンを離れた。大学入学資格試験を最高点で突破し、カール・マルクス大学ライプツィヒで物理学を学ぶため、この町を出た一九歳のときのように。

第5章

ミス・カスナーからドクトル・メルケルへ

彼女は「政治に魅力を感じているの」と言って立ち去った。

リノリウムの床に東ドイツの名残りの小さな箱が落ちていた。古めかしい字体で黒板用チョーク一ダース入りと書かれた灰色がかったボール紙の空箱だった。アンゲラ・メルケルが一九八六年に量子物理学の博士論文の審査を受けたのは、東ベルリンの一角、アドラースホーフの旧ドイツ民主共和国科学アカデミーのこの研究室だった。二〇一六年秋に建物が取り壊されるまで、がらんとした部屋と黒板と床に落ちたこのチョークの箱は当時のまま残っていた。リノリウムの床からは古びたプラスチックの匂いがした。私が訪れたのは、この歴史の残骸をブルドーザーが運び去る直前だった。今のアドラースホーフに昔日の面影はない。ベルリンの一角であることに変わりはないが、再統一後、二〇〇棟以上あった一九五〇年代から一九六〇年代までの建物は解体された。跡地には新たに、ハイテク企業や研究機関を擁する近代ドイツの科学とテクノロジーの一大集積地が建設された。ドイツ有数の大学であるフンボルト大学の理数系学部のキャンパスもここに置かれている。ドイツ民主共和国はなんの痕跡もなくこの地から消え去った。あと少し経てば、一九八九年冬の夕方にアンゲラ・メルケルがここアドラースホーフの暖房のきかない安普請の建物から船出したことを知っているのは、ひと握りのもの好きな評伝作者くらいなものになるだろう。学位論文の口頭試問に合格してから三年後のことで、一一月九日のベルリンの壁崩壊がまき起こした自由化運動が世界中で異様な盛り上がりを見せていた。量子物理学の研究は打ち切った。出発する前、メルケルはロシア人の同僚に短い言葉で心境を打ち明けた。「政治に魅力を感じているの……」と言って立ち去ったという。

しかしながら研究者だった当時のメルケルの興味の中心は政治ではなかった。彼女らしいプラグマティズムから政治にはかかわるまいと思っていた節がある。風車を巨人と思いこんで突撃したドン・キホーテのように身をすり減らして闘ったところで何になろう。メルケルがテンプリンの中高生だった頃は、ベルリンの壁が崩壊し、ソヴィエト連邦が解体され、東ドイツの独裁政治が終わりを告げることなど、誰にも想像できなかった。遅ればせに彼女も一員となった反体制派はごく少数であり、彼ら自身も自分たちの闘いが成功するとは思っていなかった。教会を敵視する独裁政権下では、彼女のような牧師の娘は羽目を外さず、学業で頭角を現し、慎重な振る舞いを心掛け、完璧な共産主義者の典型とならねばならなかった。それが平穏な生活に必要な条件だった。思い切った英雄的な行いで目立つ者もいたが、アンゲラ・メルケルには無縁な話だった。彼女は英雄的でも無謀でもなく、明るい未来を信じてもいなかった。彼女は、三〇歳以下の大学教官までが対象に含まれる、ＳＥＤ（社会主義統一党）の青年組織であるＦＤＪ（自由ドイツ青年団）に在籍し続けた。アドラースホーフの科学アカデミーでは、ＦＤＪの活動に熱心に関わり、れっきとした「宣伝・プロパガンダ」部門の担当で、具体的には文化行事を受け持った。ロシア語の勉強を続けて教師になろうかとも思ったようだが、教職への道は閉ざされていると思われた。牧師の妻である母親が教壇に立つのを禁じられた経緯を知っていたし、聖職者の子どもたちも同じ目に遭っていた。差し障りなく東ドイツで学問をするにはどうすればよいか、考えた末、アンゲラはイデオロギー的プロパガンダや国家の干渉とほぼ無関係な唯一の分野である科学の道に進んだ。この分野において「真理はそれほど簡単に歪曲できるものではない」とのちに彼女は述べている。一九七三年、アンゲラはテンプリンから南へ三〇〇キロメートルの地点にある東ドイツ随一の大学都市、ライプツィヒに向かった。アンゲラ一九歳のときであり、カール・マルクス大学ライプツィヒで五年にわたって物理学を学ぶために旅立った。政治的中立が保たれる領域であり、彼女に打ってつけだった。

テンプリンと同じく、ライプツィヒでの生活はかなり楽しかった。いやライプツィヒの方がわずかながら上回っていたくらいだ。ヴァルトホーフ仲間はバラバラになった。ハルトムート・ホーヘンゼーを始めとする男の子たちは兵役に服さねばならず、女の子たちはそれぞれ異なる学問分野を選び、東ドイツ各地や「（ソヴィエト）ブロック」の衛星国に散らばっていった。アンゲラは友達と一緒にバーに出かけ、食べたり飲んだり歌ったりするのが好きな陽気な女の子だった。ディスコパーティではもてなし役をすることもあった。政治活動には消極的だった。躍起になったところで無駄であり、十分我慢できる生活なのに、太刀打ちできない独裁政権と闘って何の意味があるのだろうと、アンゲラは依然として思っていた。それは言い訳ではなく、彼女はできもしない英雄的行為やありもしない度胸をほのめかして虚勢を張ったりしなかった。初めて首相候補となった二〇〇五年、メルケルは、「政治体制に耐えられなくなったら亡命しようと思っていました。しかし、そこまでつらくはなかったですし、反体制派として生きるつもりはありませんでした。自分がどんな目に遭うかと思うと恐かったのです」と語っている。イルメナウ工科大学物理学科助手の採用面接を受けた後で、二人のシュタージ職員がアンゲラの方に寄ってきて、「協力者になってもらえないだろうか……」と言った。アンゲラはやっかいなこの申し出を軽くかわした。ベルリンの壁開放から二〇年たった二〇〇九年、彼女はこのエピソードを公共テレビＡＲＤで語ることになる。「私には向いていませんと即答しました」。アンゲラの両親はこうした場合どうすべきか、鉄則を伝えていた。すなわち、口が軽いから何でも話してしまいます、と言いなさいと教えたのである。彼女は親から言われた通りに答えた。アンゲラはこうして、とんでもないお喋りで秘密を守れないということにしてシュタージの勧誘をうまく退けた。

一九七七年、アンゲラは、三年前に知りあったウルリヒ・メルケルという大学の友人の一人と結婚した。アンゲラはわざわざテンプリンの両親のもとに帰り、縁のある人々を集めての祝宴を開き教会で式を挙げたが、人生の一大事とはあまり思っていなかった。二人は一九八二年に離婚した。ずいぶん後になって「大恋愛ではありませんでした」とあるジャーナリストに述べている。「皆が結婚するから私も結婚したのです」。前夫ウルリヒは雑誌を通して、その言葉に傷ついたと答えている。ウルリヒはアンゲラよりも明らかに、この結婚と、当時の楽しく気ままな学生生活を大切に思っていた。以後ドレスデン工科大学などで研究を続けた物理学者ウルリヒは、二度と会わなくなった有名な前妻が自分の苗字を名乗っているのを負担に思っていた。私はメルケル氏に面談を申し込んだ。彼は電話で、丁寧に、だがうんざりといった調子で「すみませんが、私たちは三〇年以上前に別れているのです。アンゲラ・メルケルのことは、どうか、もうご勘弁いただきたいのですが……」と答えた。政治家となった元妻はしたたかにもこのきれいな苗字を名乗り続けている。今の夫の苗字である“sauer”（ザウアー）がドイツ語で「酸っぱい、不機嫌な」という意味であるだけになお良く聞こえる。ずいぶん昔までさかのぼるこのいきさつを耳に入れていなかった元フランス大統領ニコラ・サルコジが、あるとき、現夫ヨアヒム・ザウアーを「ムッシュー・メルケル」と呼ぶという失態を演じてしまったとき、アンゲラは苦笑するしかなかった。ちなみにザウアー氏は国際的に著名な優れた学者であり、フンボルト大学の理論化学の教授を長らく務めた。

　結婚した翌年、アンゲラ・メルケルは修士論文の審査に合格した。論文はシュタージ職員らの逆鱗に触れることはなさそうなもので、評価は上々だった。「密度の濃い培養基における二つの分子の基礎反応に際する反応速度に対する空間的相関関係の影響」なるタイトルだ。十分説得力のある結論が出せたことは、ともかくひとつの段階の終わりであり、新たな生活の出発点となった。アンゲラとウルリヒはベルリンに移り、一九七八年、フリードリヒ通り駅に近いマリーエン通りのアパートに居を構えた。アドラースホーフの科学アカデミーは、量子物理学に関連する「理論化学」という部門の研究者としてアンゲラを採用した。筆者も訪ねたが、建物というよりは小屋というべきところで、設備は老朽化し、コンピューターすらなかった。ささいなことだが、後から振り返ると、アンゲラが入ったチームの構成は、その後の政治生活とも共通する要素があることに気づく。部署にいる一二人の研究者のうち、女性はアンゲラ・メルケルだけだった。CDU（キリスト教民主同盟）であろうと世界中の指導者たちが相手であろうと、彼女はそうした状況になじむことを覚えた。メルケルはつねにかなり異色の存在だった。

彼女を取り巻く男性たちのなかに、未来の夫、ヨアヒム・ザウアーがいたのだが、さらに別の青年が一九八四年に入ってきた。ソ連で研究を終えたばかりだった彼は、いずれも自分より年上のチームのメンバーに仕事の成果を発表した。この青年をもっとも温かく迎えたのはアンゲラ・メルケルだった。アンゲラは、ソ連の凋落、疲弊した経済、システムの破綻について彼を質問攻めにした。これらの要因が重なって、ミハイル・ゴルバチョフが最高指導者に選ばれ、ペレストロイカが始まり、さらに東ヨーロッパの共産主義政権の崩壊が起きたのである。当時はまだそうした事態になっていなかったが、このミヒャエル・シントヘルムとアンゲラ・メルケルは深い友情で結ばれた。アンゲラは東ドイツ北部、ミヒャエルは中部のチューリンゲンの出身だった。二人ともロシア、演劇、音楽、絵画をこよなく愛し、そのうえ熱心なプロテスタントだった。独裁政権が敵視する、道徳に基盤を置いた宗教は、同じ信仰を認め合う者の間に、瞬く間に信頼の絆を生んだ。今や作家、映画監督、美術館研究員を兼ね、スイスのイタリア語圏とシンガポールの往復生活を送るミヒャエル・シントヘルムは、「国

1986年、アドラースホーフの科学アカデミー理論化学部門の研究室で、メルケルは研究者仲間とともに学位論文審査の合格を祝った。メルケルの左側に、当時もっとも仲の良かったミヒャエル・シントヘルム、右側に、その後、夫となるヨアヒム・ザウアーが座っている。
© Archives Michael Schindhelm

家が日常生活に干渉し介入する独裁政権では、プロテスタンティズムによって連帯感が得られ、守られている気がしました。つねに身構え、話をする相手を選ばなければならないいっぽうで、この信仰という枠の中にいると安心していられました。私たちの間では、お互い自由に話せると感じていました。私もアンゲラも、あの世界の人々の中にいるとほっとしました。ある意味、もうひとつの生活形態でした」と述べている。一九八六年、アンゲラが理論化学部門のお粗末な建物で学位論文の口頭試問に合格した日の夕方に撮った写真で、髭を生やしたミヒャエルはアンゲラの左側に座っている。前のテーブルにはビールとソーセージが並べられている。「アンゲラは人々にひじょうに関心があり、何にでも興味をもち、直観力と共感力に優れていました。

彼女と話しているといつも面白くて楽しかったです」とミヒャエルは言った。東ドイツが終わろうとしていた六年間、ミヒャエルとアンゲラは町を散歩し、一緒にコンサートや劇場や映画館に行き、あちこちの友人の家で会った。レストランの食事は美味しくなかったし、周りに人がいると安心して話ができなかったので、避けていた。「近くのテーブルに誰が座っているか、分かったものではありませんでしたからね。レストランやカフェは避けるべき場所でした」と、ミヒャエルは言った。

東ドイツの日常生活には、つねに「この人は今私をスパイしているのか?」という問題がつきまとった。いつ何時もこの疑念とともに生活しなければならなかった。アンゲラ・メルケルは冷静に、慎重な方針を心がけた。彼女の博士論文のタイトルは、ライプツィヒでの修士論文と同様に、反体制的政治思想を匂わせるような要素は皆無で、「単純な結合破壊を伴う破壊反応のメカニズムの探求と、量子化学及び統計的な方法を基礎にしたその速度定数の計算」というものだった。八〇年代、メルケルはジョージ・オーウェルの『一九八四年』を読み、まさに自分が、そこに描かれている徹底した監視体制のただなかにいることを思い、震撼を覚えた。同時に彼女は皆と同じように、ソ連のプロパガンダ系日刊紙『プラウダ』を購読していた。彼女にしても、つい「仲間うち」だと思って口が滑り、東ドイツをけなしたりすることがあった。独裁政権が崩壊したあと、アンゲラは、研究室の同僚が彼女のそうした発言を当局に密告していたことを知った。「友人」からの情報に基づくアンゲラ・メルケルに関する一九八四年のシュタージの記録には、彼女が「国家に対しひじょうに批判的」で「ポーランドの自主管理労組『連帯』に熱狂している」とある。メルケルは「『軽い罪』と『重い罪』との区別はたいへん難しいのです。私もそうでしたが、皆、妥協しなければなりませんでした」と、フーゴ・ミュラー＝フォッグに語っている。アンゲラ・メルケルは、嘘と絶えない策略と密告に満ちたこの東ドイツをいつも意識していた。愛想のない人々の表情、灰色の壁。目に見えても見えなくても至るところにいるドイツ民主共和国の政治警察、シュタージ。表面化することはめったにないものの、どこでも心配がつきまとうだけにいっそう得体のしれない危険を感じ、人々の不安は広がった。重苦しい監視と疑い。メルケルが首相になったとき、ニコラ・サルコジ元大統領の外交顧問だったジャン＝ダヴィッド・レヴィットは、ドイツ映画『善き人のためのソナタ』について彼女に尋ねた。あるシュタージ職員が反体制派と疑われる芸術家を監視するうち共感を覚えるようになるというストーリーで、二〇〇七年米アカデミー賞外国語映画賞に輝いた、フロリアン・ヘンケル・フォン・ドナースマルク監督による秀作である。「日常生活はあんな感じだったのですか？」とレヴィットが聞くと、アンゲラ・メルケルは答えた。「いいえ、あれよりもっとひどかったわ。映画みたいに、こちらが感情移入してしまうような善良なシュタージ職員なんかいませんでした」。

「どこでもそうでしたが、アドラースホーフでも、『幹部《カーダー》』と呼ばれる人々がいました。我々科学者に交じってこっそり監視し、その見返りに制度の特権を手にするアパラチク（共産党幹部）です。その存在には気づいていました。『幹部《カーダー》』ではないと断言できる人がいたとしたら、その頃アンゲラがつき合いはじめた人物でした」と、ミヒャエル・シントヘルムは述べている。その後アンゲラ・メルケルの夫となったその人物は、彼女より五歳年上だった。「理論化学部門にいた一二人の研究者のうちで、ヨアヒム・ザウアーは、まったくもって実直で、独立した精神の持ち主でした。彼の個性の強さは光っていました」。ザウアーは自ら愛好するオペラの楽しさをアンゲラに教えた。ベルリンの壁が崩壊した後は、二人でバイロイト音楽祭に毎年出かけることになる。二人は、当局の暗黙の許可があれば不法占拠することが可能だったプレンツラウアーベルク地区の空き部屋に引っ越した。偶然にもこのアパートの住所は、故郷ブランデンブルク州との縁は切っても切れないかのようにテンプリン通りといった。ザウアーとアンゲラはお互いに物理学も音楽も山歩きも好きだった。ザウアーにはすでに子どもが二人いたが、アンゲラは我が子のように育てた。二人の間に子どもはもうけなかったが、アンゲラはこのことに関して、一九八九年から政治に専念したためということ以外、いっさい説明したことがない。一九九八年一二月三〇日、二人はひっそりと籍を入れることになるが、その前に二つの激動が起こり、彼らの人生を一変させることになるとは、アドラースホーフ時代は思いもしなかった。ベルリンの壁崩壊、そしてそれまでさほど関心のなかった政治というものにアンゲラが突然打ち込むようになったことである。

一九八〇年代の東ベルリンは、六〇年代から七〇年代にかけてのテンプリンとは異なる世界であり、ましてやひたすら楽しかったヴァルトホーフとは天と地の差だった。たしかに東ベルリンはブランデンブルクの田舎と比べれば貧しくもなく遅れてもいなかったものの、この時代、ホルスト・カスナー牧師のように、真の社会主義の輝かしい未来を信じている人々も一部にはいたが、ドイツ民主共和国建国当時の楽観主義はもはや形骸化していた。より良く正しい世界への希望は色あせた。経済はめまいがするような速さで衰退した。しかしこの不思議な受難の町ベルリン、無理やり二つに分断され、双方でショーウィンドーを見るようにためつすがめつしあう町、立ち入り禁止の向こう側をぼんやりと意識しながら暮らす町は存在していた。アンゲラやザウアーと同じく、ミヒャエル・シントヘルムは、ベルリン中心部にあるプレンツラウアーベルクに住んでいた。朝夕、アパートとベルリン南東部のアドラースホーフの研究所を往復するため、彼らはベルリンの壁に沿って走るSバーン（都市鉄道）を利用した。ベルリンの壁は有刺鉄線、監視塔、砂地の広い分離帯に守られ、わずかな侵入も見逃されなかった。東ドイツ国民のほとんどがそうであったように、彼らは抑圧への諦念をこめて窓の外を眺めていた。ミヒャエルは「東西ベルリンの格差拡大は悲惨でした。違いは一目瞭然でしたから。我々はプロパガンダによって正反対のことをがんがん叩き込まれているのに、つねにより豊かで華やかなあちら側の敵を目にしながらやっていかなければならないのです。偽りの現実とつねに向き合って生きていました」と語る。八〇年代初め、東ドイツから西ドイツへの逃亡者数の記録は更新され続けた。

彼らは自由に憧れた。自由は壁の向こうの、手の届くところにあった。アンゲラ・メルケルはなぜ東ドイツを出て行こうとしなかったのだろうか。やろうと思えばできたはずだ。一九八〇年代半ばから、状況が変わり始めた。波風を立てることなく科学者としてキャリアを積んでいたアンゲラ・メルケルは、そうした変化にまったく関係がないのは明らかだったが、影響は肌で感じていた。政権が軟化し、あいかわらず閉鎖的ではあったがときには寛大な措置がとられるようになり、西ドイツと東ドイツのあいだの緊張が解けてきた。一九八二年にドイツ連邦共和国首相に就任したヘルムート・コールと、一九七六年から東ドイツの最高指導者である国家評議会議長となっていたエーリッヒ・ホーネッカーが初めて顔を合わせたのは一九八五年、ソ連の最高指導者だったコンスタンティン・チェルネンコの葬儀の時である。西側への旅行が若干容易にできるようになったので、アンゲラ・メルケルは一九八六年に、シュワーベン（西ドイツ南西部）地方にいたおばの誕生日祝いを口実に訪ねていき、西ドイツを旅行した。東ドイツ政府は、必要な場合――あるいは、新型コロナウイルスによって我々にもおなじみとなった言い方に従えば「やむを得ない理由」がある場合――国外に出ることを例外的に許可したのである。おばの誕生日は、国境を越えるための理由づけとして十分やむを得ないと判断されたようだ。アンゲラはロシアやチェコスロヴァキアといった共産圏の国はよく旅行していたし、壁が建設された一九六一年には家族でハンブルクに行った。しかし、鉄のカーテンを越えるのは大人になって初めてだった。彼女は西ドイツに、美しい町に、整備された景色に、生活水準に、自由に感動した。ウルリヒ・メルケルとは離婚していたし、子どももなく、負うべき責任や義務もなかった。アンゲラはその気になればそのまま西ドイツに留まることができた。しかし、彼女は東ドイツに戻った。帰ってきたアンゲラに、ミヒャエル・シントヘルムがその理由を尋ねると、彼女はただ「ここが私の場所ですから」と答えただけだった。アンゲラは自分の国を離れようなどと一度も考えたことがないのだとミヒャエルは見ている。「アンゲラは西側の世界に憧れていましたが、自分はここの人間ではない、と思ったのです。私と違って、彼女は東ドイツ人というアイデンティティを信じて疑いませんでした」。

とはいえメルケルは、二〇〇六年一〇月三日、ドイツ統一の日を記念する式典のスピーチで、「友人ミヒャエル・シントヘルム」の名前を出して賛辞を捧げた。彼女は、昔ミヒャエルが「大海原に漕ぎ出せ！　抜け出すんだ！」という献辞とともに一冊の本をくれたという思い出話をした。「当時頂いたなかでもっとも素敵な言葉のひとつでした。多くの人々と同じように、私は外海へ、新しい世界へと旅立ったのです」。

一九八九年一一月九日午後、ドイツ民主共和国社会主義統一党（SED）の報道官だったギュンター・シャボフスキーが、旅行許可に関する出国規制緩和について発表し、西側への通行が自由にできるようになると述べた。直前の数か月は混乱に満ち、アンゲラ・メルケルは遅まきながら反体制派の潮流に乗ろうとしていた。アンゲラはシャボフスキーの記者会見をテレビで見て、母親に電話をかけた。「私たちはずっと、壁が崩壊したら（西ベルリンの）ケンピンスキー（ホテル）に牡蠣を食べに行けるわね、と言っていたのです。その時が来たのよ、と母に言いました。それから私は週一回のサウナに行きました」と、メルケルはミュラー＝フォッグに述べている。というのもアンゲラ・メルケルにはちょっとした習慣があったのだ。毎週木曜夕方、彼女は友人と一緒にプレンツラウアーベルク地区のサウナに出かけ、そのまま夜はビールを一杯、飲みに行くのが常だった。一一月九日木曜二一時に外に出たとき、ボルンホルム通りの国境検問所が開放されていた。さてここで、ミュラー＝フォッグならずとも、国境検問所が開いているのを見て彼女がどう振る舞ったかを知りたくなるのが人情だろう。それであなたはどうしましたか、とミュラー＝フォッグに尋ねられたメルケルは、「いつものようにビールを飲みに行くのをやめて、西側へぶらぶら歩きにでかけました」と、拍子抜けするくらいあっさり答えている。

世界中が驚愕したこの歴史的な夜、アンゲラ・メルケルが一見平然としていたことはひじょうに意外である。メルケルは当時三五歳、四〇年以上のあいだ分断されていたドイツで、抑圧を続けていた独裁政権は敗北し、東と西の兵士たちは涙とともに抱き合い、ベルリン市民は壁を乗り越え、再会を喜び、西ベルリン側からは、それまで壁の向こうに追いやられていたブランデンブルク門の全容が再び見えるようになり、世界中が興奮の渦に巻き込まれた日に、メルケルは壁の反対側に行ってみただけだった。彼女はいつものビールを飲みに行くかわりに街歩きに行った。異様な盛り上がりとは無縁だった。アンゲラはそういう人なのだ。

西ベルリンに入ったアンゲラはハンブルクにいる叔母に電話しようと電話ボックスを探したが、見つからなかった。見つけたところで使えなかっただろう。西ドイツマルクを持っていなかったのだから。思わぬ大混乱のなか、アンゲラは西ベルリンで、見ず知らずの人のアパートに行った。「その人の家から電話をすることができました。クーダム（繁華街）に出かけようと皆は言いました」。クーダム（クアフュルステンダム）は資本主義の豊かさを象徴する、西ベルリンの有名な通りだった。「翌朝早起きしなければならなかったので、私は帰りました。それに、その夜はもう十分、初めての人たちに出会いましたし。翌日、妹と一緒にクーダムをぶらぶら歩きました」とメルケルは述べている。

メルケルのベルリンの壁崩壊体験はこれだけである。いやじつは、そうではなかった。アンゲラ・

メルケルはいつものように、感情を抑え、表に出さなかっただけだ。慌てず、まず考え、それから行動する。東ドイツという、用心深さを学習する場所で身につけたリーダーシップの秘訣だ。ベルリンの壁が崩壊してからの日々、友人ミヒャエルと交わした会話は趣が異なる。「彼女は動じなかったわけではありませんし、まして無関心とはほど遠かったです。それどころか、ひじょうに興奮していて、新たな人生の始まりに嬉しさを隠しきれない様子でした」と、ミヒャエルは述べている。

ついに君はこの古い世界に飽きた、とギヨーム・アポリネールは歌った。この日から、アンゲラ・メルケルの人生は変わった。じっくり考えた末、抗しがたい必然性から、彼女の中で政治が物理学に勝った。一九九〇年三月、科学アカデミーに彼女の姿はなかった。

第6章 政治の世界へ

――皆さんの運動に興味を持ちました。
――コンピューターは使える？
――はい。

機が熟し決心が固まるまでに五か月かかったことになる。一九八九年一二月の初め頃、メルケルはベルリンのマリーエンブルガー通りの建物の一階にある事務所を訪ねた。今はおしゃれな界隈だが当時はすさんだ労働者の地区だった同じプレンツラウアーベルクで、彼女は目と鼻の先に住んでいた。東ベルリンに最後に来た人々は当時、さまざまな毛色の芸術家や非順応主義者がたむろする近くで、電気もない石炭暖房のだだっ広いアパートを住まいとした。反体制派は、この地区のひと繋がりになった中庭にできた隠れ場所や抜け道をありがたく利用した。警察の目が光る、ほこりっぽく息の詰まりそうなこのドイツ民主共和国で、プレンツラウアーベルクは首都ベルリンの影の部分であり、アングラ文化と抵抗が渦巻いていた。壁の崩壊によってますますこの地域に反権力志向の者が集まるようになった。シュタージの監視はあいかわらずだったが、社会の熱気は高まり、制度はあちこちで綻びを見せていた。

一九八九年一二月、マリーエンブルガー通り。革命的動乱のさなかの一〇月に「民主的出発（民主主義の出発、DA）」という名で創設された反体制派組織は、政党として発足し、ある中心人物が借りた湿っぽい事務所を拠点とした。この不安定な時期、そわそわと好奇心をもって訪ねてくる者は珍しくなく、彼らも慣れていた。そうしたときにボーイッシュな髪型と服装の若い女性が訪ねてきた。「こんにちは……」。仕事中だった党創設者の一人、ギュンター・ヌークは顔を上げた。アンゲラの顔は何となく見覚えがあった。プロテスタントのヌークはアンゲラの父親を知っており、ライプツィヒの物理学科で弟マルクスとも知り合いだったからだ。弟の方は姉ほど政治に染まっていなかったが。

「皆さんの運動に興味を持ちました。何かお手伝いできればと思って来ました」とアンゲラは言った。

「コンピューターは使える？」とヌークは聞いた。

「はい」

「ちょうどよかった。ひとつ届いたんだが、誰も動かし方が分からないんだよ」

ヌークはアンゲラをフリードリヒ通りの「民主主義の家」に案内した。東ドイツを支配したSED（社会主義統一党）の建物だったが、この党はベルリンの壁崩壊後、自由選挙にそなえ、いくつかの反体制派組織に場所を明け渡さざるをえなくなったのだった。アンゲラが早速命じられた初仕事は、西側から届いたコンピューターの梱包を解き、他のメンバーに使い方を説明することだった。アドラースホーフではコンピューターがなく不満たらたらだったアンゲラは驚嘆した。度々いうことを聞かなくなる古ぼけた機械を相手に何時間も悪戦苦闘していたのが嘘のようだった。彼女は本部のインフラ整備に一役買った。

何もかも無秩序な状況のなか、アンゲラ・メルケルはどのようにして最終的にCDU（キリスト教民主同盟）という西ドイツ最大の保守政党のトップに上りつめることになったのか。確固たる信念があったわけでもなく、つねにそうであったように、彼女はゆっくり構えていた。アンゲラは独裁政権から慎重さを学んだ。学問によって、じっくり時間をかけることを覚えた。仮説を立て、実験し、理論化する。結論を出す前にかならず寝かせておき、その後、一旦結論を出したら自信をもって貫く。アンゲラはまず、アドラースホーフの物理化学研究所の上司で、東ドイツのSPD（社会民主党）の設立にかかわったクラウス・ウルブリヒトのところに相談に行った。だがこの党特有の言い回しや革命の歌は、あまり好きになれなかった。以前の単一政党時代を思い出させるつまらない音楽だった。アンゲラはいったん態度を保留した。「ここに来るなら歓迎するよ。でも、DA（民主的出発）も見に行って考えをまとめるといい」とウルブリヒトは言った。

そこで、DA（民主的出発）を見るために足を運んだのである。そして気に入った。DAの特徴は、メンバーにプロテスタント、あるいは神学者が多いことだった。ライナー・エッペルマンはドイツ民主共和国の有名な反体制派でこの党の設立者の一人だったが、アンゲラの父の教え子で牧師だった。ホルスト・カスナーの娘アンゲラは家族の中にいるように、精神的に共通するものを感じた。アンゲラ・

メルケルを理解するには、彼女がどこの人間だったか、どこで成長したかを忘れてはいけない。実質的一党独裁の共産主義政権下の東ドイツというだけでなく、独裁政権下のプロテスタント社会が彼女を育んだ。DAの設立者の一人で元党首のアンドレアス・アペルトは「私は彼女が『民主主義の家』に入ってきたのを見かけました。遅刻してきた女学生のようでした。化粧っ気がなくショートカットで、緑色のセーターと栗色のビロードのズボンという姿でした。身なりにはまったく構っていませんでした。政治的な野心はあまりないけれど真面目そうだ、と皆で言っていました。何の気負いもなく大義のためにできる限りの努力をする彼女は、すぐに好感を持たれるようになりました。仕事熱心な人でした」と述べている。

アンゲラ・メルケルはまず学び、知識を取りいれ、人の話に耳を傾けようとした。最初に彼女は、一二月初めに開かれたこの運動の集会に出席した。隅っこの席で結構ですから、と希望したのである。アンドレアス・アペルトは「彼女は席についていましたが、ひとつも質問しませんでした。来た時と同じようにおとなしく帰りました。あの頃たくさん人が来ていたので、彼女はもう二度と来ないだろうと思いました」と述べている。その彼女は、また顔を出しただけでなく、一九九〇年一月には彼女が党への加入を希望するかどうかが注視されるほどになった。三月一八日にドイツ民主共和国初の人民議会自由選挙が行われるのを視野に、この民主化運動団体が政党に昇格したときである。自分に正直なアンゲラは、科学者の頭と経験的な慎重さから、一日考えさせてくださいと言い、翌日「イエス」の返事とともに戻ってきた。

新党ＤＡのメンバーは元反体制派の寄せ集めであり、政治についてはずぶの素人で、選挙戦がどういうものかということも分かっていなかった。たった一二人の普通の勤め人で、約六〇〇〇人を擁する東ドイツ共産党を相手に、何もかも一から始めなければならなかった。独裁政治に反対している間は、そこからの解放という共通の目的がある以上、意思の疎通はしやすかった。しかしいざ独裁政権が崩壊してしまうと、結束を続けることは難しくなった。「壁崩壊」後の課題が、乱立するさまざまな反政府運動のうえにのしかかり、計画の立案、連携の模索、概要や目標の設定が必要となった。広報活動が必要だということで一二人の素人の意見が一致し、アンドレアス・アペルトとアンゲラ・メルケルにお役目が回ってきた。「皆いっしょに地下活動から脱却してみたら、それぞれ全然違うことに気づいたのです。党の綱領を練り上げなければなりませんでした。朝から晩まで大混乱でした。選挙戦を繰り広げながら、同時に、何から何まで初めの一歩から党を立ち上げなければならなかったのです。アンゲラ・メルケルは信じられないほどみごとに混乱を収拾しました。どんなに周りが荒れていても冷静さを失わない彼女に皆は感心していました。感情的にならず理性的に考える落ち着きがありました。冷静さが彼女の最大の強みでした」とアペルトは述べている。

ＤＡの政治的方針を決める段になると、党の分裂は避けられなかった。ドイツの再統一、あるいはドイツ民主共和国の改革のどちらを目標にするのか。西ドイツの社会モデルを取り入れるのか、あるいは東ドイツのアイデンティティを維持するのか。もっとも左寄りの者は再統一に慎重な構えを見せるＳＰＤ（社会民主党）に与した。保守主流派は、再統一の提唱者である大物ヘルムート・コール首相が代表する西ドイツのCDU（キリスト教民主同盟）に合流したがっていた。アンゲラ・メルケルは大勢を占める実利的な立場を選んだ。ドイツ民主共和国は疲弊しており、再統一しなければ存続しないだろうと思われた。

反体制派集団では男性の方が女性より多かった。しかしアンゲラ・メルケルが目立ったのは女性だったからではない。ドイツ民主共和国はバスでもクレーン車でも女性が運転していることがあり、男尊女卑の社会ではなかった。アンゲラが選挙戦の中で徐々に頭角を現したのは、その分析力、論理的な決断、冷静さ、慎ましさによるものだった。この元共産主義青年団体でリーダー格だった女性が筋金入りの反体制派にこれほど温かく迎えられたという事実は、政権下での彼女の活動が限定的なものだったに違いないことを示している。反体制派の彼らはアンゲラを受け入れるだけの謙虚さを持っていた。英雄的精神はすべての人が持ち合わせているのではなく、独裁政権下では、各自が可能なことをするのだという考え方だった。「彼女は偏った人ではなかったので、皆の尊敬を集めていました。けっして人にレッテルを貼りませんでした。集まって議論するとき、彼女は一歩引いて見ていて、最後に皆が納得する解決方法を提案するのです」とアペルトは語っている。落ち着きのあるアンゲラは頼もしく、党についての広報活動のためのチラシを作る仕事を与えられた。一九九〇年二月、DA党首ウォルフガング・シュヌーアはニューフェイスのアンゲラを報道官に任命した。

アンゲラ・メルケルは着任早々、重大な危機に直面した。三月の人民議会選挙の一週間前、シュヌーアがシュタージの非公式協力者だったことが発覚した。他人への警戒と、二枚舌の駆使で成り立っていた全体主義体制において、シュタージの協力者は彼だけではなかったが、「清潔な手」と制度刷新を謳い文句にする党において、この問題は混乱をもたらした。「たいへんショックでした。皆へとへとになりながら、選挙のために一日一七時間も働いていたんですから。皆は怒って、そんな話、信じたくありませんでした」とアンドレアス・アペルトは述懐している。ライナー・エッペルマンはシュヌーアの説明を聞こうとしたが、当の本人が病気になり面談を断ってきた。西ドイツではヘルムート・コールがいらいらし始めた。コールが率いる西ドイツCDUの後押しの下、DAは東ドイツCDU、DSU（ドイツ社会同盟）とともに新しいドイツをうち立てるための選挙同盟「ドイツ連合」を結成していた。コールが二人の密使を病床のシュヌーアのもとに送ったところ、シュヌーアは「シュタージのことについてはいくらか事実が含まれている」と不承不承に答えた。歯車は一気にくるい、さらに危機は深刻度を増した。三月一五日、ドイツ民主共和国初の自由選挙の三日前だった。ジャーナリストがフリードリヒ通りに大勢詰めかけ、「民主主義の家」の外で記者会見を待った。アンゲラ・メルケルはシュヌーアを解任するという声明文を作成し、読み上げた。「彼女が収まりをつけました」とアペルトは述べている。

シュヌーア問題で沈んだDAは一九九〇年三月一八日に行われたドイツ民主共和国初の人民議会自由選挙で惨敗し、得票率は一パーセントにも満たず、エッペルマンを含めてわずか四議席だった。しかし、再統一に賛同したDAが手を組んだ東ドイツCDUは多数の票を得て優位に立った。東ドイツCDU党首であり、ヘルムート・コールの分身というべき、弁護士ロタール・デメジエールは、東ドイツ初の自由選挙によって選ばれた政府の指導者となり、社会民主党との大連立内閣を組織する責任を担った。ＤＡの人事部長というべきライナー・エッペルマンはデメジエールに、まだ無名の女性の名前を伝えた。「アンゲラ・メルケルを推します」と。

こうして未来のドイツ首相アンゲラ・メルケルはＣＤＵにたどり着いた。一九八九年一二月のある日、プレンツラウアーベルクで門をたたいたのがきっかけで。「今の政治を見ていると、彼女はＳＰＤ（社会民主党）でもおなじように出世できただろうというのは衆目の一致するところだ」とライナー・エッペルマンは述べている。

第7章 バルト海の修業

——メルケル君を採用するしかないね。
——誰だ、それは？

七七歳のロタール・デメジエールは、昔のままだった。ベルリンに弁護士事務所を構え、ユグノーの子孫らしく厳めしい風貌に、昔と同じソヴィエト風の四角い眼鏡をかけ、ピンク色の肌にたくわえたあごひげも、白さは目立ってきたもののあいかわらずだった。東ドイツで民主的に選ばれた、最初で最後の首相となったデメジエールには、一国を消滅させるという目標をかかげて率いるという珍奇なる任務があった。ベルリンの壁崩壊後、西ドイツのヘルムート・コール首相とともに二つのドイツの再統一に向けて、円滑な移行を確実にするという責任を負った。《2プラス4》という名で有名になった条約が、二つのドイツとドイツ占領四か国の間で結ばれ、ドイツの主権回復、占領国の撤退、ベルリンの四分割の終了が確定した。ドイツ民主共和国はドイツ連邦共和国に吸収され、二国はこれ以降ひとつになった。

ベルリンのショジー通りにある、所狭しと物にあふれた古めかしいアパートで、デメジエール氏は本棚から一冊の擦り切れた小型本と、書き込みの入った黄ばんだ紙の束を取り出した。彼自身が注意深い法律家として起草に携わった統一条約である。また彼は、古いタイプライターで打たれたメニューを額に入れて壁に飾っていた。条約が調印された一九九〇年九月一二日、モスクワで朝食会に出席したときのものだ。デメジエール氏はその額を壁から外し、博物館級のこの紙切れに見入った。キャビア、蟹サラダ、骨付き肉、梨のワイン煮といったメニューだった。同席したのは一九四五年からベルリンを占領した四大国の代表者たちにほかならない。彼らはメニューの背表紙に記念の署名をした。ソ連大統領ミハイル・ゴルバチョフ、そしてソ連のエドゥアルド・シェワルナゼ外相、アメリカのジェームズ・ベイカー国務長官、西ドイツのハンス＝ディートリヒ・ゲンシャー外相、フランスのロラン・デュマ外相、英国のダグラス・ハード外相といった顔ぶれである。アンゲラ・メルケルは事前交渉のためドイツ代表団に同行し、国際政治の舞台に踏み出した。ロタール・デメジエール氏は、寄せ書きされた歴史的な署名をあらためて感慨深げに眺めながら、「私は最初から、アンゲラ・メルケルがあの頭の良さでどんどん突き進んでいくだろうと思っていました。しかし、権力を担うとまでは想像できませんでした」と述べた。彼はこう言うと、大事なモスクワのメニューを壁に戻した。

ライナー・エッペルマンから、東ドイツ最後の政権の采配を振るための補佐として、アンゲラ・メルケルという若い無名の女性を薦められたとき、ロタール・デメジエールは、じつはとっくに彼女に目をつけていた。その後、まさか自分が、メルケル夫妻の住むベルリンのクプファーグラーベンの建

ベルリンの壁崩壊から4か月経った1990年3月のメルケル。1990年、ドイツ民主共和国最後の人民議会選挙の後、メルケルはロタール・デメジエール政権の副報道官になった。© Daniel Biskup

物に事務所を構えることになり、従弟のトーマス・デメジエールがメルケル政権の閣僚になるなど思いもしなかったが。ましてアンゲラがドイツ首相になるとは夢にも思わなかった。しかし、一九九〇年三月一八日に行われたドイツ民主共和国初の自由選挙の前から、デメジエールはアンゲラの才能に舌を巻いていた。ヘルムート・コールと、ライナー・エッペルマンの率いるＤＡ（民主的出発）などすべての反体制派との会合がライプツィヒで開かれたときである。アンゲラは当時ＤＡの報道官だった。デメジエールは会議のあいだ、アンゲラに目を注いでいた。彼女は独特のやり方で誰とでもひそひそ話をし、人々の了解を取りつけるのだった。「私は彼女に会いに行きました。典型的な東ドイツの科学者でしたね。おしゃれも何もという感じで、サンダル履きでゆったりした広めのスカートをはいていました。まったくお愛想のひとつも言わない人でした。彼女は自分の物理学の博士論文について話しましたが、私には何の話だかさっぱり分かりませんでした。しかし、密談という技で、同盟のグループ同士の摩擦をうまくさばいていく彼女の手腕には驚くばかりでした。また彼女が開いた記者会見はじつに明快で、要点をついていました」。こうしたいきさつがあったので、エッペルマンが彼女の名前を出したとき、ロタール・デメジエールは一瞬もためらわなかった。アンゲラ・メルケルはデメジエール政権の副報道官に任命された。

最初の閣議が開かれたとき、消滅する運命にあるこの東ドイツの風変わりな政府の頂点に立ったデメジエールは、「我々の任務は我々自身の存在を消し去ることにある」と述べ、方針を明確にした。メルケルはその場にいた。彼らの仕事は、西ドイツ首相、ヘルムート・コールとともに統一条約を練り

1990年、ロタール・デメジエールとともに新聞記事をチェックするメルケル。© J.H. Darchinger/Friendrich-Ebert-Stiftung

上げ完成させた後、移行を確実にし、東ドイツ政府を解体することだった。ゆえにロタール・デメジエールはコールと密に連携しながら仕事を進めた。「ヘルムート・コールさんのことは尊敬していましたか？」と私が尋ねると、「ノー！」というはっきりした正直な返事が返ってきた。二五年間CDU（キリスト教民主同盟）党首を務め、一六年間政権を握り続けた伝説的なドイツ連邦共和国首相であり、二〇一七年春に亡くなったコールの話になると、デメジエール氏は辛辣だった。「コールさんはカトリック界の大物だが、教養も感受性もありませんでした。つっけんどんで傲慢で人を見下して、誰にでも君僕言葉で話しかけました。沢山の人がひとつの部屋に入ると当然密になりますが、コールさんがそばにいるだけで息が詰まりそうでした」。デメジエール氏の話はコールのことからさらに広がっていった。ゆったりと陽の当たる側にいる西ドイツの有力者たちに対し、東ドイツ人は劣等感を抱いていたという事実である。逆に西ドイツ人の方は、歴史に取り残された東ドイツ人に対して傲然たる優越感を抱いた。会議が終わったとき、コールの尊大さに耐えかねたデメジエールは食ってかかった。「首相、私があなたのことを『首相』とお呼びし敬語でお話ししているように、私のことも『デメジエールさん』と呼んでいただけませんか」。しかし、「コールさんにはあまり理解してもらえませんでした」と、デメジエール氏はいまだにいら立ちがこみ上げる様子だった。

デメジエール政権は、一九九〇年四月一二日から、ドイツが再統一された一〇月三日まで一八〇日間続いた。アンゲラ・メルケルは、説明が上手で融通が利き、分かりやすく簡潔で、安定しており、理想的な報道官だった。彼女はデメジエールの外遊に同行し、西側諸国を見て回った。一緒にストラスブールの欧州議会を訪れたり、ダウニング街でマーガレット・サッチャーに、エリゼ宮でフランソワ・ミッテランに会ったりした。一九九〇年七月に訪問した際のミッテラン大統領との会談は忘れられないという。ミッテランとデメジエールがテオドール・フォンターネ（ドイツの作家）やエクトル・ベルリオーズ（フランスの作曲家）について解釈を述べあい、二時間も文学や音楽を語っているあいだ、アンゲラ・メルケルは会話に加わることもできず、気後れしながら聞いていた。ミッテランはエリゼ宮の階段まで二人を送って出た。「大統領は私に、『やっと教養のあるドイツの政治家に会えました！』と言ったのです」。フランソワ・ミッテランは、コール首相をちょっとけなしただけでデメジエールは何より喜ぶと見抜いていたのだ。ロタール・デメジエールはいまだに悦に入っている。「このことはコールにも伝わりましたよ」と皮肉っぽくデメジエール氏は言った。

初めてのモスクワ訪問の際、ロタール・デメジエールは副報道官アンゲラを帯同することにした。アンゲラはロシア語が堪能だったが、デメジエールはちょっとしたことが気になっており、本人に言えずにいた。サンダルに、野暮ったいワンピースやスラックスという彼女の服装である。「ソ連の首都で、あの格好でドイツ民主共和国代表になってもらうわけにはいかなかったのです！　私の口からは言えませんでしたから、部下の女性に『シルヴィア、メルケルさんにもっときちんとした服を買うよう言ってくれるかな？　あの格好じゃクレムリンに入れてもらえないだろうから……』と頼みました」。しばらくして、アンゲラはスカートにチェックのブレザーという、働く女性らしいけれど、まだしっくりこない服装で出勤してきた。「ああ、すてきだね！」とデメジエールが声をかけると、アンゲラはぽっと赤くなった。

デメジエールとアンゲラは一九九〇年四月二九日にモスクワに着いた。デメジエールはロシア語のできるアンゲラに、生のソ連の声を拾ってくるよう命じた。「バスや地下鉄に乗って、町の人と話をしてほしい。ロシア人がドイツの再統一についてどう考えているかを知りたいんだ」。その夜、アンゲラ・メルケルは任務を終えて戻り、ひと言で報告した。「『スターリンは第二次世界大戦に勝ったが、ゴルバチョフは負けようとしている（スターリンが勝って手にしたものをゴルバチョフがみすみす逃そうとしている）』とロシアの人たちは言っています」。自宅のアパートで、デメジエールはこの深い言葉をあらためてかみしめていた。「今でもロシア人はそんな風に感じていると思います。ヨーロッパ人はゴルバチョフが大好きですが、ロシア人は大嫌い、そのぶんプーチンが好きなのです。プーチンがやり返しているという印象がありますからね」。

ロタール・デメジエールは予定通り退任した。さらに、一〇月三日の正式なドイツ再統一から一二月二日の統一ドイツ初の選挙までの間、暫定的にコール内閣で職務に就いた。任期は終わったが、副報道官アンゲラを間近で観察するには十分な時間だった。「アンゲラは父親譲りの仕事熱心な性格でした。明快で正確な論理を展開することにかけて、適う者はいませんでした。内閣では朝の新聞記事の要約紹介を二人が交替で担当していましたが、メルケルが喋る番になると、同じ情報量が半分の時間に詰まっていました。彼女は、当時のドイツ民主共和国の財政破綻といった、わざわざ述べなくてもよいことを敏感に察知していました。コールの前ではせめてもの威信を保つ必要がありました」。

コールはデメジエールに、「『手軽な』省庁に東出身の女性を配置したいのだが、誰がいいかね?」と尋ねた。デメジエールは「アンゲラを採ってください。頭の良さは一番です」と答えた。新生ドイツの暫定首都ボンの首相官邸から退出する際、デメジエールは近くの公園でアンゲラ・メルケルにばったり会った。彼は「早く電話の近くに行くんだ（ああ、携帯電話がなかった時代よ！）。コールから電話がかかってくるから」と言った。アンゲラに託された「手軽な」省庁は、女性・青少年省だった。コール首相は前もって入念に彼女に関するシュタージの記録を調べさせ、大臣候補に疑わしい点はないか確認していた。東の人間のことは分かったものではない……と。さらにコールは、一九九〇年一二月の連邦議会選挙の数週間前、アンゲラをボンの首相官邸に呼んだ。アンゲラ・メルケルはすでに、連邦議

1992年、ヘルムート・コール首相とともに。1990年12月、メルケルはメクレンブルク＝フォアポンメルン州から連邦議会議員に選出され、さらに女性・青少年相に抜擢された。© StudioX/Imago

会議員になるための選挙運動を始めていたからである。それは大臣職を得るため、そして何より政治家として認められるための条件だった。

その数か月前、東ドイツ側のシュトラールズント＝リューゲン＝グリンメン選挙区のCDU活動家たちは、一二月二日の連邦議会選挙の候補者を探していた。地元のCDU幹部だったヴォルフハルト・モルケンティンは仲間と一緒に考えあぐねていた。ひとつ問題があった。党から送られてくる候補者たちは、西ドイツ出身の活動家であり、西側ではとても勝ち取れなかったポストを東側で手にするチャンスだと思っていたのだ。東ドイツ側には、政治教育を受けた者はいなかったし、いたとしてもシュタージの機関の出身だった。この選挙区に、有能で東ドイツ育ちで過去の独裁政権としがらみのないCDUの候補者をどう発掘するかが問題だった。

ヴォルフハルト・モルケンティンはこの厄介な仕

事を任されていた。「彼がいなかったら今日の私はない」とアンゲラ・メルケルは述べている。私たちは、バルト海沿岸、フォアポンメルン゠リューゲン郡の郡庁所在地シュトラールズントで、ゲジゲジ眉のメンター、モルケンティン氏に会った。市《いち》の立つ広場のカフェで、モルケンティンは「我々として初めて、自分たちの未来を手にしようとしているというのに、そうした変化に適応できる人材が身内にいませんでした。なんとも情けないことでした。そこで私はギュンター・クラウゼに連絡をとりました」と述懐した。クラウゼは当時東ドイツ首相府の政務次官だった。

モルケンティン「ひとつ問題があって助けてほしい。いい候補者を探している。よそ者ではなく、我々と同じ東の出身で良識があり地に足がついていて、我々の考え方を代弁してくれるような人がいいんだが」

クラウゼ「メルケル君を採用するしかないね」

「誰だ、それは?」

「デメジエールの副報道官だよ」

「うちにくれよ」

話は決まった。来てもらえばどんな人かいずれ分かるとモルケンティンは思った。一九九〇年夏、シュトラールズントから南へ三〇キロメートルのところにあるグリンメンで面談が行われた。

アンゲラ・メルケルはドイツ民主共和国政府が置かれていたベルリンから、一時間以上遅れてやってきた。CDUの一〇人近い地元代表者と向き合い、質問を受け、適任かどうか吟味された。彼女に期待されていたのは、政治観ではなく態度だった。CDUは再統一を望み、旧東ドイツ政権といっさいの縁を切ろうとしており、それ以外のことは重要ではなかった。彼らが求める候補者は胆力と気概がなければならなかった。

モルケンティンの話は続く。「これだけは分かっていただきたい。政治のプロは東ドイツの党と絡んでいた人たちだけでしたが、彼らとはおさらばしたかったのです。暗黙の慣れ合いから脱却し、いくらかのリスクと不安定をあえて受け入れようとしていました。何もかも私たちには新しいことばかりでした。未知の国にたどり着いて、冒険に出るような思いでした。私たちの存在自体が冒険でした」。

面談は二、三時間におよんだ。彼らはアンゲラの控えめで素朴なところに好感を持った。「アンゲラは私たちと似通っていました。最後に皆は、彼女と一緒にやっていきたいと思うようになりました」とモルケンティンは述べた。

あとは他の活動家の説得だった。リューゲン島のとある地下室で、西ドイツからの立候補者を封じようと構える五人の担当者とアンゲラ・メルケルの秘密の面談が持たれた。担当者たちは、シュトラールズント＝リューゲン＝グリンメン選挙区のCDU候補者が選ばれる党員大会の前に、アンゲラに会っておきたかった。アンゲラはここでもやはり、意欲と慎ましさとはっきりした性格で彼らを感心させた。東側出身、プロテスタント、再統一支持という重要な三項目を主張したことも奏功した。地下室で会ったアンドレア・コスターはアンゲラがすっかり気に入った。「彼女は東ドイツ出身でプロテスタントであることを強調しました。我々も皆同じでしたし、この二つは大事な要素でした」。

アンゲラ・メルケルは数日後の一九九〇年九月二七日、深夜に及んだリューゲン島での党員大会で、活動家たちの支持を得てＣＤＵの候補者に選出された。一九九〇年一二月二日、ヘルムート・コールは連邦議会選挙で勝利した。ＣＤＵとその姉妹政党でありバイエルン州を地盤とするＣＳＵ（キリスト教社会同盟）とで合わせて四八・四パーセントの議席を獲得した。再統一後初めて行われたこのドイツ連邦議会選挙で、東西の政党はすでに統合していた。ＤＡ（民主的出発）はごく自然な流れでＣＤＵに吸収された。いずれも再統一を目標とし、キリスト教的色彩が強い政党だったからである。キリスト教という要素はアンゲラにとって決め手となった。ロタール・デメジエールは新政府で「特命国務大臣」に任命され、統一条約の実施に伴う職務にあたった。とはいえデメジエールは任務をまっとうすることができなかった。シュタージの協力者だったとの噂が流れ、政界から離れることになったからである。アンゲラ・メルケルは当選した。三六歳にして政治家修業の大切な一歩を踏み出した。ヴォルフハルト・モルケンティンの支持と、地下室での秘密の面談あってこその当選だった。しっかりした支持者グループがなければ何事も達成できないというのが政治の鉄則だ。アンゲラ・メルケルはシュトラールズントに始まりリューゲン島に至るこの選挙戦でそれを理解した。

シュトラールズント、オセンレイヤ通り二九番地。“Wahlkreisbüro Bundestagsabgeordnete der CDU Dr Angela Merkel”と記され、アンゲラ・メルケル議員の事務所であることを示す簡素な銅のプレートが壁に貼られている。リューゲン島の漁師たちのあいだで「メルケルの小屋」が有名になったように、対岸のシュトラールズントは「メルケルの町」として知られるようになった。首相となってからも、メルケルは変わらず議員の仕事に身を入れて取り組み、およそ月に一回、選挙区に足を運ぶ。託児所の開所式に出席し、学校を訪問し、農産物の不作や建設許可に関する陳情を聞く。ときには候補者応援のため、予告なしに村の広場に登場してビラを配ったりもする。

政界入りのときに中心となって支えてくれた人々をメルケルはいつまでも大事にしている。彼らは家族同然であり、二〇〇五年、二〇〇九年、二〇一三年、二〇一七年と首相に選出されるたび、まっさきに招かれた人たちだ。育ての親ヴォルフハルト・モルケンティンは毎年、クリスマスのガチョウを彼女に贈り、メルケルの六〇歳の誕生日祝いが官邸で行われたときには自慢話を披露した。メルケル自身も定期的にモルケンティンを執務室に招き入れている。そして彼女は、友人アンドレア・コスターの応援演説のために、機会があればかならずリューゲン島のベルゲンまで足を延ばす。コスターは四期連続ベルゲン市長に選出されている。アンドレアは金髪のショートカットにぴったりしたピンクのTシャツ、「メルケルブルー」というべきこの地方特有の瞳を持つ女性だった。アンゲラの陽気なにこやかバージョンといった感じだ。アンゲラが批判にさらされていると見ると、アンドレアはSMSを送って励ますし、アンゲラは電話でアンドレアの近況を尋ねてくる仲だ。「私たちを気遣う時間をどうやって見つけているのかしら」、とアンドレアは感に堪えない面持ちである。二五年前、アンドレアはメルケルにリューゲン島を案内し、リューゲン島民にメルケルを紹介した。アンゲラは忘れてはいない。「アンゲラは私たちのことも政界の大物のこともまったく区別しません」とアンドレアはつくづく感心する。フランス大統領フランソワ・オランド、スペイン国王夫妻、ノルウェー王太子

2007年6月に開かれたG8サミットで、アメリカ大統領ジョージ・W・ブッシュ、英国首相トニー・ブレアとともに。Photo/Getty Images

夫妻はシュトラールズントとリューゲン島に招かれ、その魅力を満喫した。皆、メルケル主催のバルト海クルージングを楽しむことができた。二〇〇七年六月のG8サミットは、小さなリゾート地ハイリゲンダムで開催され、メルケルは自分の選挙区に先進民主主義国七か国とロシアの首脳を招いた。

アメリカ大統領ジョージ・W・ブッシュは二〇〇六年七月、光栄にもこの地を訪問した初めての国家元首となった。そのときアンゲラは旧友モルケンティンに電話した。「ねえ、ブッシュさんが来たがっているの。トリンヴィラーズハーゲンで、夕食でもと思っているのだけど、どう思う?」、「名案だ、段取りをしておこう」とモルケンティンは答えた。トリンヴィラーズハーゲンという小さな村に住むおよそ千人の村民には前代未聞のことだった。メルケルの選挙区の議員たちはブッシュへの贈り物は何がいいかと奔走した。ローラ・ブッシュには地元名産のアクセサリー、ジョージ・ブッシュには魚をくわえた鷲（ドイツとアメリカの象徴である）の木彫り像を贈ることに決めた。ディナーのときにアンドレア・コスターが贈り物を渡した。「ブッシュさんは私をハグして、すごく喜んでいるようでした。その場で飛び跳ねたりされたものだから、ちょっとびっくりしたのですが、ブッシュさんは大はしゃぎの理由を教えてくれました。彼のテキサスの牧場は鷲牧場というのだと……」とコスターは語っている。コスターはチャンスとばかりに地球温暖化問題を持ち出してブッシュの賛同を得ようと試みたが、さすがに無理だった。モルケンティンはイノシシの大串焼きを担当した。眼鏡を持っていなかったブッシュに自分のものを貸したりもした。数日後、ブッシュ大統領から、自筆の手紙とともにアメリカ合衆国憲法の金の装丁本がアンドレアのもとに郵送されてきた。ブッシュとアンゲラを囲むトリンヴィラーズハーゲンの夕食会はだれにとっても忘れ難いものとなった。

アンゲラも、シュトラールズントとリューゲン島で権力への第一歩を踏み出したことを胸に深く刻んでいる。

第8章 メルケルの小屋

「その請求書はメルケルに送っといたよ」

リューゲン島の漁師

バルト海は鈍色《にびいろ》に凪いでいた。一九九〇年一一月のその朝、一〇時三〇分頃だった。漁師たちは海岸に船を引き上げ、寒風のなか、無言でニシンを船から降ろしていた。ジーンズのロングスカートをはいた若い女が、ちょっともじもじしながら話しかけた。「一二月二日の連邦議会選挙に立候補した者です。お話ししていいですか？」。漁師たちは、面白いコが来た、というような目で見た。水兵帽をかぶったヒゲ面のエーベルハルト・ホイアーが顎をしゃくって「まあ、入ってシュナップスでも飲みな」と招いた。

彼らは、道具一式を置いたり一杯飲んだりするために使っている、砂丘の上にあるブロック造りの小屋に向かった。アンゲラは足を踏み入れながら「ＣＤＵ公認です」と言った。キリスト教民主同盟、

1990 年 12 月、メクレンブルク＝フォアポンメルン州で、アンゲラ・メルケル初めての選挙運動。このなかの一人、ハンス＝ヨアヒム・ブルは、今や「メルケルの小屋」と呼ばれるこの場所での出会いについて語ってくれた。
© Ullstein Bild-Ebner

西ドイツ首相ヘルムート・コールの党である。ここ東ドイツのリューゲン島の住民にとっては別世界だった。何もかもあっという間の出来事だった……。一九八九年一一月九日、ベルリンの壁が崩壊した。一九九〇年三月一八日、ドイツ民主共和国初の自由選挙が行われ、議員が選出された。東西ドイツ統一条約が八月三一日に調印され、一〇月三日に正式に発効した。そして一二月二日、歴史的な連邦議会選挙が行われようとしていた。一九三三年三月以来初の統一ドイツの選挙である。

小屋は煙草と魚の匂いがした。シュナップスの瓶が皆の前に置かれた。アンゲラ・メルケルは空いている椅子を見つけ、五人の漁師も腰かけた。アンゲラの正面に座ったホイアーはグラスの飲み物の減り具合を見ながら話した。政界に入ったばかりの新人だったとはいえ、アンゲラ・メルケルは、ホイアーがひと口あおるたびに吐く言葉から選挙の争点を敏感に察知した。時間が経つにつれ、彼女の顔はもうもうと立ちこめる煙草の煙につつまれた。アンゲラに同行した活動家はこの場面を撮影した。伝説的なこの写真はドイツのロマン主義画家カスパー・ダーフィト・フリードリヒの絵を思わせる。

ハンス＝ヨアヒム・ブル、六〇歳。写真では左側にいて、もう一人の漁師の顔に隠れて見えない。仲間と彼は最後に捕った魚とともに船も売り、漁をやめた。アンゲラにシュナップスをふるまったホイアーは急逝した。窓の外を眺めていたブルの父親も亡くなった。漁獲量管理と競争による価格破壊によって、リューゲン島の漁師はほぼいなくなった。ハンス＝ヨアヒム・ブルは地方公務員の職を見つけ、親から継いだ家はリゾート客に貸した。休暇を過ごしに来た客たちは、家主がドイツの首相と一緒に写っている何枚かの写真が壁に貼ってあるのを見つけて、ちょっと驚く。「今のところ、ほしいと言った人はいないね」とブルは笑う。

ブルの家から車で五分の海岸に向かった。砂丘を歩いていくと、海に面した小屋があった。「メルケルの小屋」と彼は呼んでいる。荒れ放題だった。すぐそばのバルト海の海辺に、一軒のレストランと駐車場が作られていた。漁を生業としていた頃と変わらず、ブルは水兵帽をかぶっていた。共産主義政権の終焉がなにもかも覆した。

「メルケルさんは二時間も我々と話し合った。政治家と会うなんて初めてだったよ。俺たちと話し合おうと思ったら、シュナップスのひとつも飲めなきゃいけない。彼女はよく頑張ったと思うよ。俺たち漁師は東ドイツの方がむしろ良かった。リゾート客はスパイじゃないかっていつもちょっと心配だったけど、まあ大丈夫だったし。それが、別世界になったんだ。よく分からなかった……」と、ハンス＝ヨアヒム・ブルは言うのだった。漁師たちは新人候補者アンゲラに不安を打ち明けた。魚の価格や漁獲可能量割当てといった新たな問題が持ち上がっていた。アンゲラはメモも取らず話を聞き、「皆さんの問題は肝に銘じて持ち帰ります。何もお約束はできませんが、何ができるか検討します」との言葉を残して立ち去った。私も皆さんと同じ東の出身です、とアンゲラは言った。彼らと同じように、数か月前にあの初めての自由選挙を経験したのだと。

「メルケルさん」が行ったあと、漁師たちはあれこれ話し合った。「あの人は東の出身だし、他の人に比べれば地域のために頑張ってくれるだろう」。皆はメルケルに票を入れた。「皆はそう信じていた。そのあと漁師をやめたので彼女のことも忘れてしまった。ところがいつのまにか、彼女をテレビで見るようになった。俺はガキどもに言ったよ。『おい、これが小屋に来てシュナップスを飲んだ人だよ！』って」とハンス＝ヨアヒム・ブルは語った。

二〇〇九年、首相に就任して四年を経たアンゲラ・メルケルは大衆紙『ビルト』のカメラマンを伴い、彼らと久しぶりに話がしたい、と言ってきた。メルケルが来ると聞いて、エーベルハルト・ホイアーは「まあ、来るたびに小屋に連れて行くわけにもいかないよな……」と呟いた。それでも彼らはアンゲラを小屋まで案内できるよう頑張ろう、と決めた。「感じのいい人だったよ。ほんとうに、俺たちと会って嬉しそうだった。初めて会ったときと同じように《du》（親しい呼び方）で話してね。俺たちとシュナップスを飲んだ仲なら《du》さ。それに俺たちの票で当選したんだと彼女も分かっていたし」と、ハンス＝ヨアヒム・ブルは述べた。小屋はきれいにしてあり、魚の匂いはもうしなかった。アンゲラが来るまでに清掃を頼んだのである。「その請求書はメルケルに送っといたよ」と、ブルは平然としていた。

彼らはメルケル首相に実情を訴えた。がっかりだ、と。「俺たちの言うことを聞いてくれなかったじゃないか。悪くなるだけで、何も解決してないよ」。アンゲラは「問題は持ち帰ります……」とまた言った。「メルケルさんが行ってから、『まったく、嘘をついたと責めるわけにいかないよな。何も約束しないし、いつも問題を持ち帰るだけなんだから……したたかだよな！』と言いあったものさ」と、ブルはため息をついた。

第9章

ブロイエルさんのお茶の時間

「彼女はカンカンに怒っていました。言うべきことではなかったのです」

フォルカー・シュレンドルフ（映画監督）

それは大西洋岸のハンプトンズで、エリートのニューヨーカーがお互いの別荘に招待しあって開くようなガーデンパーティだった。ハンプトンズといえば、フォルカー・シュレンドルフは比較的最近、ニューヨーク郊外のこの高級リゾート地で『男と女、モントーク岬で』を撮影したが、さかのぼること一九九九年八月、ちょっとした夏の祭典が催されていたのは、ベルリン近郊ポツダムにある彼の豪邸だった。ドイツ再統一を主導し通貨統合を推進し、首相在位一六年におよんだヘルムート・コールは、この時すでに、一九九八年の総選挙で惨敗し退陣していたが、ＣＤＵの名誉党首の地位を保っていた。フォルカー・シュレンドルフの友人たちも、コール時代が完全に終わったという感じはなかった。ポツダムの周囲に数多くある湖のひとつ、グリーブニッツ湖のほとりの広い庭園で彼らはゆったたりとお茶を飲んでいた。シュレンドルフが率いた伝説的なバーベルスベルク映画スタジオも目と鼻の先だ。昔の東西の境界が湖の真ん中を通っていたので、夜になるとここから命がけで西側へ逃亡しようとする東ドイツ人が後を絶たなかったことを思い出した人もいた。監視塔が投げかける光のあいだをかいくぐって岸から岸まで泳いで渡るのは至難の業だった。一九八〇年代、まさにこの場所で、自由を求めて死んだ人が一八人もいたのだ。フォルカーは一人の客に、壁に掛けたいくつかの写真を見せていた。暗い鉄条網の時代の庭園を写したものだ。一人の女性がそこへ到着し、案内されながら広間を横切って庭園の人々に合流した。彼女、アンゲラ・メルケルは当時、CDU幹事長だったが、居合わせた国際色豊かなベルリンの人々――俳優、映画監督、作家、ジャーナリスト――のほとんどが、どちらかといえば左派で、保守党に票を入れることなどまずなさそうな人たちであり、この女性より自分のほうが偉いと思っていた。

フォルカー・シュレンドルフは、友人のプロデューサーに、来たばかりのアンゲラを紹介した。プロデューサーは握手するため慌ててグラスを置いた。「ドイツ初の女性首相を紹介するよ！」びっくりさせて喜ぶかのようにシュレンドルフは言った。プロデューサーはどの程度の冗談なのか測りかね、笑うべきか感心してみせるべきか分からなかったが、とりあえず丁寧に挨拶した。アンゲラはフォルカーをぐっとにらんだ。人の心の奥を読むことに長けた、『テルレスの青春』や『カタリーナ・ブルームの失われた名誉』の監督シュレンドルフは、長い年月を経て、この歴史的な場面をありありと思い出すのだった。「私は冗談で言ったのですが、試すつもりもありました。彼女の頭の良さには感心する一方でしたし、私たちは気心の知れた間柄でした。あの冗談がいかに大げさに聞こえようと、彼女が首相になることを私は少しも疑っていませんでした。友人のプロデューサーは、私と違って昔からCDUの選挙人でしたし、私がとんでもない勘違いをしていると思ったのです。目の前の女性が、将来ヘルムート・コールの椅子に座るなどとは、誰も夢にも思いませんでした。でも彼女はカンカンに怒っていました。言うべきことではなかったのです。彼女の目を見て、私は自分の勘が当たっていると確信しました。彼女は私が正しいと知っていましたが、皆に知られたくなかったのです」。この三か月後、メルケルは、FAZへの寄稿を着々と準備し、巨頭コールを引きずり落とそうと、権力への道を固めていた。

フォルカー・シュレンドルフとアンゲラ・メルケルはその何年か前に出会った。二人にはあまり共通点はなかったが、すぐに意気投合した。シュレンドルフは筋金入りの社会民主主義者で、芸術の世界の人間であり、数か国語を話す、西ドイツの医者の息子だった。十代のとき何を思ったかフランスに行き、イエズス会の中学の寄宿舎に入り、さらにパリのアンリ四世校で優秀な成績をおさめた。アメリカでフランス人の一流演出家と一緒に仕事をし、『ブリキの太鼓』という作品で、ハリウッドでアカデミー賞、カンヌでパルムドールを受賞していた。東ドイツ出身で、当時ヘルムート・コール内閣の女性・青少年相だったCDUの若手議員メルケルとの接点など、まずなかった。この「女性・青少年」なる名称、ひとつの省名にこの二つを並べる発想だけでも、今から思うとなんたる保守主義であることか！

ベルリンの壁崩壊と冷戦後のベルリンの目覚ましい成長が、二人を思わぬ出会いに導いた。ドイツの再統一は端緒についたばかりで、すべてが新しかった。地方公務員も国家公務員も、政府機関がまだ残っていたボンと、統一ドイツの首都機能が移されつつあったベルリンの間をしょっちゅう往復していた。激動のさなかのベルリンは、崩壊した壁の跡地を中心に生まれ変わろうとしていた。ポツダム広場はまだ再開発されていなかった。二年のあいだに、東ドイツの国営産業はすべて民営化され、五か年計画は市場競争に変わらねばならなかった。消滅したドイツ民主共和国の遺産となったバーベルスベルク映画スタジオは国からの受注がなくなり、運営は厳しい局面を迎えていた。フォルカー・シュレンドルフはフランスの水道事業受託会社ジェネラル・デ・ゾーから、このスタジオの買収交渉を委任されていた。そのため、東ドイツ国営企業の再編と売却を監督するトレウハンダンスタルト（信託公社）と、傑物というべき公社総裁を相手に交渉していた。あの強力なビルギット・ブロイエルである。新生ドイツで泣く子も黙る存在でありCDUの有力者だった彼女は、トレウハンダンスタルトを剛腕で率いた。彼女は、ベルリンのヴィルヘルム通りにあるアパートに住んでいた。ブランデンブルク門や国会議事堂にも近かった。西ドイツに対しこれ見よがしに、東ドイツが壁のすぐ後ろに北欧人に建てさせた現代的な建物のひとつだった。窓からは崩壊した壁の跡が見えた。今日、そこにはホロコースト記念碑が建っている。

さて、なぜこんなに話が脱線し、ヴィルヘルム通りまで長々と寄り道をするのか、読者は不思議に思われるだろう。それは、ブロイエルさんは同じ階に住むある隣人の女性と親しかったからである。隣のその女性こそ、ヘルムート・コール政権の若手閣僚、女性・青少年相だったメルケルにほかならない。メルケルはボンにも仮住まいを持ち、土曜には自分の選挙区があるメクレンブルク゠フォアポンメルン州のシュトラールズントに帰ったが、また日曜にはベルリンのアパートに戻ってヨアヒム・ザウアーと一緒に過ごした。メルケルが量子物理学の研究者だった頃に、同じ研究者だった彼と東ベルリンのアドラースホーフの科学アカデミーで出会ってから一〇年以上経っていた……とにかく、ビルギット・ブロイエルと同じ階に住んでいたのが、アンゲラ・メルケルとヨアヒム・ザウアーだったというわけなのだ。

ビルギットは西ドイツのハンブルク出身、アンゲラは東ドイツのテンプリン出身だった。二人は話しているうちに、この数十年間、東と西で何が起こっていたか、お互いに何も知らないのだと気づいた。そこで五、六人の小さなグループで、再統一された二つのドイツについて語る会を作ろうという話になった。あるときビルギット・ブロイエルは、フォルカー・シュレンドルフにこの集まりについて話した。「月に一回、日曜日に私の家で集まってお茶していますから、ご一緒にどうぞ」とビルギットは誘った。シュレンドルフは一九九三年に仲間入りした。そこに集まっていた小さなグループの人々は、東からも——旧西ドイツ人は「オッシー」と旧東ドイツ人を呼んだ——西からも来ており、作家、神学者、銀行家、伯爵夫人、シャリテ病院教授、そして反体制派として有名だった牧師のヨアヒム・ガウクがいた。ガウクは二〇一二年にドイツ連邦大統領となった。そしてライトブルーの瞳で前髪をやたら短く切ったメルケル大臣も、ヨアヒム・ザウアーといつも一緒に来ていた。シュレンドルフは

「彼女にはすぐに興味を持った」と語る。

ブロイエルさんのお茶の時間は、夫婦や友人同士を束ねた月例会とまではいかないが、習慣として定着した。順繰りに誰かのアパートか家か別荘に一六時頃集まり、慌てて夕飯作りをしなければならない時間まで、世の中をどう変えるかについて語った。東と西に分かれていた人々は、互いに学び合い、子ども時代や青春時代や経歴について語り合い、それぞれ壁の向こうで受けてきた「社会化」、すなわち社会での振る舞い方や家庭でのあり方などを比べあった。西ドイツ出身者の方がざっくばらんにおしゃべりし、東ドイツ出身者の方が遠慮しがちだった。「場所を提供した人が中心になって話題を振りました。なぜ、どうして私たちはドイツの東と西でこうもはっきり違うままだったのか、私たちの出身が分かる暗黙の印、言葉、しぐさとはどのようなものか、話し合いました。中心になった人は、学校時代のこと、教わった先生方、友人たち、将来の仕事、結婚、社会との関係、政治参加あるいは不参加について話しました。それだけでなく、家によっては、スパゲッティやソリャンカ(スープ)、赤ワインやラーデベルガーのビールが出ましたよ」と、シュレンドルフは述懐している。彼らはまたとない時代を迎えたと感じていた。再統一されたドイツにとって途方もないチャンス、二つの世界のいいとこ取りをして国を作り変えるためのこのチャンスをどう生かすか、語り合った。皆で力を合わせて新しい国作りを始めねばならないと考え、新生ドイツ建設への貢献を模索することを集まりの目標に定めた。彼らは、東と西で残すよう努力すべきものをひとつひとつ挙げたり、制度や習慣についてそれぞれどちらが良いか検討したりした。西ドイツの長所は、起業の自由、言論の自由、出版と報道の自由、民主的方法など、すらすらと挙がった。東ドイツの方は、あまりはっきりしないように思われたが、じつは選ぶのに困るほどあった。助け合い、慎ましさ、人々の間の連帯、隣近所で行なう土曜日の共同活動、無料の保育所、職業上の男女平等などが挙げられた。「『善意の人々のグループ』とひとくくりにしていいような集まりでした。同じ言葉を話し、同じ歴史を共有していても、西ドイツと東ドイツのあいだには、フランス人とイヌイットのあいだ以上の隔たりがありました。我々が育った社会のシステムはことごとく正反対であり、そのギャップは今なおあるのです。彼らは私たちのことを軽率と感じ、私たちは彼らを堅苦しく感じます。アンゲラ・メルケルは、考え方、そして多くの判断において、骨の髄まで典型的な東の人でした」というのがフォルカー・シュレンドルフの意見である。

メルケルとシュレンドルフは友達になり、彼女はポツダムの彼の家をよく訪れてきた。一九九三年夏にウッカーマルクの別荘で、初めてじっくり話し合ったときのことをシュレンドルフは覚えている。「ヨアヒム・ザウアーとアンゲラは、東ドイツに家を買っていて、足りなかったレンガや塗料やその他の資材がようやく見つかり、工事が完成していました。二人は引っ越したばかりで、バーベキューセットもなかったのです。スープとソーセージを食べましたよ」。昼食のあとで、彼らは野原をゆっくり散歩した。「私は彼女の隣を歩いていました。くつろぎながらも、ひじょうに厳しく道徳的な生真面目さで、今に至るまでの経過について語り合いました。私にはバーベルスベルク映画スタジオの仕事があり、アンゲラは科学を捨てて政治の世界に入っていました。壁崩壊という歴史的な、まさに常ならぬ出来事に、ある種の高揚感を覚え、久しぶりにパリの学生時代に戻ったような、真剣な話をしたのです。私たちはいつでも同じ意見とは限りませんでした。彼女からみれば私は、インテリの極左的アナーキストでしたし、彼女の理解を越えていました。私にしてみれば彼女は、東ドイツの牧師の娘で、苦手な部類に入りました。私は極左思想に染まったこともある社会民主主義者です。アンゲラは右派ではなく、つねに中道派で革命への参加など考えられない人です。しかし、アンゲラと私は何かひじょうに共通するものをお互いに感じました。道徳的義務に対するひとつの理想主義です。東西統一はまたとない歴史的チャンスで、無駄にしてはならなかったのです」。

「典型的な東ドイツの女性」メルケルはあまり喋らず、人の話をよく聞いた。「ブロイエルさんのお茶の時間では、彼女はとても礼儀正しく、ただ、いつも的を射た簡潔な指摘をしました」と、フォルカー・シュレンドルフは言う。アドラースホーフの理論化学部門でただ一人の女性だったメルケルは、今やヘルムート・コール内閣の「典型的な西タイプ」の男性たちに囲まれていた。自分とは対極にいる首相の側近に交じって頭角を現すことに成功し、「コールのお嬢ちゃん」というあだ名をつけられた。ロタール・デメジエールの暫定内閣にいた彼女に目をつけてからというもの、場違いな服装で口数も少ないあの若手閣僚を取り立てるコールはどういうつもりなのだろうと周囲はいぶかしんだ。コールは一度、環境相としての提案のひとつを却下し、会議の後でメルケルを厳しく叱責して泣かせたことがある。アンゲラは自分個人の過失と受け取り、涙をこぼした。とはいえコールは、「あの人柄と生き方には好感がもてる」と、当時CDUの経済社会政策局長だったクラウス・プレシュレに述べている。

アンゲラは見下され、軽んじられた。それが彼女の強みだった。アンゲラ・メルケルは人に不安を与えず邪魔をせず、目を引くこともなかった。西ドイツCDUは傲慢そのものの荒々しい男社会だった。定員のほとんどを占める男性党員たちは、妻子持ちのカトリックで、生まれたときから政界に入るためのレールをしっかり敷かれて地方の名士になった、押しも押されもせぬ面々だった。「お嬢ちゃん」はそこに降りてきたUFOさながらだった。女性で、東ドイツ出身、プロテスタント、離婚経験あり、子無しのうえ、服装はあか抜けないし、仲間は社会的に恵まれた層ではない。アンゲラが務める大臣職は重みのあるものではなかったし、いかにも引き立て役を振られたという感じだった。そして実際、当時の彼女はまさにそうした役回りだった。体裁をつくろうために、コールは女性の東ドイツ出身者を必要としていたが、該当する人材は周囲に見つからなかった。ちょうどそこへアンゲラが、いいタイミングで連続して登場したのだ。物理学者としての将来を描いていたのに、アンゲラは大所帯のCDUから立候補し連邦議会議員となり、大臣になった。アンゲラ・メルケルの人生に、幸運が果たした役割は大きい。しかし、その後のことは彼女自身の力によるものにほかならない。道を切り拓いたのは彼女である。

ボンでは、アンゲラ・メルケルは大人しく振る舞い、聞き役に回って色々学んだが、選挙区であるバルト海沿岸のシュトラールズントとリューゲン島では、自然と堂々とした態度をとった。メクレンブルク＝フォアポンメルンのことは手に取るようによく分かっていた。アンゲラは東ドイツの人々のことや、どこまでもつきまとうあの東ドイツの重苦しさを知っていた。新しい世界で職を失い、生きづらさを感じている彼らに共感を覚えていた。同州のCDU事務局長でもあったクラウス・プレシュレは「シュトラールズントで、メルケルは自分の個性のようなものをコンセプトにした。それは西ドイツとの違いを認め、西の彼らと同じ行動はしないこと、彼らと同じにならないことだった」と述べている。

アンゲラは、東ドイツの人間が共産主義国家の独裁政権下でどんな苦労をしてきたかを知っていた。犠牲になる者もいれば、加害者になる者もいたが、大方はメルケル自身そうであったように、どちらでもなかった。英雄でもなく冷血漢でもなく、ただ人間味のない受動的な態度を取らざるをえず、ちまちまと妥協をしながら、国家権力が私的領域に介入し、個人が潜在的密告者になる全体主義機構の煩わしさから逃れようとした。アンゲラは服従と警戒心によって骨抜きになった人々を知っていた。監視社会の日常で身についた遠慮と用心深さを知っていた。シュトラールズントとリューゲン島で、メルケル議員は場になじむことに自信を持った。日常的にこなしていた彼女の仕事のひとつは、まさに「シュタージ事件」を処理することだった。ドイツ民主共和国の元政治警察の記録文書を精査するため、連邦政府のシュタージ書類管理受託機関の代表となった人物は、この組織について知り尽くしていた。ブロイエルさんの会にも招かれ、のちにドイツ連邦大統領となるヨアヒム・ガウク牧師である。彼は独裁政権反対派のスポークスパーソンだった。反体制派だったガウクはシュタージが犯した罪を告発し、この組織に絡んだ人々の身元を一九九〇年代につぎつぎと明らかにした。記録文書から挙がった名前は有名人のものも多く、アンゲラのごく身近な人物も含まれていた。

アンゲラ・メルケルはこうしたことに慣れていた。ベルリンの壁崩壊から数か月後にＤＡ（民主的出発）に加わり、その後間もなく東ドイツ政権批判派のこの党の報道官となったが、党首シュヌーア自身がシュタージの非公式協力者だったことを認めるという込み入った事態になったのだ。事件は大スキャンダルだったが、記録文書の内容が明らかになるにつれ、よくあることに思われてきた。すべての者が監視と盗聴と情報カードで管理される全体主義政権下で、ひたすら清廉潔白であり続ける勇気とモラルを持った人がどれだけいたと言えるだろうか。程度の差こそあれ、裏でシュタージと手を組んだことがない人が、どれだけいたのだろうか。コール内閣の若手大臣であり、メクレンブルク＝フォアポンメルン州のＣＤＵ支部代表にも選ばれた議員メルケルは毅然とした態度を取らねばならなかった。クラウス・プレシュレがこのシュタージ問題処理という汚れ仕事を担当した。「彼らを呼び集めていたのは私です。……辞職するよう勧告しました。さもないと事実を公表することになると……」と彼は述べている。

毎週、他の党や州でもそうであったように、メクレンブルク＝フォアポンメルン州のＣＤＵの要人がガウク率いるシュタージ書類管理受託機関に捕捉された。市長、議員、官吏、評議員がシュタージに協力していたことが続々と判明した。「アンゲラ・メルケルはこの問題に対してさばさばと、ひじょうにはっきりした態度で臨みました。東ドイツのあの風土、指導者たちの嘘、恫喝、脅しをいやというほど知っていました。彼女はすべての人に明快でまっとうな説明をしました。彼らの自己弁護には耳をかさず、『残念です』とか『……とは思ったのですが』などとは言わず、単刀直入、余計な言葉をはさみませんでした。彼女は『誰しも自分の行動に責任があります。こういうことをしたら、議員ではいられない。以上です』と言っていました」と、クラウス・プレシュレは述懐している。

アンゲラのなかで、東ドイツの過去は清算された。ここからが正念場だった。

第10章

シリアルキラー物語——蹴落とされた男たち

「一九九九年一二月二二日、私は、アンゲラ・メルケルがドイツ初の女性首相になることを理解しました」

ヴォルフガング・ショイブレ

二〇一七年六月一六日、ヘルムート・コールが亡くなった。同じ日、アンゲラ・メルケルは（ローマ教皇フランシスコへの謁見で訪れていた）ローマからテレビ中継で短い演説を行い、ドイツの歴史を変えた東西統一の主導者コールを称えた。「彼によって私の生き方も大きく変わりました」とも述べた。『シュピーゲル』誌は特集号を出した。表紙には、真ん中にヘルムート・コール、左側にサングラスをかけたマイケ・コール＝リヒター未亡人、右側に厳しいまなざしのアンゲラ・メルケルといった具合に三人が並んでいる。タイトルは「死者をめぐるバトル。ヘルムート・コールの負の遺産」。コールと子どもたちと二番目の妻マイケのあいだにあった確執が明るみに出たことに加え——息子ヴァルターは葬儀に出席せず、父親の遺体を安置した家を弔問に訪れたものの継母に追い返された——、偉人の葬儀は政治がらみの茶番劇に転じた。マイケ・コール＝リヒターは、七月一日にストラスブールでＥＵが主催したコール元首相の葬儀で、アンゲラ・メルケルが弔辞を述べるのを阻もうとしたが、結局のところメルケルは話をすることになった。「コール首相が任期を終えられる頃、ドイツはひとつになり、歴史上初めてすべての隣国との友好関係が実現しました」と彼女は述べた。しかしコール一味は恨み骨髄に徹していた。いくつかある理由のひとつは、恩人コールの地位を今日アンゲラが占めているのは、追い落としに成功したからにほかならない、というものだ。「ほとんど完全犯罪だった」とはアルフレッド・ヒッチコックの言であるが、この場合「ほとんど」どころか完璧だった。アンゲラから見ればねらった通りだった。ドイツ再統一だけでなく、コールの存在、そしてメルケル自身が関わったコール失脚が「彼女の生き方を大きく変えた」ことは間違いなかった。

素知らぬふりをしながら、アンゲラ・メルケルはシリアルキラーなのである。フランク・キャプラのブラック・コメディ映画『ヒ素と古いレース（邦題：毒薬と老嬢）』に出てくる二人の年老いたおばさんの片方、マルタの役だ。二人は、隠居生活を送る孤独な男たちに同情し、相手のためと称して立てつづけに殺し、地下室に埋める。保護者的落ち着きと、世論に寄りそう遠回しな話し方から、ドイツ人がちょっぴり皮肉っぽく「ムッティ（お母ちゃん）」と呼ぶメルケルもまた、その手で何人かを政治的に葬り去ったことがある。二〇〇五年にドイツ首相という頂点――女性が占めたことのないポストだった――に上りつめ、少なくとも一〇回は『フォーブス』誌で「世界でもっとも影響力のある女性」とランク付けされ、一〇年以上もヨーロッパ随一の経済大国の指導者であり続けるためには、一人くらい抹殺するだけでは足りないのだ。それがムッティのしたことだった。冷静に、何も言わず、効果的に。

「お嬢ちゃん」の目覚ましい昇進は、女性・青少年相というポストのあとから始まった。女性で若く、オッシー（旧東ドイツ人）であるという三つの条件を満たしているという理由で、コールはメルケルにこのポストを与え、度量の大きさを見せようとした。任期を終える頃には、アンゲラ・メルケルは実力のほどを示し、比率のバランスをとるための軽いポストでは役不足になった。ヘルムート・コールが一九九四年一〇月に五度目の当選を果たしたとき、CDU・CSU（キリスト教民主・社会同盟）は議席を減らし、自由民主党と連立政権を組まざるをえなかった。メルケルは選挙区であるシュトラールズントで優位を占め、四八・六パーセントの票を獲得した。ドイツ全体に占めるCDU・CSUの得票率より七ポイント高かった。コール首相は環境・自然保護・原子力安全相という、より難しく重要な大臣職を与えて彼女に報いた。

この二つ目の省はメルケルに自信を与えたが、当の彼女は皆を驚かせた。陽気でいたずらっぽく、ばかなふりをしたり子どものように大笑いしたりするかと思うと、木で鼻をくくったような態度を見せるときもあった。就任早々、事務次官をはじめとして、そりが合わない部下をあっさり更迭し、予想外のところで重石をきかせた。温室効果ガス削減に関する最初の大がかりな多国間協定だった一九九七年の京都議定書に向けての交渉の際、メルケルは、はっきりと主張を述べた。この時期の仕事は得がたい経験となった。口和見的で態度がコロコロ変わり明確な方針がないと言われようと、メルケルは交渉に長け、世論の動向に敏感でタフな女性政治家として認められるようになった。例えば、メ原子力を擁護し熱弁をふるい、一九八六年のチェルノブイリ原発事故以来原発に激しく反対していたSPD（社会民主党）や緑の党と論戦を繰り広げていたが、その後、二〇一一年に発生した福島の原発事故をきっかけに、突如として方針を転換し、脱原発へと大きく舵を切る決断をした。原発稼働年数延長を主張していたCDU幹部は愕然としたが、メルケルはいつも通り、連邦議会の党派を説き伏せた。

1995年のアンゲラ・メルケル。1994年11月17日、コール政権の環境・自然保護・原子力安全相に就任。写真提供：dpa/時事通信フォト

経済界は怒りを浴びせた。慎重で「波風を立てないこと」が信条だったアンゲラ・メルケルが、その経歴において珍しく大胆な政治的決定を下したのはこのときが初めてである。メルケルがふたたびこうした思い切りを見せたのは二〇一五年、ドイツに百万人の難民を受け入れる決断をしたときだ。福島の原発事故後の豹変をもたらしたのは、勘と計算の両方である。原子力発電所の爆発により人命が危険にさらされたことに衝撃を受けて反応したという意味で勘であり、問題に関する世論の高まりを察知し、それに合わせて動くという得意技を見

せたという意味で計算だったといえる。原発停止の決断は正しかったのだろうか。脱原発を決定したメルケルへの批判は、フランス人の十八番のようになっており、ドイツが通説に反して石炭火力に傾斜せず、この切り替えによってロシアのガスへの依存を強めたという負の理由がしばしば挙げられる。いずれにせよ、アンゲラ・メルケルの環境相就任期間はひとつの転換期だった。ドイツのエネルギー政策に矛盾があり、経済界からの反発があったものの、メルケルは地球温暖化問題に身を入れて取り組むようになった。彼女のこの姿勢は、アメリカ大統領ドナルド・トランプが二〇一七年六月一日に気候変動抑制に関するパリ協定に異を唱えた際、彼と熾烈に対立する要因となった。

さて話を元に戻そう。コール内閣の若手大臣メルケルは、何よりまず権力者としての修業を積んだ。選挙区では権力の効能を自在に利用するようになった。メクレンブルク＝フォアポンメルン州の党支部代表となったメルケルは、絶えず起こる対立の収拾を試みた。困難な状況を打開することは得意だった。州の元CDU事務局長クラウス・プレシュレは「彼女がボンに、私がシュヴェリーンの州議会にいた頃、彼女に電話してはSPD（社会民主党）との連立の問題について現状報告をしていました。すると彼女はあちこちに電話をして、皆に不意打ちをかけていました。誰かが『うん、もう分かっているよ』と言えば、それは『メルケルと話した』という意味だと皆わかりました！　そして彼女はいつも何か聞かれたら『もう済んでいます』と言うことができました。影響力の及ぼし方を知っていて、とにかく早いことが強みでした。皆に与えているイメージが大人しく控えめというものだったので、よけい効果的でした。警戒されないのですから」と述べている。携帯電話が普及すると、新しいテクノロジーにはつねに反応する科学者、メルケルはSMSの便利さに夢中になり、CDUの皆にメッセージを嵐のように送った。面白いほど熱心に送信し続けるので、SMSは「ショート・メルケル・サーヴィスだよね」と皆は冗談を言いあった。

メルケルは並行して、西側の長老たちとの対立を解決した。会議を好まず、電話や一対一の打ち合わせを活用した。ひとりで新聞雑誌を読めるからと言って、彼女は党本部の朝の集会から逃げていた。過去や抗争や重苦しさとは無縁な、よそ者の若いオッシー（旧東ドイツ人）という立ち位置で、CDUでは異色の存在であり続けた。またメルケルは反対者と一人一人向き合い、自分が就任してから生じた争いの種をつぶしていった。「コールは、どんなに些細なことでも自分に反対する者がいると分かると、本人を呼んで『どういう意味だ？』と徹底的に問い詰めました。メルケルは同じように、自分を批判していると感じた人とつねに向き合いました。それが彼女のやり方であり、コールから受け継いだ方法でした」と、どちらとも一緒に仕事をしたクラウス・プレシュレは述べている。

アンゲラはヘルムート・コールが好きだった。彼女にとっては父のような、ドイツの歴史の記念碑のような存在であり、尊敬していた。アンゲラはコールに徹底して尽くした。そして葬った。

コールが力を失ったとき、アンゲラは彼を引きずり落とすことにした。CDUを二二年間主導し首相在任五期に達したコールは、一九九八年九月の連邦議会選挙で六期目をかけたものの敗北し、SPDのゲアハルト・シュレーダーに首相の座を明け渡し、SPDと緑の党の連立政権が発足した。シュレーダーに対し、コールは矛を収めねばならなかった。一六年間政権を握った末、まだ五四歳の若々しい人物に乗り込まれたコールは六八歳になっていた。新首相シュレーダーは庶民階級出身で成金趣味の美青年といった風貌だった。第二次世界大戦末期に生まれたシュレーダーは、ナチズムのトラウマを拭い去り、歴史に対しもはや恥じることのないドイツを体現することができた。コールは後任のCDU党首に、腹心の部下ヴォルフガング・ショイブレをしっかりすえた。そして幹事長には、行儀が良くて羽目を外さない、あの無難な環境相、アンゲラ・メルケルを置いた。メルケルは、知名度はなかったが、これまでの仕事ぶりを見てきたコールにとっては気心の知れた間柄だった。ショイブレもメルケルを支えた。メルケルはコールとショイブレの両方に気に入られ、有難い後押しを得て、一九九八年のボンでの党大会で単一候補となり、CDU幹事長にすんなり選出された。女性がCDUでこれほど高い地位についたのは初めてだった。いたって慎ましく気の優しい「お嬢ちゃん」がである！　コールもショイブレも、彼女が自分たちの邪魔になることはないだろうと思っていた。皮肉なことに彼らはここで政治家としての天才的な勘を発揮したと言ってもよい。メルケルはのちに彼らを一人ずつ追い落としたからだ。

誰もヘルムート・コールに刃向かう勇気はなかった。CDUが政治活動資金を調達するため「ヤミ献金」を受け取っていたことが発覚し、一大スキャンダルに巻き込まれた一九九九年冬でさえ、コールを糾弾することは誰にもできなかった。コールは、有権者や州の支援を得るための不正資金を設けていた。とくに裏で動いた示談金やコミッションはスイスに設けられたCDUの秘密口座に入っていた。捜査が進められた。連邦議会の尋問と内部調査の結果、情報だけでなく疑惑と驚愕に満ちた報告が日々上がってきた。報道機関は不正献金問題に焦点を当てて追い続けた。名誉党首として居座り続けるコールの足元は危うくなったが、なんとか持ちこたえていた。そこへアンゲラが転落への道筋をつけた。CDUが総選挙で敗北したのちCDU幹事長になったアンゲラにとってはチャンス到来だった。その時が来たのだ。

恩人を殺める凶器となったのは、アンゲラ・メルケルの署名入りで一九九九年一二月二二日付けFAZに掲載された原稿だった。型通りの敬意と老指導者コールへの感謝を織り込んだ、一応は礼儀正しい文面で彼女が狙ったのは、まさにコールの失脚でありコール時代の終焉だった。一六年以上にわたって国家の指導者を務め、ドイツ再統一を主導した歴史的人物であり、まさにドイツの象徴とも言うべき巨人コールに引導を渡したのである！「ヘルムート・コールがとった手法は党に害を与えた。未来は堅固な基盤の上にしか建設されない。党は、独立独歩、自信を取りもどすべきである。コールは老いた軍馬と自称して喜んでいるが、こうした古老に頼らずに政敵に立ち向かうようにならねばならない。党は、成年に達した子どものごとく生家を出て、自分自身の道を歩まねばならない」とメルケルは書いた。

なんと大胆なことをやってのけるのかと、皆は啞然とした。若輩者のアンゲラ・メルケルの胸の内は誰にも見抜けなかった。メルケルはCDUの幹部にようやく加わったばかりだった。彼女はすべてこっそり準備したのだ。もっとも近かった部下のクラウス・プレシュレでさえ何も知らされておらず、ただ驚くしかなかった。「ショックでした。私があの原稿を出すことに反対し、ショイブレに話すだろうと彼女は分かっていたのです。恩知らずな行動でしたし、筋違いもはなはだしかった。我々はコールから解放されたいなどと思ってもいませんでした。抑圧されてもいなかったのですから！　私はひじょうに衝撃を受け、彼女を信頼できなくなりました。二年後、また別のもめ事が起き、私は離れていきました」。

友人のフォルカー・シュレンドルフも驚いた。「コールは嫌いでしたし、彼を蹴落とす前からメルケルに共感していました。このことがあってからますます彼女が好きになりました。彼女のしたことはとてつもない勇気がいることです。西ドイツＣＤＵの世界では、コールに攻勢をかけるなど考えられませんでした。メルケルはワグナーのオペラに出てくるジークフリートのように私の目に映りました。愚直なくらいに、恐れを知らず父の仇と勘違いしてヴォータンに襲いかかったジークフリートのように」。

アンゲラ・メルケルはフーゴ・ミュラー＝フォッグとの対談でこのエピソードに触れている。ヘルムート・コールの将来的役割の問題を正確に見抜いたと自負し、「結果として彼の現役政治家としての役割を弱めることになりました」と淡々と述べた。「言ってみればあの記事は警報のようなものでした」。この思い切った行動についてショイブレに何の予告もしないという「明確なリスク」をとったことをすんなり認めた。「ほかにどんな解決法があったというのでしょう？　彼から許しを得るべきだったでしょうか？　おそらく彼はノーと言ったでしょうし、私も彼を説きふせることなどできなかったでしょう」。彼女は断言した。「こうでもしないと私たちは沈んでいくだけだと思い、彼（ショイブレ）を助けるために記事を書きました」。

メルケルの話を聞いていると、まるで絵空事だ。実のところヴォルフガング・ショイブレは彼女のこの言葉を読んで絶句したに違いない。というのも彼は、コールほどは目立たなかったが、アンゲラ・メルケルの二番目の犠牲者だったのだ。FAZに掲載された寄稿にショイブレの名前はまったく出てこなかったが、コール同様に関与していたCDU党首ショイブレは、ともにヤミ献金事件の渦中に巻き込まれた。一石二鳥である。あとはメルケルが追い討ちをかけるだけでよかった。「献金」の受領を最初は否定していたショイブレがついに認め、弁明とともに二〇〇〇年二月一六日付けで辞職した。CDUでは動揺が広がった。メルケルに賛同すべきか憤慨すべきか。一般党員たちはスキャンダルをさっさと片付けたく、彼女に従った。新しい世代の代表者には、フリードリヒ・メルツのようにメルケル支持をいっそう明確にする者もいた。反感を内に秘め黙っている者もいた。もっとも手強いメルケルの敵は、男性ばかりのCDUの秘密結社的組織としてメディアに書かれた、「アンデス協定」のメンバーだった。この旧西ドイツ出身の重鎮たちは、コールの衣鉢を、「突発事故」のように登場した非常識なあの女が継ぐなど、考えられなかった。アンゲラ・メルケルは彼らに衝撃を与えたまま、なおも突き進んだ。ショイブレの後継を決めるエッセンでのCDU党大会まで二か月あった。ドイツを駆けずり回り、すべての州の有権者、幹部、活動家を手なずけ、その特異な個性で自ら体現する党の刷新を呼びかけるための二か月だ。メルケルは「規格外」(すでに!)と自称し、女性で若く旧東ドイツ出身、素朴で庶民的、形式ばらず、古いしきたりにとらわれないという、他との違いに賭けた。彼女はCDUが必須条件とするキリスト教徒であり民主主義者であると自任したが、党の右派と左派のあいだを器用に立ち回り、ちょうど中間にいた……こう聞くと何か思い出さないだろうか。メルケルはいわばエマニュエル・マクロンの先駆けだったのだ。政界に降り立ったUFOである。二〇〇〇年四月一〇日、エッセンで開かれた党大会で、メルケルはCDU党首に選ばれた。彼女しか候補者はいなかった。長老格あるいはそれほど高齢ではないお偉方は対立候補を立てたがったが、もみ消しになった。党が必要としていた現代性、清新なイメージは、メルケルにしか出せなかった。アンゲラ・メルケルは九三五名の代議員から八九七票を集めるという、ほとんど北朝鮮並みの得票率で当選した。

ヘルムート・コールはかつてメルケルにロープを投げて引き寄せたことを歯ぎしりするほど悔やんだかもしれない。メルケルはけっきょくそのロープでコールの首を絞めたのだ。もはや後の祭りである。アンゲラ・メルケルの権力奪取が始まった。彼女はショイブレとコールのかたわらについて記者会見に登場した。コールが公の場に姿を現わしたのはこれが最後となった。コールはその後数年経つまで彼の「娘」に声をかけることはなかった。彼は過去の人だった。ドイツは未来の首相を迎えようとしていた。

CDUも新たな局面を迎えたという点では同じだった。FAZへの寄稿後、新党首メルケルは友人のフォルカー・シュレンドルフに「《Die Luft wird dünn》（空気が薄くなっていく）」と言った。自ら手を下して首を切った以上、頼れる人材はごくわずかだと知っていた。たとえ僻地の市町村であろうと党のあらゆる秘書官のあらゆる電話番号を把握していたコールと異なり、メルケルは地方に有用なつてがなかった。情実を交えた人間関係や奉仕行為はメルケルの仕事の流儀にはなかった。彼女は腹心の部下ペーター・アルトマイヤーを始めとする自身の人脈に頼った。メルケルはつねにアルトマイヤーをそばに置き、連邦首相府長官や大臣の地位を与えている。FAZへの寄稿のちょうど一年前、彼女は、量子物理学以外にも色々話の合うヨアヒム・ザウアーと結婚していた。メルケルは信頼できる二人の女性からなる精鋭チームを作った。このベアーテ・バウマン、エーファ・クリスチャンセンの二人は今なお首相官邸でメルケルに仕えている。有名になったメルケルの寄稿について唯一知っていたのがこの二人であり、バウマンに限っては、普段メルケルの原稿のほとんどを書いていることから、おそらく寄稿にも関与したと思われる。

アンゲラ・メルケルにとって、ヘルムート・コールは第二の崩壊すべき壁だった。ベルリンの壁と同じく、コールという壁の崩壊も唐突だった。アドラースホーフの科学アカデミーで彼女の同僚だったミヒャエル・シントヘルムは「あれだけの大物に闘いを挑むことができるのはアンゲラだけでした。彼女は他の人とは違っていましたし、彼女だけは政界の闇とは無縁でしたし、他の人たちのように、コールに威圧されていませんでしたから。彼女は他を振り切って大海原にひとり漕ぎ出したくなったのです。統一後のドイツで、我々東ドイツ出身者は上の世代に対してそれまでと同じような遠慮は感じていませんでした。西ドイツに我々の父親的存在はいなかったのです」と述べている。

しかしこれで終わりではなかった。埋葬する地下室にはまだ余裕がありヒ素も残っていた。また一人の男がアンゲラ・メルケルの前に現われた。バイエルン州首相であり、CSU（キリスト教社会同盟）党首のエドムント・シュトイバーである。CSUはCDUの姉妹政党でバイエルン州に地盤をもち、圧倒的支持を誇る保守的な党だった。シュトイバーは二〇〇二年の連邦議会選挙を前に首相候補として有力視されていた。

当時のメルケルはやや求心力に欠けていた。権力を握ったゲアハルト・シュレーダー首相は敏腕を発揮した。社会民主主義者としては予想外の自由主義的改革を打ち出し、経済界から称賛された。CDU党首メルケルは内心ではこの改革を認めていたし、後々その成果をまっさきに享受することになったが、政治の駆け引きで求められるのはまた別のことであり、ある種のポーズが必要だった。メルケル自身の陣営では秘密結社的存在の「アンデス協定」グループが、慎重な構えを見せていた。バイエルン州のエドムント・シュトイバー、若手弁護士フリードリヒ・メルツといった党の有力者がメルケルに対抗していた。当時ヘッセン州首相だったローラント・コッホは、二〇〇二年の選挙に立候補するのを断念するよう彼女に強く言った。「二〇〇一年冬、私はメルケルに電話し、首相候補になるというあなたの計画はCDUのためになるとは思えない、と歯に衣着せず言いました。当時の彼女には貫禄というか、必要なオーラがなかったですから」と、アルテ（独仏共同出資のテレビ局）のドキュメンタリーで述べている。各州の重鎮らは積極的に声を上げ、意見は分かれた。シュレーダーはうまく手を打ち、保守系陣営を分裂させ弱体化させることに成功した。二〇〇一年末にニュルンベルクで開かれたCDU・CSU党大会で党員らは、相手にしたくもないメルケルが演説しているあいだ、あくびをしながら堂々と新聞を読み、シュトイバーを本命として持ち上げた。

メルケルは事の次第を悟った。選挙は近づき、シュレーダーから首相の座を奪うには形勢不利だった。尻尾を巻いて逃げたという印象を与えず戦場に赴かないでおくにはどうすればよいかが問題だった。メルケルがいかに巧みにこの葛藤を解決したか、その切り抜け方は、このとき比類ない策士に変貌を遂げつつあったことをまさに示している。科学者の精神、確固たる価値観、権力の根深さを長年味わってきた経歴がメルケルの中で渾然一体となっていた。そのうえ、ぽっと出のように素知らぬ風情で周囲をあざむき続けるのだ。こうしてアンゲラ・メルケルは頭ひとつ抜けた政治家になった。巧みな腕前だった。

初めて意欲を示した首相候補選びで不利な戦いを強いられたものの、メルケルはその手腕を最大限生かした。まず時間を稼ぎ、周囲に気を持たせた。党の首相候補は二〇〇二年一月一一日に決定することになった。メルケル、シュトイバー、メルツの三人の名前が挙がっていた。メルケルは一月初めのぎりぎりになってようやく立候補を正式に表明した。シュトイバーはなおも正式な表明をしなかった。マクデブルクでCDU幹事会が開かれる前日、CDU党首メルケルはバイエルンに赴き、ミュンヘン南西のヴォルフラーツハウゼンにあるエドムント・シュトイバーの自宅で朝食を共にした。そこで話は決まった。勝ち目がないと知ったメルケルは度量——諦め、無私無欲、誠意——を見せ、自分の代わりに首相候補となっていただきたい、とシュトイバーに言った。最初にシュトイバーの自尊心をくすぐった。「私も立候補したかったのですが。私なりの展望がありますし、たぶんあなたのものとは異なる取り組みも考えていましたが、皆さんからの抵抗がありすぎるように感じています。ですので、候補にはあなたがなられる方がよいと思います」と彼女は打ち解けた口調でささやいた。みごとなすり寄り方だ。マキャベリズムここに極まれり。シュトイバーはすっかり気を許した。

メルケルはしばらく時間をおいて、またすぐにミュンヘンに来た。バイエルン州首相官邸でエドムント・シュトイバーとこの間の続きを話し合う機会を設けたのである。首相候補となるのを諦める代わりに、「CDUが敗北した場合」、今の党首職と、さらに連邦議会CDU・CSU連合議員団長職の二つのポストを兼務させてもらえないかとメルケルは持ちかけた。当時、議員団長は、うまい具合にライバルの一人、フリードリヒ・メルツが務めていた。メルケルはシュトイバーを相手に、昔話のカラスとキツネを演じた。ラ・フォンテーヌの寓話によると「おべっか使いは真に受ける相手のおかげで生きている」。あなたのさえずりはさぞかし美しいでしょうねと言われて舞い上がったカラスのシュトイバーはくちばしを開け、せっかくの獲物を落としてしまうのだ。お世辞を言ったキツネのメルケルは、カラスのシュトイバーを危地に追いこんだ手ごたえを感じた。シュレーダーは簡単に勝てる相手ではなかったからだ。メルケルはしおらしく首相候補を譲るふりをしながら、まだ何も知らないメルツの地位（連邦議会議員団長）を自ら確保した。もしこの通りだとすれば、並大抵の腕前ではない……。

さらに運が味方した。選挙期間中、ドイツ南部で大規模な洪水が起きた。シュレーダー候補は機に乗じるのがうまかった。長靴をはき、迅速に対応し国民に寄りそう心温まる姿であらゆるテレビに映り続けたのである。シュトイバーは完全に出遅れた。二〇〇二年九月二二日、シュレーダーはわずか六〇〇〇票あまりの僅差で勝利し、緑の党との連立政権で続投することになった。アンゲラ・メルケルは機が熟すのを待った。彼女の周りには、党の中道主義をともに支持するCDU議員のグループが形成され、のちにメルケルの腹心や無条件の支持者となった。彼らの中には、二〇二一年一月にCDU党首に選出されたアルミン・ラシェット、同じ党首選で敗北したノルベルト・レットゲン、閣僚になったフリードベルト・プフリューガー、エッカルト・フォン・クレーデン、そして腹心中の腹心、連邦首相府長官や財務相を歴任したペーター・アルトマイヤーがいる。週刊誌『シュテルン』は「アンジー（アンゲラの愛称）のボーイズグループ」と呼んだ。

メルケルは戦利品をたんまり手にした。コール、ショイブレ、シュトイバー、メルツ、そして彼女が孤立させるよう画策したヘッセン州首相ローラント・コッホを始め、蹴落とされた者は他にも何人かいた。ムッティ（お母さん）の地下室には少なくとも五人の遺体があった。二人のライバルのうち、シュトイバーはバイエルンの奥深く追い返され、メルツは連邦議会連合議員団長の座を明け渡した。連邦議会は首相官邸から目と鼻の先、あと一歩だ。メルケルの計算と賭けが当たったのだ。チェスプレイヤーのごとく、メルケルはシュトイバーに対する敗北を、一期待って首相就任という勝利に変えた。策略家メルケルの得意技は何食わぬ顔をすることだ。政界の男たちが生き馬の目を抜くような戦いをするのをしり目に、メルケルはCDUのライバルたちとがっぷり四つに組むようなことはせず、目立たぬように攻撃をしかけ、彼らを共食い状態にした。メルケルがドイツの首相になったとき、シュレンドルフはフィルムを巻き戻すように過去を振り返った。「アンゲラはほんとうに機を見るに敏な策士ですね。今の自分は認めてもらえないと分かっていたし、シュトイバーもコケるだろうと思っていたのです。彼女は当時、私にそう言っていましたからね。結局のところ、彼女は救い主として登場するのです。ドゴール並みの大勝負ですよ！　すごいねと彼女に言いました」とシュレンドルフは言う。フリードリヒ・メルツといえば、二〇二一年一月、今度こそはとCDU党首選に出馬し、メルケル路線踏襲がもっとも明らかな彼女の側近、アルミン・ラシェットと対決してやはり敗れたとき、彼は何を思っただろう。二〇〇二年一月にむざむざと踏みにじられて以来一九年間、メルツは虎視眈々、復讐の機会を狙っていたのだ。メルケルは後継者選びに介入せず、この選挙戦にも関わらなかったが、メルツ落としに二度成功していた彼女は到底かなう相手ではなかった。

二〇〇九年、私はヴォルフガング・ショイブレに会いに行った。当時は財務相の立場にあり、政府の重鎮だった。ショイブレは一九九〇年の連邦議会選挙戦中の大集会で、ある精神疾患を持つ男性に襲撃されて脊髄を損傷して以来、車椅子生活を送っていた。彼は礼儀正しく一瞬笑みを浮かべてから、メルケル首相のこと、そしてコールを踏み台にしてのし上がり、追放したことについて語った。「アンゲラ・メルケルは間違いなく権力欲がありますし、忍耐力は彼女の大きな強みのひとつです」と、いかにもといった風に私に言った。有名になった一九九九年のFAZへの寄稿に触れると、それによって大きな痛手を受けたはずのショイブレは、寛大にも、恨む気持ちはさらさらないときっぱり言った。「あの手紙で彼女は一か八かの大勝負に出たのです。負けてもおかしくなかったのですが、彼女は勝ちました」。机の前の彼は泰然とした態度をくずさず鋭いまなざしで、ただこうつけ加えた。「一九九九年一二月二二日、私は、アンゲラ・メルケルがドイツ初の女性首相になることを理解しました」。

第11章 ガールズ・キャンプ

「権力を持つ女性はつねに疑いの目を向けられる」

エリザベート・バダンテール（哲学者・作家）

前首相ヘルムート・コールとCDU党首ヴォルフガング・ショイブレを痛い目にあわせ、さらにライバルのエドムント・シュトイバーを追放するという究極の離れ業をアンゲラ・メルケルはひとりで企んだわけではなかった。目立たぬながらつねに控えている陰の実力者がいつもアンゲラのそばにいる。ベアーテ・バウマンは裏方としてメルケルの手足となって働く腹心の部下だ。彼女はしきりに笑いながら、アンゲラがいかにしてシュトイバーを思いのままに操り、ほしいものを手に入れたか、話してくれた。「そういうふうに仕向けたのは彼女なのに、シュトイバーに、なにもかも自分で決めたような気にさせていました。彼は知らず知らず彼女の思う壺にはまっていました。すごかったですよ」。

アンゲラはベアーテに会ったとき、脚を骨折して入院中だった。一九九二年のことだ。女性・青少

ガールズ・キャンプ。首相就任のはるか前から、２人の女性がメルケルの脇を固め、腹心の部下として仕え続けている。トリオとなったこの３人は、ＣＤＵを支配する男性たちと対峙し結束した。左側が「連邦首相府政策立案、イノベーション、デジタル政策統括担当」エーファ・クリスチャンセン、右側が「事務局長」であり特別な側近であるミステリアスなベアーテ・バウマン。写真提供：ロイター/アフロ

年相に抜擢されたメルケルはコール内閣の若い新人でありコールの「お嬢ちゃん」だった。ＣＤＵの友人、クリスチャン・ヴルフが彼女を見舞いに訪ねてきた。ヴルフはのちにドイツ連邦大統領となった人物だが、当時はニーダーザクセン州のＣＤＵ代表部のメンバーだった。話のついでにたまたまメルケルは、女性の部下がほしいと漏らした。「ベアーテ・バウマンに頼めばいい。彼女は英語とドイツ語の先生になるつもりでいるけれど、ニーダーザクセンのユンゲウニオン（ＣＤＵの青年組織、ＪＵ）でひじょうに活躍している。彼女がいいよ」とヴルフは言った。話は決まった。二九歳だったベアーテ・バウマンは進路を変更し、大臣に仕える身となった。まだ脚にギプスをしていたアンゲラ・メルケルは女性省の特任官吏のポストを与えた。環境相に任命

された一九九四年、さらに任期を更新した。この余人をもって代えがたい部下バウマンはCDU、連邦議会の政治団体、首相官邸、どこへでもメルケルに同行する。

ベアーテ・バウマンはまたたくまにかけがえのない存在となった。とくに一九九九年にCDUのヤミ献金が発覚し、ヘルムート・コール前首相とCDU党首ヴォルフガング・ショイブレが名を汚したとき、バウマンの代わりは誰にも務まらなかった。当時CDU幹事長だったアンゲラ・メルケルは、あれこれ策謀を巡らす指導者たちとは距離を置いていた。ベアーテ・バウマンはアンゲラに対し、完全に忠実だった。この一触即発の時期にアンゲラとバウマンのあいだでちょっとした習慣ができた。毎夕、バウマンは中央駅で翌日の新聞を買い、隅から隅までチェックする。翌朝、アンゲラの執務室に顔を出し、ろくに挨拶もせずただ「問題ありません」とだけ言う。アンゲラは分かったという風に頷く。こうしてアンゲラとバウマンのあいだに阿吽《あうん》の呼吸が成立し、バウマンはアンゲラに仕え影響力を増していった。アンゲラとバウマンの密な関係が波紋を呼んだ。バウマンのアンゲラへの忠誠、周囲に及ぼす影響力の拡大がいやでも目につき、二人の距離の近さに周囲はいら立った。メクレンブルク＝フォアポンメルン州のCDU事務局長クラウス・プレシュレは、メルケルがCDU党首になったときからすでに苦々しく思っていた。「何でもかんでもバウマンを通さなければいけない仕組みに私は前から反対でしたが、メルケルさんは、私がそう言うと嫌な顔をしました。ベアーテ・バウマンがいればアンゲラ・メルケルは安心して仕事ができ、バウマンはいわばメルケルの分身です」。メルケルは周囲の不満にもかかわらず、なにも変えなかった。バウマンがすべてを決め、必要となれば面倒な人に対しては「そういうことです。首相の希望ですから」と言わんばかりにさっさと退ける。追い払われた方はまたこの仕打ちかと思うのだ。

少し後の一九九八年秋に、もう一人、エーファ・クリスチャンセンという女性がこのコンビに加わった。アンゲラ・メルケルがCDU副党首のときで、クリスチャンセンはスポークスパーソンになった。バウマンと同じように西ドイツ出身のカトリック信者だった。アンゲラは彼女たちに、自由が当たり前のものではなく、どれほどありがたいことかを改めて気づかせた。トリオとなった彼女たちは結束を固め、党のヤミ献金スキャンダルが影を落とすなか、ヘルムート・コールの政界引退につながる秘密を守りながら、CDUを支える男性軍と対峙した。以来この三人はつねに一丸となって働いている。首相官邸で、バウマンは「事務局長」であり、クリスチャンセンはメディア対応、企画と戦略を取りしきっている。

バウマンとクリスチャンセン。にこやかなブロンドととっつきにくいブルネット。ポニーテールにピンクのTシャツの女らしいクリスチャンセンと、ショートカットで地味な色しか着ない、アクセサリーも化粧もしない、ボーイッシュなバウマン。おしゃべりと無口。優しいお目付け役とコワいお目付け役。アンゲラが六〇代の今、二人とも五〇歳を過ぎている。死ぬまで忠実なこの二人は、秘密を墓場まで持っていくだろう。一九九九年、ヘルムート・コールを標的とする父親殺しのため、FAZ（フランクフルター・アルゲマイネ紙）にアンゲラ・メルケルが送った有名な原稿の秘密をこの二人だけが知っている。バウマンの方がクリスチャンセンより先に知らされた。重要な場面でのアンゲラのスピーチや文書にはすべてバウマンの手が入っていることから分かるように、おそらくバウマンは前もって知らされただけでなく、一枚加わっている。そしてコール追放に発展したこのFAZへの寄稿は他の何より重大だったことになるだろう。アンゲラは周囲と距離をとるだけに、こうした絶対的な腹心の部下はますますかけがえのない存在になる。不安を抱かせる者を遠ざけ、イデオロギーに凝り固まらず仕事をし、派閥を避けると、結果的に頼りになる友人が少なくなる。フォルカー・シュレンドルフに打ち明けたように、「空気が薄くなる」のだ。いまいましく思ったCDUの男たちは、さっそく、ガールスカウトの三人娘といった意味で「ガールズ・キャンプ」と女性トリオにあだ名をつけた。見下した感じのあるこの呼び方を耳にしたアンゲラ・メルケルはフーゴ・ミュラー＝フォッグにこうコメントした。「『ガールズ・キャンプ』、聞いたことがないほど面白い発想の言葉ですね。責任ある立場の女性が他の女性たちに取り巻かれていると、いつも変に思われて、よく井戸端会議グループのような言い方をされるのです。ですからこの呼び方はトゲがあると同時に楽しいのです」。

アンゲラ・メルケルはフェミニストなのだろうか？　東ドイツでは、平等主義的イデオロギーは男女間にも適用されていたので、フェミニズムは彼女にとって取り組むべき課題ではなかった。メルケルがフェミニズムを理解するようになったのは、CDUに加入してからである。CDUは、さらに保守的な姉妹政党でバイエルン州の地域政党であるCSU（キリスト教社会同盟）と連携しており、この二つの政党は、平等思想や社会道徳において進歩主義的な考え方にはあまり染まらないカトリック信者の男性が主流派だった。女性と東ドイツ出身者の比率を満たすため、コール首相がロタール・デメジエールの推薦に従ってメルケルを呼び出し、大臣職を提示したとき、最初に彼女が受けて困惑した質問は、「あなたは女性とうまくやっていけますか？」だった。そのすぐ後、シュトラールズント＝リューゲン＝グリンメン選挙区の議員に選出され、早々にヘルムート・コールから女性・青少年相に抜擢されたとき、彼女はこの質問を思い出した。閣僚になったのはもちろん嬉しかったが、与えられた責務は強い関心を抱いていたことではなかった。「実を言うと、ドイツが大きく変動していたときに、女性や青少年といったテーマにあまり関心はなかったのです」と、ミュラー＝フォッグに明かしている。女性問題を扱う大臣となったメルケルは男尊女卑的な軽視を受けたり男たちから嫌味を言われたりした。トーマス・デメジエールが、もう少しセンスのいい服を着るよう、やんわりとアドバイスし、彼女もそれなりの努力はしていたが、それでもからかいや不快な言葉は避けられなかった。タブロイド紙『ビルト』は彼女の丈の長い服を流行遅れのヒッピー風だなどとしきりに揶揄した。西ドイツ、とくにCDU・CSU内の性差意識の根強さや、社会における三K（Kinder《こども》, Kirche《教会》, Küche《キッチン》）の重みをメルケルは知った。女性の役割とされるこの三つの仕事は彼女が受けた教育とは相容れなかった。

　では、アンゲラ・メルケルはフェミニストなのだろうか？　二〇一七年四月にベルリンで国際女性G20が開催されたとき、この問いが投げかけられた。メルケルはIMF専務理事クリスティーヌ・ラガルドやアメリカ大統領の娘イヴァンカ・トランプとともに演壇に上がっていた。「首相、ご自分はフェミニストだと思われますか？」と一人の記者が尋ねた。「正直申しますと、そうありたいところですが……私はフェミニズムの歴史に連なるとも言えますが、ぴったり当てはまるわけでもありません。ですから偉そうにフェミニストですなどと言いたくありません」と、メルケルは慎重に言葉を選びながら答えた。「例えば、アリス・シュヴァルツァー（著名なドイツのジャーナリストでありフェミニスト）や彼女のような女性たちは、まさに厳しい闘いをしてきましたし、その後から来た身で、彼女たちの功績を笠に着て『すごいでしょ、私はフェミニストです！』などとは言えません。ですからもし私がフェミニストの一人だとお考えならそれはたいへん結構ですが、自らこのレッテルを貼る気にはなれません」。

まさしくその有名なアリス・シュヴァルツァーが、アンゲラ・メルケルにすばやく着目したのだった。メルケルが女性・青少年省に着任した一年目から、シュヴァルツァーは男女平等に関する法改正の計画を注意深く見守ってきた。職場のセクシャルハラスメントや企業における不当な能力評価に罰則を加え、公共サービスにおける平等を認めることが狙いだったが、それは時期尚早だった。メルケルは女性蔑視的な悪口を言われ、CDU内では気を使って「かわいい娘さん」と言われるのがせいぜいだった。メディアも同じ調子だった。フェミニズム雑誌『エマ』を創刊し今なお主宰するアリス・シュヴァルツァーは憤りを感じ、アンゲラ・メルケルに連絡して面談を申し込んだ。アリス・シュヴァルツァーは「もちろん私がボンまで出向くつもりでしたが、アンゲラはどうしても自分がケルンへ行くと言ってききませんでした。『エマ』の編集部があるケルンとは三〇キロメートルも離れていたのに、です。そうでなくてもアンゲラはとても腰が低い人でした。ライン川のほとりの『トゥリオ』

有名なフェミニストのアリス・シュヴァルツァー（右）とは、メルケルが女性・青少年相だった頃（1991年～ 1994年）に親しくなった。Photo/Getty Images

というイタリアンレストランで一緒に食事しましたが、彼女の頭の良さと率直さには感心しました」と述べている。アンゲラは、一九九一年夏のヘルムート・コール訪米に同行し、帰って間もない頃だった。アンゲラは若い頃から憧れ続けたアメリカを訪れることができた喜びをアリスに語った。コールとアンゲラは、ビバリーヒルズに足を運んでコールの旧友、ロナルド・レーガン元大統領を訪問し、ホワイトハウスでジョージ・H・W・ブッシュに会ったという。アンゲラとアリスは、女性の就職が失業者増加の原因となるという説を広めたレーガンについて、よくもあんなことが言えるわね、と言いあって盛り上がった。

アンゲラは訪米中に読んだ本の話もした。世界的ベストセラーになろうとしていた、スーザン・ファルーディの *Backlash: The Undeclared War Against American Women*（邦訳『バックラッシュ――逆襲される女たち』伊藤由紀子・加藤真樹子訳、新潮社、一九九四年）である。ファルーディは一九八〇年代からアメリカを席巻していた、女性差別主義者による反撃を批判していた。アンゲラの熱意を感じ取ったアリスは、『エマ』誌にそれについての記事を書いてはどうかと勧めた。アンゲラは大喜びだった。こうして「権力への歩み」と題した女性相メルケルの記事が掲載された。閣僚らしい論調ではなく、CDU党員らしさはさらになく、むしろ『エマ』誌の積極的な女性編集者らの論調に倣った文章だった。「ドイツでは男性が、何人かの女性をお飾りに据えてよしとし、世論を形成していく」とメルケルは書き、メディア、政党、利益団体、実業界、社会活動において女性は高い地位についていない事実を取り上げた。「私がこの本から得た教訓のひとつは、我々女性は制度の克服を目指して歩み続け、公権力に関わっていかねばならないということだ。それは法律を作れば即、実現できるというものではない。男女平等への闘いはスパイラルを描いて進行する。一歩下がって一歩進む、少しずつだ」。

アリス・シュヴァルツァーがアンゲラ・メルケルを支持しているという事実に周囲は当惑し眉をひそめた。フェミニズムとドイツ左翼の旗手が、保守的なCDUの大臣のファンになるとはいただけない、というわけである。一九九二年に初めてイタリアンレストランで会食して以来、二人は年に一回、レストランか、ケルンのアリス宅か、首相官邸で会っている。左翼はアリス・シュヴァルツァーが政敵の御輿を担いでいると非難した。「彼女は面白い人ですし、大好きです。保守政党の代表なのに保守的ではないですし。彼女はフェミニストですかって？　分かりません。改まって話したこともありません。男女平等は彼女にとっては当たり前のことなんです。そこをどうやって闘おうとするのか、私は知りません」と、シュヴァルツァーは答えた。

アンゲラ・メルケルは女性・青少年省に旧東ドイツの空気をほんの少し吹き込んだ。旧西ドイツのフェミニストたちは、男女平等が自明の理だった旧東ドイツの女性が女性相に任命されたことを歓迎した。メルケル大臣は人工妊娠中絶法案を練っていた。この方面でも旧東ドイツは、CDUの保守的なカトリック信者が牛耳っていた旧西ドイツより進歩的だった。メルケルは「二一八条」という名で知られる論争の中心になった。中絶は違法であり懲役数年の刑に処するとした刑法の条番号である。アリス・シュヴァルツァーは、この番号が象徴的に取り上げられた一九七〇年代のフェミニズム運動の旗振り役だった。フランスのシモーヌ・ヴェイユが、熾烈な戦いの末、人工妊娠中絶を合法とするヴェイユ法を成立させてから一七年経った一九九一年、同じ問題がドイツ社会と連邦議会を揺るがした。この問題は統一会派を組むCSU（キリスト教社会同盟）とCDU（キリスト教民主同盟）の分裂を招き、CSUの保守主義者とCDUの先鋭的進歩主義者は激しく対立した。いくぶん迷ったヘルムート・コールはこの案件をメルケルに任せた。メルケルは法案を準備し、またこのために、政治的助言者の一人、ロタール・デメジエールに相談に行った。デメジエールなら弁護士という職業柄、有益な助言が得られると踏んだのである。彼は法律上の解決策を見つけるためのヒントを彼女に与え、かくて妊娠中絶に関するメルケル法は、キリスト教徒とフェミニストの双方を立てる八方美人的な、いかにもメルケルらしい折衷案となった。妊娠中絶は違法だが容認される、たしかに生命を傷つける行為だが、社会はこの「難しい決断」に直面した女性を援助せねばならない、としたのである。メルケルに対し、SPDの社会民主主義者やFDPの自由主義者は、中絶を処罰の対象から外すよう要望した。彼らの法案は連邦議会で採り上げられたが、採決の段になってメルケル大臣は棄権した。

メルケルは思い切った決断には至らなかった。牧師の娘か、女性の主義主張に敏感な東ドイツ出身女性か、双方の立場のいずれにも満足できず、自分の中のどちらの部分も選ぶことができなかった。「CDU案は厳しすぎると思いましたし、SPD案は憲法にそぐわないものでした」。憲法裁判所の意見を徴したのち、ようやく採択された改革案は、メルケル法案に近い、どっちつかずの総花的な解決策になった。その戦略と優柔不断さは変わることなく、二〇一七年にも同じパターンを繰り返し、同性婚の合法化に反対していた姿勢を覆し、法案の採決を急転直下行ったものの、メルケル自身は反対票を入れた。まったく同じ論法で、同じ目標に向かったというべきか。合法化を長年主張してきたSPDを出し抜きながらも、今後も連立を組む見通しをちらつかせてなだめたのである。

アンゲラ・メルケルは内閣よりも党内でさらに多くの方針を変えた。メルケルが東ドイツ出身の女性であることは、人材の比率のバランスを満たしただけでなく、硬直したCDUに新風を吹き込んだ。ベアーテ・バウマンとエーファ・クリスチャンセンは西ドイツ出身ではあるが、結束の固いガールズ・キャンプはしきたりを変えていくメルケルをわきで支えた。そこへまた、第三の女性が登場し、メルケルはこの女性を頼りにしながら、（二〇〇〇年から党首を務める）CDU、さらにはドイツの改革を進めることになる。外見はじつに大人しい保守派だが、近代化に重要な役割を果たすことになるこの女性こそウルズラ・フォン・デア・ライエンである。今や欧州委員会委員長であり医学博士でもあるフォン・デア・ライエンは、二〇〇三年、ニーダーザクセン州社会・婦人・家族・健康相に任命され、翌年、CDU幹部に加えられた。

メルケルとフォン・デア・ライエン。かつてあった壁を隔てて五年違いで生まれたこの二人のドイツ人女性は、相違点と類似点を同じ濃度であわせ持つ。メルケルはみにくいアヒルの子としてCDUに滑り込んできたが、フォン・デア・ライエンは完璧なカトリックの保守派であり、古い家柄のブルジョワ階級の出身で、七人の子持ち、CDUの重鎮の娘、趣味は乗馬と音楽、多言語を話し、きらびやかな学歴をもっている……しかし、二人とも科学者で、政界入りは遅かった。二人とも実務家であり、節度と慎ましさと価値観のある女性であり、政治家として同じスタイルを貫いている。そして二人とも、保育所の大幅増設——軍隊をもふくめて——を提案し、女性は家庭におさまるべきとする伝統に一石を投じ、保守的なCDUに揺さぶりをかけた。メルケルはCDUの改革と近代化の設計者であり、フォン・デア・ライエンは名工である。

首相となり、大連立政権の頂点に立ち、CDUとSPD(社会民主党)という対立する二政党を率いたときほど、保守派の皮をかぶったメルケルがのびのびと力をふるえたことはない。このように敵対する政党が、妥協しつつ足並みを揃えることを前提として連立政権を組むことはフランスでは考えられないが。この対立政党が協調する関係、(マクロンの口癖ではないが)「同時に」並存する状況において、メルケルは面目躍如たる手腕を示した。いかにもCDUらしいCDU代表ではなかったからこそ、交渉と妥協の名手ぶりを発揮した。メルケルは元々保守主義者ではなかった。東ドイツの出身だったのだから。彼女は保守政党を旧弊から脱却させた――方向性を失わせ、アイデンティティを奪いながら。皆がそれに気づいたのはずっと後のことだった。友人の俳優、ウルリヒ・マテスは「彼女は反動的で狷介《けんかい》だった政党を親しみやすい政党に変えました」と述べている。彼自身、二〇一七年に彼女に票を入れたことに自分で驚いている。なにしろ「ヘルムート・コール率いるCDUに投票するくらいなら手を切りおとしただろう」というほどの絶対自由主義的左翼なのだから。マテスはメルケルに初めて会ったとき、自分はSPDか緑の党にしか票を入れない、と言っていた。彼女は動じずに「全然かまいません、私に入れてくれる人は十分いますから！」と答えたという。

メルケルはいつも通り、価値観を基盤に政治的戦略を立てた。党の政策を中道に近づけイデオロギーを定義しなおすことにより、彼女の信念に沿いながら、かつライバルのゲアハルト・シュレーダーを出し抜くという二つの利点があった。シュレーダーは同じことを逆方向からしていたのである。東西ドイツ統一後の経済停滞と失業率悪化に直面した左派のドイツ社会民主党は、トニー・ブレアが提唱した「第三の道」（旧来の社会民主主義と新自由主義を折衷し新たに打ち出した政治路線）の影響を受けて方向転換した。シュレーダー政権の新自由主義的な改革は左派の分裂を招いた。シュレーダーに批判的だったオスカー・ラフォンテーヌ財務相は一九九九年に辞職し、のちに左派党（リンケ）結成に関わった。いっぽうメルケルは、社会民主党の運動方針の一部を我が物のように標榜し、彼らを弱体化した。のちに彼女は「SPDで最良の首相」というあだ名をつけられることになる。メルケルはマキャベリストだった。地方選で連敗し続け、追い詰められたシュレーダー首相は総選挙を一年前倒しで実施すると発表した。

投票の結果、シュレーダーは敗北し、逆上した。二〇〇五年九月一八日に行われた総選挙で、メルケル率いるCDU・CSUは戦後最悪の得票結果に終わったものの、シュレーダーのSPDをわずかに上回った。シュレーダーは信じられなかった。立派な改革をしてきた自分が、あのぱっとしない女にしてやられるとは！　僅差の勝利だったため、どちらから首相を出すかをめぐってCDU・CSUとSPDは互いに争った——首相選びは連立を組む話がまとまってから行われる。ゲアハルト・シュレーダーは自分自身の勝利という結果しか想定していなかった。「安定した政権」を樹立することができるのは自分だけだ、というのがシュレーダーの持論だった。選挙当日の夜の異様なテレビ討論を振り返ってみよう。敗北し、なりふり構わず暴言を吐くシュレーダーは、権力とお気に入りのボルドーワインに酔いしれ、辛辣な卑語をつぎつぎ繰り出すユビュ王〔アルフレッド・ジャリの戯曲〕のようだった。シュレーダーは敗北を認めようとせず、首相はあくまで自分だと言い、あっけにとられて黙っているメルケルを侮蔑的な言葉で攻撃した。メルケルが政権を執るなど考えられない、と嫌味たっぷりに述べた。「SPDとの連立政権を率いるような力量がないことは明らかです。メルケルさんは首相になりたいと言っていますが、彼女からの話し合いの申し出に我が党が応じられると、皆さんは本気でお思いですか？」。これには皆が不快感を抱いた。SPD（社会民主党）に加入していたアンゲラ・メルケルの母親が党員証を返上することになったほどである。女性蔑視に凝り固まったシュレーダーは、メルケルに一瞥もくれず「彼女は首相の器ではありません！」となおも叫んだ。二か月後、アンゲラ・メルケルはＳＰＤとの連立政権の首班に選ばれ、ゲアハルト・シュレーダーは政界から去った。

それにしてもＳＰＤと大連立を組むことで合意してから、一一月二二日にメルケルが連邦議会で首相に選出されるまで、思わぬ時間がかかった。二か月である！　さまざまな党間の連立が想定され、限りなく憶測が飛んだ。当のＣＤＵ・ＣＳＵでさえ、アンゲラ・メルケルが首相として適任かどうか、最後まで逡巡した。ドイツ特有の綿密な交渉が重ねられたのは確かだが、基本的にカトリック中心の男性社会であるＣＤＵで、このみすぼらしい身なりの東ドイツ出身の女性は規格外であり、国の代表とすることに最後まで抵抗があった。女性が首相候補に指名されたのはドイツの歴史上初のことだった。ましてや女性首相誕生となると……受け入れがたかった。エリザベート・バダンテールがオーストリアのマリア・テレジアについて書いた *Le Pouvoir au féminin*（『女流の権力』フラマリオン社、二〇一六年）のなかで引用している言い古された言葉がある。「権力を持つ女性はつねに疑いの目を向けられる」。あれで適任なのかと疑われ、力量を疑われ、統治に必要な人格と胆力があるのかと疑われる。あらゆる点で疑われるのだ。

パリのリュクサンブール公園をいっしょに散歩しながら、エリザベート・バダンテールは電子タバコをふかしつつ、アンゲラ・メルケルと、一八世紀のヒロイン、オーストリアのマリア・テレジアの類似点について楽し気に縷々《るる》語ってくれた。マリー＝アントワネットの母マリア・テレジアはきわめて現代的な価値観を持った人物であり、二一世紀の女性たちの生き方に通じるものがあるとバダンテールは述べ、アンゲラとマリア・テレジアを並べて論じた。「ええ、面白いのよ、そう考えると、二人には共通点が色々あるのよ！」と、フェミニストの哲学者バダンテールは言った。「二人とも、権力の行使以上に、その個性が際立った政治をしました。二人とも、保護と信頼を感じさせ、国民に安心感を与えました。何事もじっくり検討し、思い込みを捨てて他者の意見に虚心に耳を傾け、協調的精神をもち、強権をふるわず、『男性的ではない』統治への意志を示しました。二人とも裏と表を使い分けるのが上手でした」。二〇〇年の隔たりを越え、二人はいずれも傑出した人物と見なされている。エリザベート・バダンテールは「一般的な原則として、女性はやむを得ない場合、すなわち男性がいない場合にしか統治者になれない」と書いている。二一世紀のマリア・テレジアはことごとく男たちを退け、「アンゲラ・メルケルはドイツ初の女性首相になる」という一九九九年のヴォルフガング・ショイブレの予感は当たった。しかも最年少で。

二〇〇五年一一月二二日に連邦議会で、一九四五年以降の歴代首相の名が重々しく読み上げられたあとに自分の名前が続いたとき、メルケルは少しだけ笑みを浮かべた。それだけだった。まっさきに祝ってくれたのは恩師であるテンプリンの元数学教師、ハンス＝ウルリヒ・ベースコウだった。彼女がごく若い時から、その論理的思考力、分析力、戦略的知力を見抜いていた人だった。メルケルは、ベースコウを招いて首相指名選挙を見守ってもらった。ライトブルーの目をした朴訥な数学の先生は「首相執務室で、スパークリングワインで乾杯しましょうって言ってくれたんですよ」と言った。アンゲラの両親、ホルストとヘルリント・カスナーも来た。弟のマルクス、妹のイレーネ、昔からのつきあいのアンドレア・コスターを初めとするメクレンブルク選挙区の人々もいた。アンゲラの夫ヨ

2005 年、首相に選ばれたアンゲラ・メルケルをはさんで座る、彼女が踏み台にした人々の中でも代表格の２人。右にバイエルン州首相エドムント・シュトイバー、左側がヘルムート・コール首相。
Photo/Getty Images

アヒム・ザウアーはその中にいなかった。その夜、連邦議会に顔を見せることすらしなかった。驚いている人々に、メルケルは「あら、彼はテレビで見ているわ！　ゆっくりしているのが好きな人だから」と答えた。しかし職務に忠実な「ガールズ・キャンプ」はもちろんいた。バウマンとクリスチャンセンは首相官邸に足を踏み入れた。

第12章

首相官邸の三人の女性たち

「私は虚栄心の強い方ではありません。男性の虚栄心を利用するのがうまいのです」

アンゲラ・メルケル

二〇〇五年一一月、首相官邸に入ったアンゲラ・メルケルが真っ先にしたことは、「ガールズ・キャンプ」の配置だった。前任のゲアハルト・シュレーダーは、女性事務局長を自分の執務室の一階下になる七階に置いていた。新任のメルケルは「ボス」のフロアとなる八階を整備し、ベアーテ・バウマンの執務室とメルケルの執務室を隔てるのは秘書控室だけにし、ドアはほとんどの場合開けておくようにした。アンゲラ・メルケルが政権を握ってきた二〇〇五年から二〇二一年までの一六年間が危機の連続となり、重大な局面が常態化していなければ、忠実な助手バウマンは、環境省にいた古き良き時代と同じようにあいかわらず、朝、顔を出してお得意の「問題ありません」を言い続けられたことだろう。またメルケルは連邦首相府長官を自分のそばに置くことにもこだわり――忠実なペーター・アルトマイヤーは経済エネルギー大臣となり、彼の補佐だったヘルゲ・ブラウンが連邦首相府長官の地位を継いだが――隣接した執務室に配置したが、同じようにいつでも直接行き来できるようにはしなかった。バウマンと異なり、報道機関と対応するエーファ・クリスチャンセンは下の七階に控えている。

三人の女性はいつも、親しい間柄のduではなく、Sie（あなた）と呼び合う。お互いの家を訪ねたりせず、近くのレストランで簡単な食事をするくらいで、仕事を離れてつきあうことはない。ある夕方、シュプレー川岸のブラッスリーにメルケルとベアーテ・バウマンがたまたま入ってきて、静かに奥のテーブルにつくのを見かけたとき、私はそういう印象を受けた。周囲の誰も二人の邪魔をしようとせず、見たところ外にボディガードらしき姿もなかった。アンゲラ・メルケルはプライベートな生活をしっかり守り、公私の区別をきちんとつけている。チームの固い結束と限りない忠誠にはこうした基盤があるのだ。彼女たちは率直に話し合い、誤りがあれば遠慮なく分析する。さらにバウマンだけは、堂々とメルケルに「まったくどうしてそんなことが言えたのですか？」などと手厳しい言葉を浴びせる。ベアーテ・バウマンはメルケルと一心同体の気でいるので、我を忘れ、メルケルが主語のときも「私は」と言ってしまうことがある。謎に包まれたこの陰の実力者は「首相官邸事務局長」という肩書きをはるかに超える仕事をしている。バウマンと会ったことのある数少ないジャーナリストの一人、ラルフ・ノイキルヒは、『シュピーゲル』誌で“Ich, Merkel”（「私、メルケルは」）と彼女の癖を皮肉った。バウマンはすべてに采配をふり、演説、インタビュー、会議の準備をしている。あらゆることの背後で官房長、補佐官、企画役、顧問と、一人で何役もこなす。影響力ある女性であり、「モスクワの目」さながら、至るところに目を光らせている。バウマンを通さなければ何も進まないが、彼女はけっして姿を見せない。正確にいうとあなたの役割は何ですか、と尋ねたノイキルヒに、バウマンは「私は首相官邸の、音楽でいうTonalität（調性）を担当しています」と答えた。ベアーテ・バウマンがメルケル首相に向ける献身のまなざしがそれを証明している。バウマンはいささかメルケル風の、女らしさを極力抑えた服装をしている。メルケル付の仕事以外の彼女の生活はまったく分からない。バウマンはアンゲラの裏の顔、いや分身となった。あらゆるところに出没する権力の幽霊のようだ。

かといってアンゲラ・メルケルの周りを固めるのは女性だけというわけではない。メルケル自身述べたように、「ガールズ・キャンプ」は「トゲがあると同時に面白い」呼び名なのだ。CDU幹部の男性優位で尊大な風潮のなかで生まれたこの名前は、そうした思いを表明してはばからない男たちの存在をはっきり映し出している。バウマンとクリスチャンセンを除けば、メルケルの周囲はむしろ男性のブレーンが多い。報道官シュテフェン・ザイベルト、一〇年来彼女のもとで働いてきたEU理事会元事務総長のウーヴェ・コルセピウス、元外交政策顧問のクリストフ・ホイスゲン、ヨーロッパ問題の専門家として重用されたニコラウス・マイヤー＝ラントルートなど、いずれ劣らぬ精鋭ぞろいが脇を固めている。メルケルは彼らをなかなか手放そうとしなかったが、一〇年以上を経てようやくホイスゲン、ラントルートには大使のポストを与えて労に報いた。メルケルは見込んだ人はひじょうに大事にする。チーム編成を変えることはほとんどなく、何年もかけて不動の信頼関係を築くのが彼女のやり方だ。忠誠心、それはメルケルにとって何より大事な資質であり、チーム・メルケルの安定の支柱であり、ガールズ・キャンプ、フォン・デア・ライエン、ペーター・アルトマイヤーといった懐刀が長きにわたって仕え続けているのもこのためなのである。逆に、忠誠心がないと分かれば、彼女はあっさり突き放す。元環境相ノルベルト・レットゲンはその憂き目に遭った。ノルトライン＝ヴェストファーレン州議会選挙で敗北したレットゲンが、彼女に責任をなすりつける発言をしたことが耳に入り、メルケルは容赦なく彼を――めったにないことだが――更迭した。レットゲンはメルケルのお気に入りと見られていたにもかかわらず、である。

二〇〇五年に官邸入りしてまもなく、メルケル、バウマン、クリスチャンセンからなる結束固い女性三銃士（ガールズ・キャンプ）に、四人目の――男性である――騎兵が加わった。やはり西ドイツ出身のカトリック教徒で、そのうえバイエルン出身ときている。にこやかな切れ者、ブロンドのウルリヒ・ヴィルヘルムは、二〇〇五年から二〇一〇年までメルケルの報道官および報道情報局長を務め、任期の途中でチームから外れるという異例の事態になったが、心ならずも個人的な理由によるもので、惜しまれつつのことだった。ヴィルヘルムは就任早々三人トリオの信頼と首相からの高評価を得た。こともあろうにメルケルは、その昔、側近と一緒になって小手先で操りながら、ものの見ごとに蹴落とした政敵、エドムント・シュトイバーの報道官だったヴィルヘルムに目をつけたのだった。二〇〇二年、CDU・CSUの首相候補としてシュレーダーと対決して負けた、当時のバイエルン州首相シュトイバーである。

ヴィルヘルムとバウマンは首相官邸でともに仕事をした五年間、つねに協調路線だったわけではない。メルケルの本来の性質を知っているバウマンが時期を見はからうよう勧めると、ヴィルヘルムはますます余計にメルケルを行動に駆り立てようとする傾向があった。二〇〇六年秋、医療保険改革が難航し、決断に迷うメルケルに、「毅然たる態度を示すべきです」とヴィルヘルムは言った。そこへバウマンは「待ってください。拙速に走るのはあなたらしくありません。あなたの強みはじっと待てることなのです」と正反対の進言をした。メルケルはもちろん、彼女の生来の傾向を見越して言い続けるバウマンの勧めに従って決断した。二〇一〇年にウルリヒ・ヴィルヘルムの後任として報道官となったシュテフェン・ザイベルトは多言語を操る秀才で、対外的な対応にメルケル流慎重の原則を徹底的に適用しつづけた。時間を尋ねることは、彼にとっては重大な守秘義務にかかわることなので、ザイベルトはドイツ流の感じ良く丁重な態度で秘密を漏らさないようにし、しかも完璧なフランス語で詫びを言う。アンゲラ・メルケルが東ドイツで培ったプロテスタント的道徳観によって、いかにこれらブレーンに彼女の「調性」が浸透しているか、窺い知るのは興味深い。敬意、丁重さ、厳格さ、慎み、忠誠、こけおどしや気取りの排除、これらは側近チームすべてのメンバーに共通した特徴であり、とりもなおさずアンゲラ・メルケルの影響らしい。私は何度かエーファ・クリスチャンセンに、彼女の発言を引用したり、私のドキュメンタリーに出たりしてほしいと頼んでいるが、「首相との距離の近さを利用して名を売るようなことはしたくありません」と言われたことがある。フランスでは、政治家やその側近がわりあいたやすくあけすけに喋ったり、大統領が「あってはならない発言をした」ことを漏らしたりするが、アンゲラ・メルケルの側近を始めとして、一般にドイツの政治家から、メルケルが述べたらしい言葉を聞き出そうとすると、無駄に時間を費やすことになる。私があの手この手で必死になって内輪の話を掘りだそうとしていたとき、シュテフェン・ザイベルトから「首相の発言を私が繰り返すことはありませんが……」とまた言われた。彼らほど近しくない部下たちもやはり慎重で、うっかり秘密を漏らそうものなら寵愛を失うか、永久追放されるやもしれぬことを知っている。

毎日八時半に、精鋭チームは首相の執務室に集まる。毎朝三〇分間だ。閣議が開かれる水曜は、開始時刻が七時四五分に早められる。メルケルがCDU党首を兼ねていた頃は、月曜に幹部会議のため党本部に赴く必要があったので、この日だけは朝の打ち合わせは省略されていた。バウマンとクリスチャンセンはもちろん、シュテフェン・ザイベルト報道官、ヘルゲ・ブラウン連邦首相府長官、議会内グループと諸州の調整を担当するヘンドリク・ホッペンシュテット長官補佐、パウル・ツィーミアクCDU幹事長が打ち合わせに参加するメンバーだ。党と連邦議会の代表はつねにこうした重要な場に加わり、政治的にも考慮される。それはドイツ政権の特徴である。メルケルは連立政権の長であると同時に議員の役割もきちんと果たし続けており、少なくとも月一回はシュトラールズントの選挙区に足を運び、ときには市場でビラを配ることすらある。毎週火曜午後、彼女は国会議事堂前広場を歩いて横切るか、広場を囲む道を車で通る。このあたりは壁があった時代、東ベルリンと西ベルリンを隔てる無人地帯だった。そして連邦議会に着くと政治グループの会合に出席する。連立政権の大集会、国会の委員会、議員総会に首相が出席することは、彼女にとって欧州理事会やG20への出席と同じくらい重要である。

連邦議会でのアンゲラ・メルケルを観察するのはひじょうに面白い。立ち上がって通路を歩き回り、誰彼の隣に座り、思いついたことについて話し合う。ある日、彼女はある議員がマイクの扱いに手こずっている間、他の議員とぺちゃくちゃ喋りすぎて、連邦議会議長に子どものように叱られた。「首相、そんなことではいけません」と、ノルベルト・ランメルト議長はぴしゃりと言った。メルケルは失敗が見つかった子どものようにちょっとしかめっ面をして、自分の席に大人しく戻った。彼女の席は一列目の中央寄り一番端にあり、やや背もたれが高いという以外、他の閣僚の席と特別変わりはない。彼女が会談のため使っている連邦議会の執務室はひじょうに狭く、特別な感じはない。これが戦後のドイツなのだ。ナチズムやヒトラーの時代のドイツとは、どんなに細かいことでも断固、正反対を志向する。有能で力強いが、できる限り大仰ではなく、できる限り威圧的でなく、できる限り透明な(建築家ノーマン・フォスターが設計した国会議事堂のドームはガラス張りである)ことが大事なのだ。そしてこれはメルケルの手法でもある。素知らぬ風でちょこちょこお喋りしたり、こっそり一対一で話したりしながら説得していく。彼女がビニールの手提げ袋を手に、ギャラリー・ラファイエットでチーズを物色しているところや、ベアーテ・バウマンと一緒にシュプレー川のほとりのブラッスリーにいるところを私は見かけたことがあるが、それ以外にも、首相官邸を出て、待機していた二台の黒塗りアウディのうちの一台のトランクに自分で荷物を積み込んだあと、後部座席に乗る姿も目撃した。エリゼ宮の重い扉とは対照的に、首相官邸の柵はかろうじて閉じられている程度であり、ガラスは色付きでなく透明でサイレンも回転灯もない。ドイツの連邦首相の車列はたった二台の黒いアウディで、赤信号では停止する。

メルケルはアンチ・シュレーダー、アンチ・コールであり、すべての逆を行く。メルケル首相はいかなる歴代首相とも、いかなる世界の指導者とも似ていない。勿体をつけたり形式ばったりしない。派手さもなく鳴り物も入らない。メルケルのように、首相官邸の巨大さを持て余すといった受け止め方をする人物がはたして他にいるだろうか。傲岸不遜だったヘルムート・コールがホワイトハウスの三倍以上の広さにするよう設計させた建物はとてつもなく大きい。ゲアハルト・シュレーダーはその威容に満足していたが、世界から遮断されたこの特別な建物の規模は、牧師の娘メルケルの尺度に合わない。建物の外のカフェに行くには最寄りでも最低半時間歩かねばならないし、建物内部のオフィス間の移動には何分もかかる。何もかもモダンで削ぎ落されたデザインで、明るいグレーで統一され、いつもしんとしている。靴音だけがカツカツと響く。接合部がゴムコーティングされた重いドアは、病院のそれのように「パシャン」と音がする。

メルケル首相を訪問する国家元首や政府首脳たちは皆、連邦議会が置かれている国会議事堂を正面に見るテラスに自然と足が向く。メルケルの自慢は、首相の地位の慎ましさをつねに想起させるかのように、首相官邸の屋根よりも議事堂のドームのほうが高くなるよう設計されたことがここではっきり分かることだ。とはいえメルケルの執務室からは、国会議事堂からブランデンブルク門前の広場、中央駅、ティアガルテン（公園）、アレクサンダー広場のテレビ塔にいたるまでベルリンが一望にできる。ティアガルテンに隣接する動物園のすぐそばでサッカーに興じる若者の姿まで眼下に見える。しかし、牧師の娘メルケルには自分が世界の中心、という発想はない。テーブルの上には、啓蒙思想の影響を受け文化学術を振興した君主、ロシアのエカチェリーナ二世の肖像画が置かれている。唯一、壁にかかっているのは、ドイツ連邦共和国の初代首相でありヨーロッパ統合の立役者の一人であり、偉人と仰ぐコンラート・アデナウアーの肖像画である。それ以外何も壁には飾られていない。窓が多くて明るく簡素だ。シュレーダー前首相が設置させた、長さ四メートルの黒く巨大なテーブルは、まったく気に入らなかった。シュレーダーは、やはりこの一四〇平米のだだっ広い部屋を確保したコールより、さらに見栄っ張りだった。着任早々メルケルが真っ先に決めたのは、このテーブルを無視することだった。彼女は自分の椅子をテーブルの反対側に置き、来訪者に背を向けて国会議事堂を正面に見る形にしており、その席に座るのは電話のときだけである。執務室に入って右手の会議用テーブルで大方仕事をし、来客コーナーのソファで来訪者を迎える。彼女はまた、昔シュレーダーが泊まるために使っていた、最上階の部屋の首相用ベッドを撤去させた。皆が帰ったあとの官邸に泊まるなど、とんでもなかった。メルケルは、博物館島と呼ばれる中州に面した、シュプレー川岸の簡素なアパートに毎晩帰るのだ。インターホンには「ザウアー教授」と、夫の名前が長らく表示されていたが、建物がウィキペディアで検索できるようになり今や有名になってしまったので、こうした目印はとうとう取り除かれた。しかし、習慣は変わらない。世界最強の女性メルケルはあいかわらず五階建ての小さな建物の四階に住んでいる。その下の歩道をぞろぞろ歩く人々のほとんどは、そばで煙草をふかす二人の警官が、ほかでもないドイツ首相の住まいを見張っているとは気づかない。メルケルは夕方、自宅に近いミッテ区モーレン通りの小さなスーパーにひとりで買い物に出かける。ボディガードは一人もそばに来ない。買い物をしているときに彼らがぴったりついてくるのをメルケルは嫌がるのだが、ボディガードの方はやきもきしている。週末にはブランデンブルクの赤い屋根の小さな別荘《ダーチャ》にこもり、庭の手入れや料理をしたり、湖で泳いだり、愛車の古ぼけたゴルフを運転したりする。ヨアヒム・ザウアーと過ごす夏のバカンスは、バイロイト音楽祭のワグナーのオペラでいつも始まる。あるブレーンは「毎年、バイロイト音楽祭の開幕日が私たちの休暇の始まりなんです」と言っている。メルケルが音楽祭の期間中に滞在するのは、奥深い田舎にひっそり建つ長期滞在者用ホテルだ。これだけでもメルケルが設備の贅沢さに関心がないことを雄弁に物語る。その他の休暇の過ごし方は、イスキア島のホテル、クロスカントリースキー、山歩きなど色々だ。山歩きは携帯電話の電波が届かなくなるという大いなる利点がある。フランソワ・オランドはメルケルとの電話会議を日曜や休暇中に設定しようとして苦労したことを覚えていて、「彼女はどうしてもというときは応じましたが、嫌がっていましたし、それを匂わせてもいました」と述べている。

プライベートな生活はまったく分からない。夫ヨアヒム・ザウアーはサミットにも公式行事にもめったに出席しないが、二〇〇九年、バーデンバーデンで開かれたNATO首脳会議の際は珍しく足を運んだ。この年は、アメリカのミシェル・オバマ、フランスのカーラ・ブルーニ＝サルコジ、カナダのローリーン・ハーパーがいた。昼食会が始まると、人をからかうような性格には見えないヨアヒムが立ち上がり、女性ばかりの同席者たちに向かって「普段私はアンゲラに同行しませんが、友人たちから『いいねえ！　新しいファーストレディたちに会ったんだろ！』と言われまして。来ることにして良かったです」と堂々と述べた。

四期連続で一六年もの長きにわたって世界第四位の経済大国を率い続けながら、アンゲラ・メルケルの人間性は少しも変わらない。子ども時代に躾けられた道徳的規範を失わず、贅沢を嫌い、権力にまつわる象徴を退ける。贅沢といえば、わがフランス大統領たちはしばしばこれに酔いしれ、いにしえの君主の派手な習慣に倣わずにいられないというのに。まるで金ぴかの飾りと大言壮語で彼らの威信の低下を取り繕うかのように。尊大さ、権威主義、目に明らかな権力の象徴がリーダーシップの必須条件であるかのように。アンゲラ・メルケルはその経歴から、こうしたことに何の意味もないことを証明した。

彼女は時おりｉＰａｄを見ながらひとりで笑っている。ＺＤＦ（第二ドイツテレビ）の政治・社会風刺番組、Heute Show《『今日のショー』》をポッドキャストで見ているのだ。皮肉られているのは彼女である。メルケルの面白みもメリハリもない退屈極まる演説が笑いものになっている。難民受け入れに際し、有名になった「私たちはやり遂げます！」との台詞以外、彼女の話には盛り上がりもなく挑発的なところもない。あの時は右派が嘲笑し、ヨーロッパの指導者たちからは喧々囂々《けんけんごうごう》たる非難が巻き起こった。この番組のおどけた出演者たちはメルケルをこっぴどくやっつける。いまだに物理学の論文審査を受けているかのように、抑揚のない口調で言い立てる彼女流の攻め方をからかう。延々と言葉を連ねる癖に、速記者はイライラと髪の毛をかきむしる。存在しない言葉を作り出すメルケル。ｉＰａｄの前でメルケルは、いつまでたっても終わらない彼女の話の物まねを飽きもせず聞き、ゲラゲラ笑っている。風貌からは想像がつかないが、アンゲラ・メルケルは面白い人なのだ。おいしい赤ワインとともにチーズを食べるのが好きで、冗談も言う。欧州理事会やＧ８で会う、男ばかりの重鎮たちの物まねを、今度は彼女が思い切り意地悪くしてみせ、こき下ろす。東側出身の女性という、他との違いを彼女はうまく利用している。全体主義体制の下で暮らしてきたこと、自由が当たり前の世界に突然足を踏み入れたこと、保守主義に凝り固まった社会通念を孤軍奮闘、覆したこと、ライバルたちをことごとく蹴落とし、権力の頂点に上りつめたこと……ここに至るには、ユーモア、すなわち何ごとも皮肉な眼で見て距離をおく資質が必要だった。ある側近に言った、「私は虚栄心の強い方ではありません。男性の虚栄心を利用するのがうまいのです」というあっぱれな言葉が何よりの証拠だ。

フェミニストのアリス・シュヴァルツァーは、親交を結んでいるこの型破りな保守主義者メルケルへの賛辞を惜しまない。彼女は英国の元首相マーガレット・サッチャーからフランスの元大臣セゴレーヌ・ロワイヤルにいたるまで、政界に影響を与えた数少ない女性の品定めをしてみせた。「サッチャーはあくまで自分は支配者という態度を変えませんでしたが、セゴレーヌは選挙に負けた日の夜、長々と四五分間も私たちを待たせたあげく、白い装いで現れました。彼女はセクシーな女性でいたかったし、フランス女性、パリジェンヌを体現したかったのです。メルケルはそういったことには無関心です。ですから時間と自由を手にしているのです。手入れのしやすい髪型、短めのジャケット、それで決まりです。彼女がいなくなったら寂しくなるでしょう。あのスタイルが見られなくなるだけでも」。

アンゲラ・メルケルは身なりに構うことには心底うんざりしている。しかし、権力を担う身とあれば、さまざまなことを要求される。女性だからといって容赦されない。メルケルはとうとう最低限のおしゃれはすることにし、ある側近の女性にこう語っている。「もっと努力が必要なことは分かっています。私が喋っていると、皆はまず一斉に、私がどんな髪型で、どんな服を着ているかを見て、一〇分経ってようやく話を聞いてくれるのです。女性政治家が注意を引こうとすると、男性よりも時間がかかります」。メルケルはあいかわらずファッションに関するアドバイスは受けつけないが、化粧は仕方なくしている――ちょっとだけだが。彼女は短い前髪をまっすぐ垂らすのはやめ、組織の長に――いやむしろ「連邦国代表」に――ふさわしいボリュームのある髪型にした。メルケルの出張には、美容師兼メーク係の女性が一人、どこへもついて行く。「テレビのスタジオ撮りに行くときは、背景との関係で色を決めるので相談されますが、それ以外の場合、私たちの意見は求められません」と担当の女性は言う。メルケルはファッション誌をぱらぱらめくったり、きれいな服の女性を見たりするのは好きだが、わが身に生かそうとは思わないのだ。ある雑誌のカメラマンに、「十年前に撮影した時と同じデザインの服を着ていらっしゃいますね」と言われたので、「私はドイツ国民に尽くすために選ばれたので、モデルになるためではありません!」と答えたものである。そんなことにかまけている暇はないので、パンタロン、チョーカー、ペタンコのモカシンといったごくシンプルなスタイルに行きつく。上着に関しては、ある日ハンブルクの店で、ノーカラーのボタン付きジャケットを見つけて気に入った。彼女は同じデザインのものを、くすんだベージュから鮮やかなグリーンまでありとあらゆる色を揃えて数十着購入し、いつ何時、どんな場合でも、パンタロンに合わせた上着として、ボタンをはめて着ている。どんなデザインの服にするか、悩まなくていい。アンゲラ・メルケルは色以外、けっして変えない。ハンブルクに行くと、ブティックの店員は新色のメルケル・ジャケットを提示しさえすればよい。

人からどう見られるかは気にしないが、ひとつだけ挫折したものがある。二〇〇九年、メルケルはふと思い立ち、スポーツをしてみることにした。友人の映画監督で自身もマラソンランナーのフォルカー・シュレンドルフが、ストレスと権力の重圧を解消するのにいいからと、彼女に勧めたのだ。アンゲラは毎朝、首相官邸裏の庭園を走り始めたが、すぐに飽きた。「彼女は得意げにランニングの結果を送ってきていましたが、続きませんでした」とシュレンドルフは話した。アンゲラは走るのを止めて正解だった。権力は彼女にとって重荷ではないからだ。権力欲にも縁がない。頂点への階段を上りながら、旧東ドイツ人メルケルは、自分では意図しないのに他人とは違うことがどれほど政治的に有効かを経験によって味わった。もともとメルケルは気取りのない女性だった。彼女はその飾り気のなさを自分のスタイルにする作戦をとった。彼女と正反対の人物が首相の座についたところをちょっと想像してみよう。男たちのつまらぬからかい、女たちの巧妙な立ち回り、いら立ちをこめたあおりを受けながら……一六年間もっただろうか？　アンゲラ・メルケルは女性の嫉妬や男性の所有欲をあおらないので、矛先を向けられずにすんでいる。カリスマ性のない魅力、敵対関係のない権威、シンプルな権力だ。柔軟でおだやかで持続性があるともいえる。

第13章 グローバル・ムッティ（お母さん）

「あの人とあのやり方、私には覚えがあるの。KGB（旧ソ連国家保安委員会）の典型だわ」

アンゲラ・メルケル

アンゲラ・メルケルが首相に就任して三年目の二〇〇八年、Mutti《ムッティ》（お母さん）というあだ名がドイツに広がり始めた。このあだ名を思いついたとされるミヒャエル・グロースは、しばらく経済技術大臣を務めており、彼が最初の大連立内閣の歴史に名を残すとすれば、ひとえにこの一件ゆえだろうが、褒めるつもりでこのあだ名を口にしたのではなかった。それどころか、『シュピーゲル』誌によると、バイエルン州の保守的なカトリック系政党であるCSU（キリスト教社会同盟）所属のグロースは、メルケルが自分を「活き活きした母性」をもって接することにいら立ち、揶揄したのである。CSUの現役幹部が言い始めた「ムッティ」なるあだ名で初の女性首相を呼ぶことは、彼女を母親的役割にはめ込むことであり、女性蔑視の匂いがぷんぷん漂う。難民問題が深刻となった二〇一五年、アンゲラ・メルケルが両手を広げて百万人を迎え入れたとき、極右ポピュリストはここぞとばかりにこの呼び名を繰り返した。《Mutti Multikulti》（ムッティ・多文化主義）なるスローガンが、イスラム教徒のヴェールをまとったメルケルの合成写真とともに登場した。しかしアンゲラ・メルケルの支持者たちもまた――在任一六年を経た今も七〇パーセント近い支持率を保ち、五〇パーセント以下に落ちたことがないことからも分かるように、圧倒的多数なのである――このムッティというあだ名は、情愛深いという意味あいをこめて自分たちがつけたものだと主張する。CDU党員たちは、二〇一七年の総選挙の際、ローリングストーンズのヒット曲「アンジー」をかけながら彼女を迎え、「意欲満々（motivated）」をもじった《Muttiviert》なる言葉を連発し、再選を応援した。メルケルの長期政権の秘密は、ドイツ国民を一手に引き受けて守り、安定を維持し、そのうえドイツ国民にふさわしい存在であることにある。だからこそこのあだ名はぴったりなのだ。ドイツ国民の母はポップ・アイコンになった。ウォーホル風に描かれたメルケルの顔がプリントされたマグカップやTシャツがファンシーショップで売られている。あの丸顔を横から見た形のお菓子の焼き型もある。任期を重ねるにつれ、ムッティは羽ばたき、飛翔する。世界第四位の経済大国を率いるメルケルは、アメリカの『フォーブス』誌から一〇回以上も「世界でもっとも影響力のある女性」とみなされている。彼女は、皆が拠りどころにすべき、なくてはならないヨーロッパの基準なのだ。ドナルド・トランプがアメリカ大統領に選出され、世界に衝撃が走った直後、バラク・オバマがヨーロッパへの表敬訪問先として選んだ、民主主義の守り神だ。世界中の男性軍の守護者、グローバル・ムッティである。

しかし、アンゲラ・メルケルは西側の有力政治家たちとは反対の方、すなわち東側で世の中について学んだ。中でも彼女を鍛えた筆頭は、世界一広大な国の指導者であり、世界のポピュリズム的ナショナリズムの権化であり、ＥＵの政治路線やメルケルが体現する民主主義的価値観とあからさまに対立するウラジーミル・プーチンだった。メルケルとプーチンは特別な関係だった。彼女は被占領国側、彼は占領国側であり、多少の違いはあったものの、ともに独裁的共産主義政権を知り尽くしている。彼女が東ベルリンで物理学の博士論文を準備していた頃、彼もまた東ドイツにいて、彼女のいた場所からおよそ二〇〇キロメートル離れた地点を拠点にしていた。柔道の黒帯となったうえ、要注意人物に関する情報カードの作成に異様な熱意をもって取り組んだプーチンは、ＫＧＢ中佐の階級をもってドレスデンに派遣されていた。ＫＧＢすなわち旧ソ連の情報機関には二〇年近く諜報員として勤めた。ベルリンの壁が崩壊し、アンゲラ・メルケルが国境検問所を越えて西ベルリンに入り、お祭り騒ぎに加わった一九八九年一一月九日、ウラジーミル・プーチンは「領事館員」なる肩書きで――「スパイの勧誘員」という職務をみごとに包み隠す職名である――まだドレスデンにいた。東ドイツは、抑圧国と被抑圧国という関係でもなおソ連との間に固い結びつきがあった。プーチンとメルケルは、いくらもつき合わないうちにお互いのことが分かった。彼には彼女が何もかも心得ていることが分かったし、彼らは互いに相手の胸の内を読むことができた。プーチンはドイツ語をしっかり身につけていたし、メルケルはロシア語が堪能だった。科学に身を捧げるよりは、ロシア語の勉強をして教師になろうかと思ったこともある。仕事の上での打ち合わせでは、二人は相手の言語で意見を述べた。礼儀の意味もあったが、通訳が表現を緩和するのを避け、互いに牽制するためだった。プーチンはためらいなく攻撃的になり、メルケルも容赦なく接する。二〇一七年七月にハンブルクで開かれたG20の合い間に、メルケルはプーチンに「あなた、私たちのことを尊重しなかったでしょう!」とロシア語で言い放った。ウクライナ侵攻とヨーロッパの対ロシア制裁について話し合うため、マクロン、プーチン、メルケルとそれぞれのブレーンたちが膝を詰めて話し合っていた時だった。プーチンは冷たい笑みを崩さず、気分を害して怒った風を装い、ドイツ語で返した。彼はウクライナ大統領ポロシェンコに対しては、メルケルに対するよりは明らかに自制が働かなかった。ベラルーシのミンスクで、アンゲラ・メルケル、フランス大統領フランソワ・オランド、プーチン、ポロシェンコが幾夜もかけて交渉したとき、それまで丁寧な言葉の応酬だったものが、プーチンはポロシェンコに「お前なんかつぶしてやる! お前の軍をつぶしてやる!」と言ったものだ。メルケルとオランドは、反目しあうプーチンとポロシェンコの仲裁役だった。この交渉に当たる四人の幹部(マクロンがオランドの後を引き継いだ)は、揉め事を収めるはずだったが、たびたび火花を散らした。居合わせたフランス人の一人は、「まさに熾烈なぶつかり合いでしたから、フランスなしには、メルケルにミンスク合意の交渉はできなかったでしょう。メルケルはプーチンの性格を知っていましたが、それでも彼の残忍さを恐れていました。プーチンを相手にするには、タッグを組んだ方がいいのです」と述べている。

メルケルは、二人が出会った最初の二回ですでにプーチンの老獪なやり口が分かっていた。一回目は二〇〇六年初めにモスクワに招待されたとき、二回目は二〇〇七年、黒海沿岸のソチの別荘に呼ば

2007 年、ソチの別荘で会談するメルケルとウラジーミル・プーチン。写真提供：AFP= 時事

れたときである。一回目の会談では、メルケルの側近が前もってクレムリンの部署に、プーチンの飼っているラブラドールを部屋に入れないよう申し入れた。アンゲラ・メルケルは数年前に犬にひどくかまれており、ますます犬嫌いになっていた。会談の間に入ったとき、彼らはどれほど驚いたことだろう。「大統領はすんなり要望を聞いてくれましたが、おかしなことに、ソファの上に……犬のぬいぐるみがあったのです！　じつに歪んだ反応ですよね。ほんとうにびっくりしました」とその側近は語った。ソチでの二度目の会談では、プーチンは犬のことを「忘れていた」。本物の飼い犬「コニー」がいたのである。真っ黒のラブラドールは物欲しげで、噛みつきはしなかったが、客たちのすぐそばに来て匂いを嗅ごうとした。飼い主プーチンは嬉し気な表情を隠そうともせず犬を放したままにした。プーチンの犬コニーにすり寄られ、顔をこわばらせたメルケルがそっと身体を後ろに反らせてさけようとし、プーチンがじっとそれを見て、サディスティックな喜びに浸っている様子が一枚の写真に収められている。「その後の会談の間、犬はテーブルの下を歩いては私たちの足に軽くぶつかりました。嫌でしたし、首相はそわそわしていました」と、別の側近は語る。その場を辞したメルケルは側近たちに言った。「あの人とあのやり方、私には覚えがあるの。人の弱みをつかんで利用する、ＫＧＢ（旧ソ連国家保安委員会）の典型だわ」。

とはいえ指導者たちのうちでプーチンがもっとも敬意を払うのはメルケルだった。プーチンは同じ指導者の立場にある人物には軽蔑しか抱いていなかった。一九九九年から連邦政府議長（首相に相当）あるいは大統領を務め続けている彼は、その政権掌握の長さで他を圧倒している。任期の長さからいえばメルケルは、二〇〇三年からトルコの最高指導者を務めるレジェップ・タイイップ・エルドアンとともに、それほど遜色はない。プーチンにすれば、ノビチョク(神経剤)で反対派を抹殺させることも、平和的なデモ参加者を何年かの懲役刑に処して黙らせることも簡単なのに、二〇〇五年から政権の座にあるメルケルが透明で民主的な手法を維持していることは、おそらく驚きのはずだ。政敵を追放するメルケルの政治的な手腕に、プーチンは内心舌を巻いている。プーチンもメルケルも互いに敵同士だと思っているが、普段はともに話し合うようになったし、プーチンは先のことが予測できるのが好きだ。メルケルはひじょうに穏やかに、人権についての考えをプーチンに説く。ハンブルクのG20を目前に控えた二〇一七年五月、メルケルは、チェチェンで同性愛者が逮捕され、多くが拷問を受けたことに触れ、「マイノリティの権利が保護されるよう」手を打ってほしいと言った。プーチンは顔色ひとつ変えなかった。メルケルは二〇一六年初めから、親ロシア系メディアが取り上げた事件について何度もプーチンに申し入れをした。ロシア系ドイツ人の少女、リサ・Fが、移民たちによって監禁され暴行を受けたと主張した事件で、ベルリン警察だけでなく家族の弁護士さえもその真偽を疑っていた(後にフェイクニュースと判明したが、波紋は大きく、ロシアとドイツの間で非難の応酬が起きた)。メルケルはつねに、攻撃的にならず語調もきつくせず、プーチンに事実を述べる。二〇二〇年八月、彼女は、ウラジーミル・プーチン批判派ナンバーワンのアレクセイ・ナワリヌイ氏を迷わずドイツの病院に受け入れた。ナワリヌイ氏に投与された毒物がドイツ軍部で成分分析され、フランスとスウェーデンの研究所でもノビチョクだったと確認されると、メルケルは公然と非難した。彼女は「言語道断の情報だ」と述べた。この軍用神経剤が使用されたことは、ロシア政府が毒物投与に関与していたことを示している。クレムリンならこのくらいお手のものだ。スクリパリ事件（英国でノビチョクによる毒殺未遂に遭った二重スパイの名前から）の一年後、独立派の指揮官だったチェチェン出身のジョージア人がティアガルテンで銃撃を受けて亡くなっている。首相官邸から見下ろす位置にあり、まさにアンゲラ・メルケルの執務室から望めるベルリンの公園でのことだ。

メルケルがもっともよく知っているプーチンは彼女の価値観とは対極にある人物だった。プーチンとハンガリー首相オルバーンが一方に、メルケルとマクロンがもう一方に位置し、彼らはヨーロッパにおいて敵対する政治勢力の象徴となっている。背景には新旧アメリカ大統領が立ちはだかる。プーチンらを支持するドナルド・トランプ、メルケルらに協調的なバイデンという構図だ。EUと敵対するウラジーミル・プーチンは、マリーヌ・ル・ペンからオルバーン・ヴィクトルに至るまで、ヨーロッパの民族主義ポピュリストの大多数から崇拝されている。スプートニク、ロシア・トゥデイといったニュースサイト、その他親ロシア系メディアはドイツの極右政党ＡｆＤを陰で支持しており、ブレグジットを後押しし、二〇一七年のフランス大統領選において顕著だったように、ＥＵ懐疑論者をたきつけた。プーチンにとってメルケルは、打倒すべき女なのだ。手始めにクリミアやドンバスといったウクライナ地方を併合し、彼が思い通りに描き直そうとしているヨーロッパを、メルケルが代表しているからだ。ロシアに制裁を加え、人権侵害を非難し、彼の世界観の実現を否定するヨーロッパ連合を打ち砕く意志を、プーチンは理屈で固めた。ヨーロッパが分裂し、ナショナリズムに回帰すれば、ロシアは、すでに地理的規模で圧倒している一大陸を支配し、ヨーロッパとは異なる価値観を押しつけることができる、と。ヨーロッパの価値観は――リベラルで放縦で多民族的、多宗教的、多文化的、無秩序なものであり――すたれており、放任的な民主主義が権威を越えてまかり通り、キリスト教の空疎な尺度はもはや通用しなくなっているというのが彼の考えだった。

メルケルには価値観とともにアキレス腱もあった。その弱みとは、ドイツの経済力であり、彼女が頼りにしている実業界からの圧力である。ウラジーミル・プーチンの本性を知っていること、独裁政権の経験を共有していること、プーチンの報復主義、ひいてはバルト三国、ポーランド、その他旧ソ連の衛星国まで拡大したEUに代償を払わせようとする彼の意志に気づいていること、こうしたことすべてにかかわらず、アンゲラ・メルケルはこの宿敵に譲歩した。それは身の破滅を招く「死の接吻」に等しかった。二〇一一年に起きた福島の原発事故を受けて、ドイツの原発停止を急遽決定したことにより、メルケルはドイツ経済をロシアの天然ガスへの依存に追いこむことを受け入れ、ガスパイプライン「ノルドストリーム2」の建設に反対しなかった。プーチンとメルケルは一蓮托生となった。ドイツはロシアにとって主要な貿易相手国であり、それだけにロシアもドイツに依存している。メルケルは法治国家にほど遠いロシアの現状を手厳しく批判し、対ロシア制裁にも躊躇なく賛同し、フランスとともにミンスク停戦合意に向けた交渉に尽力しながらも、このガスパイプライン計画を押し通し、NATOの敵ロシアの足下にひれ伏し、ヨーロッパに不和の種を蒔き、アメリカの支持者の不興を買った。中国に対する擦り寄りもやはり同様に経済的依存が原因となっており、同じように不穏な状況を招いた。ノルドストリーム2はおそらくメルケル時代の弱点の象徴であり、汚点として残るだろう。

メルケルの友人たちのなかには、ひじょうに親しいと見受けられても、じつはそれほど風通しの良い関係ではなかった人々もいる。バラク・オバマはその一人だ。オバマが回想録の中でメルケルに温かい賛辞を――あからさまな軽蔑をこめてニコラ・サルコジをこき下ろしているだけにいっそう際立つ――贈っていること、ホワイトハウスを去る前にベルリンに足を運んで表敬訪問したこと、国際サミット中の写真には、牧歌的な景色を背に、結束を固めた二人がにこやかに写っていること、これらの裏には複雑で強烈な関係が隠されている。トニー・ブレア、デーヴィッド・キャメロン、テリーザ・メイに仕えた英国の元外交官、イヴァン・ロジャースは、「アンゲラ・メルケルはバラク・オバマが嫌いでした。彼の尊大さや、教訓を垂れる、見下したような態度に我慢ならなかったのです。二人は最終的に評価し合うようになりましたが、オバマの一期目から二期目の初期にかけて、メルケルは手こずり、ジョージ・ブッシュ・ジュニアとの方が、よほど気が合っていました」と述べている。

若手大臣として仕えたときのヘルムート・コールを除けば、アンゲラ・メルケルに涙を浮かべさせた人物は一人しかいない。世界の男たち、国家元首や政府首脳たちの前で、公然と。それがバラク・オバマだった。二〇一一年秋のカンヌで、世界の主要国の指導者を集めたG20の会期中のことだった。

このときの首脳会議はひじょうに険悪な雰囲気だった。解決を見たと思われたギリシャへの第二次金融支援計画が、ゲオルギオス・パパンドレウの「裏切り」で一気に頓挫した。ギリシャの首相パパンドレウは、EUが数日前に決定した、ギリシャ救済と緊縮財政計画の受け入れの是非を問う国民投票を行うと、国民に発表したのである。予告のなかったこの表明に批判が集まった。一一月二日水曜日夜、パパンドレウ首相は悪事を働いた生徒のように、カンヌに設けられた懲戒委員会というべき席に呼ばれた。G20の会場となったパレ・デ・フェスティバルに到着するも、冷ややかな応対を受けた。重要な政治家たちは誰一人、ギリシャの首相と財務相を出迎えようとしなかった。二人は、欧州中央銀行の代表のほか、欧州理事会議長ファン・ロンパイ、欧州委員会委員長バローゾ、ユーログループ議長ユンケルといった審判者が待つ部屋に通された。その中央には、ドイツとフランスの指導者二人、アンゲラ・メルケルとニコラ・サルコジが憤懣やるかたない思いで座し、刃を向けるようにパパンドレウに向かって反撃した。メルケルもサルコジもやり方を心得ていた。彼が攻撃し、彼女が冷静に突き放した態度で加勢した。サルコジが「あなたのしたことは無責任だ。よその国を救済するため、寛大な措置を許容するよう我々の側で世論を動かし説き伏せることが、いとも簡単にできるとでも思っているんですか？　我々が交渉を重ねるいっぽうであなたは我々を人質にし、その裏で国民投票をやるというわけだ！」と切り出すと、メルケルは「私たちに何の相談もなかったわね。相談を受けていたら、私は『国民投票なんてとんでもない』と言ったでしょう。お互いの信頼がなければやっていけませんよ」とたたみかけた。メルケルはギリシャ金融支援計画に二の足を踏む連邦議会に、いつもと同じように諮らねばならなかったのだ。パパンドレウは平身低頭、自らの窮状を訴えた。彼の説明は説得力があり同情を引いたが、けっきょく論破された。国民投票を撤回するか、ギリシャのユーロ離脱か。圧力をかけられたパパンドレウは国民投票を断念することになる。政治生命は失われた。

今度はメルケルが俎上に載せられる番だった。首脳会議はギリシャ問題が解決しないまま始まり、皆は苛々《いらいら》していた。水曜日夜にパパンドレウ首相は国民投票の件でしっぺ返しされ、木曜日午前にイタリアのベルルスコーニ首相は、公約した改革の不履行とＩＭＦ（国際通貨基金）からの金融支援の頑なな拒否について叱責を受けた。一一月三日木曜日夜、お目玉を食らったのはドイツ首相だった。バラク・オバマはＧ20のメンバーであるヨーロッパの指導者数人に出席者を限定した夕食の機会を改めて作った。オバマは雲行きがあやしい日特有の、とげとげしい高圧的な態度だった。冷淡な教師然とした彼は、親戚ともいうべき古きヨーロッパの指導者たちにくどくどとお説教し、二〇〇八年のリーマン・ブラザーズ破綻の際、アメリカが救済策を講じたように、あなた方はユーロ圏を活性化するために十分な公的資金を投入することもできないのか、と責めたてた。欧州中央銀行に寛大な金融政策を取らせることは制度的に不可能とオバマは知っていたが、ユーロ危機に引きずり込まれた友邦の内輪もめを皮肉った。なにかといえば「委員会とともに」行動すべきだと繰り返す欧州委員会委員長ジョゼ・マヌエル・バローゾのことも嘲笑った。「そうそう、ヨーロッパ人の特徴はどこにでも委員会を設置することだ、と誰かが言ってたな！」、オバマはふざけた。叱られないことにほっとして自分の爪を眺めていた英国のデーヴィッド・キャメロン以外――同席者の中でユーロ圏外の指導者は彼一人だった――、皆はそわそわと落ち着かない気分だった。中でもいたたまれない気持ちでいたのはアンゲラ・メルケルだった。

つねに厳格であろうとし、条約と共通の財政規律を遵守しようとするドイツは、ユーロ救済に関わ

アンゲラ・メルケルとバラク・オバマの関係は最初、ぎくしゃくした。メルケルはオバマの尊大さや、教訓を垂れる、見下したような態度を耐えがたく感じた。オバマは彼女に涙を浮かべさせた唯一の大統領だった。写真提供：Getty Images

ることに消極的だったからである。深刻な財政赤字を抱える国々がその責任を取らないまま、この危機が泥沼化することをメルケルは危惧した。他国の指導者たちは、メルケルのヴィジョンの欠如、計算高さ、そして国内有権者の支持を得るため、財政危機に苦しむ国々を容赦なく鞭打つ彼女の姿勢に批判的だった。ブレーンたちが締め出されたカンヌの小さな円卓で、非難の目がメルケルに向けられた。さっさとドイツ連邦銀行に圧力をかけたらどうか、とその目は責めていた。Ｆｅｄ（アメリカの中央銀行）が決めた思い切った金融政策を後ろ盾にしたバラク・オバマは執拗に迫った。慇懃無礼に、手慣れた様子でメルケルを手厳しく追い詰めた。

オバマ「いつになったら解決できるのですか？」

メルケル「おっしゃることは分かりますが、ドイツ連邦銀行にこれ以上介入する意向はありません」

オバマ「あなたが、あなたの中央銀行に代わって約束すべきでしょう！」

メルケル「『私の』中央銀行ではありません。連銀に対して行使できる権力は私にはありません。連銀総裁や連邦議会と討議すべきことです」

メルケルの目に涙が浮かんだ。世界経済は緊迫し、信用が低下したユーロの将来は風前の灯だった。イタリアはＩＭＦ（国際通貨基金）からの資金支援を断り、ドイツ連邦銀行はＩＭＦのＳＤＲ（特別引出権）の使用に難色を示していた。別室に集められていたブレーンたちはスクリーン上の展開を茫然と眺めていた。涙を流すメルケルの顔が大写しになり、いたたまれない思いだった。「連邦銀行は独立機関です！」、メルケルはもう一度言い放った。オバマはにべもなく「いや中央銀行といえばどこも独立しているじゃありませんか！　今は緊急事態なのですよ」と返した。火事が起きているのに消火器が自分の手元にあることが分からないのかな、君がそれを使うんだよ、というわけである。

沈黙があった。アンゲラ・メルケルはいまにもくずおれそうだった。「私にはできません。私にできないことをおっしゃるのね。聞いてください。権力に対抗する有力機関のなかで、ドイツの中央銀行の独立性を求めたのは、第二次世界大戦の勝者であるあなた方です。連邦銀行に影響を及ぼすのを禁じる憲法をドイツに押しつけたのはあなた方です。それを遵守するのは首相である私の義務です」。張りつめた空気が広がった。メルケルは今にも席を立ちそうな気配を見せた。「ドイツ国民に押しつけておきながら、その憲法に違反しろとおっしゃるのですか」と、メルケルは繰り返した。気まずい沈黙が流れた。ほぼ同じ光景が、何か月か後の二〇一一年六月にメキシコのロス・カボスで開かれたG20首脳会合の際に繰り広げられた。アメリカはユーロ圏の弱体化と、ギリシャのユーロ離脱が他国の連鎖的崩壊を招くという「ドミノ理論」を危惧していた。不屈の人、ドイツの財務相ヴォルフガング・ショイブレは覚悟を決めていた。アンゲラ・メルケルは抵抗したが、バラク・オバマの前では不十分だった。オバマはふたたび人前でメルケルを責めたてた。このときはメルケルも涙を浮かべたりしなかったが、彼女らしくなく怒りをあらわにした。「あんなメルケル首相を見たのは初めてでした。彼女はオバマの口調、態度、軽蔑に傷ついていました。ほんとうに怒りに震えていました」と、同席していたイヴァン・ロジャースは述懐する。

「寛容論者」からは遅すぎると言われたものの、「緊縮おばさん」はけっきょく譲歩した。アンゲラ・

メルケルは、安定性というドイツの文化を教条主義にまで高め、貫こうとしたが、ヨーロッパ統合への反感を吸い上げて利用するポピュリストからだけでなく、彼女が緊縮財政を強制しようとした南ヨーロッパ諸国から激しい反発を受けた。ギリシャでは、メルケルは良い印象を残していない。アドルフ・ヒトラー風のヒゲを生やした彼女の写真がアテネの町のいたるところで見られた。金融危機のあいだ、ドイツの新聞雑誌はメルケルをマーガレット・サッチャーにたとえた。中道左派の週刊誌『シュピーゲル』は彼女を「ミセス・ノー」と呼んだ。何かといえばまず「ノー」と言い、急を要することを理解せず、緊縮政策を押しつけ、挙句の果てに深刻な事態を招いたとの意味がこめられていた。銀行や自動車産業の救済、経済復興政策、ギリシャへの財政支援に対し、メルケルの答えは当初、「ノー」だった。メルケルの態度は日和見主義的、後出し的だと批判された。金融や経済は彼女の得意分野ではない。二〇〇七年、地盤であるメクレンブルク＝フォアポンメルン州のハイリゲンダムにジョージ・W・ブッシュを始めとする首脳を迎えたG8の直後、彼女はこっそりこのことを打ち明けた。「私はそういった経済問題には強くありません。本腰を入れないといけないですね」。何ごとにも頑張り屋の彼女は熱心に取り組んだ。しかし大局観がつかめないまま、モラルを説く公認会計士の役割を果たすだけで、世界的な危機を財政規律の厳格な原理という尺度でしかとらえることができなかった。ニコラ・サルコジとゴードン・ブラウンはもっと敏感だった。二〇〇八年にサルコジがユーログループの緊急会議を主導し、ユーロ圏外の英国首相であるブラウンを金融の専門家として招いたとき、事態の深刻さに二人は衝撃を受けていた。二人が銀行の破綻に対処するための共通の戦略について話しているのに、メルケルは推測に過ぎない自国の銀行の健全性について述べた——それらの銀行が経営危機に陥り始めるまでは。

しかしアンゲラ・メルケルはまさにドイツを体現した。精神的にはナチズムに対する罪悪感、経済的にはナチス台頭の遠因となった一九二〇年代のハイパーインフレーションのトラウマに長く苦しんできたドイツを。懸命な努力によって赤字を抑えるに至り、憲法に財政の安定を盛り込むまでになり、苛々《いらいら》するくらい訓戒を垂れるドイツを。条約の番人を自任し、他国が唱える「連帯」は、まずその基盤となる原則を墨守してこそ価値があるとみなすドイツを。イタリアのシルヴィオ・ベルルスコーニの後任として閣僚評議会議長（首相）を務め、評価されたマリオ・モンティは、「ドイツでは、今なお経済は哲学の重要な一部なのだ。経済成長は市民、企業、国家の正しい行いの結果とみなされる。国や地方の財政赤字が良いことになりうることを理解するのは、メルケルさんだけでなく、ドイツ国民にとってても無理な相談だ」と簡潔に述べている。ライン川の向こうのパートナー、フランス人という浪費家には認めがたい空論であり、バラク・オバマにもまったく理解できないことである。

自らの功績によってCDUの連邦首相候補となったとき、恐るべき「お嬢ちゃん」は、国際舞台でのこうした弱い立場を予感し危惧を覚えた。メルケルは、アドラースホーフの物理学研究室時代からヘルムート・コール内閣での閣僚時代を経てCDU党首時代にいたるまで、若い頃から「紅一点」という環境になじんできた。そして今、次のステップ、世界の舞台に踏み出すときだった。プーチン、オバマ、トランプ、オルバーンを始め、男性ホルモンでぎらぎらしているようなリーダーたちとの対決にそなえて、メルケルは首相を決める総選挙の直前、来たるべき時への不安をトニー・ブレアに打ち明けた。ブレアはCDUとは対立関係にある労働党所属だったものの、仕事の上で一緒に組みたい相手だった。メルケルは、二〇〇五年六月一三日、ベルリンの英国大使館——アメリカ大使館やフランス大使館と同様、ブランデンブルク門の近くである——で初めてブレアと個人的に話をした。ゲアハルト・シュレーダーが首相、アンゲラ・メルケルは野党党首という立場だった。ドイツの総選挙は九月に行われることになっていた。ブレアはアンゲラ・メルケルが他の者とは違うことにすぐに気がついた。「彼女は何もかも違っていました」と、彼はロンドン中心部、フィッツロヴィアの瀟洒《しょうしゃ》なオフィスで述懐した。「ドイツをどのように象徴するかという点において、コールとも、シュレーダーともまったくかけ離れていました。彼女は何もかも違っていました。他の指導者たちとは世代が違いましたし、保守派というより中道派でしたし、アメリカとの関係にたいへんこだわっていました。この三つが、私とメルケルを結びつけました。彼女は中道右派で、私は中道左派でした。政治的には、私たちの間にそれほど違いはありませんでした。私たちが根本的に異なっていた原因は、出身の問題です。東側にいたという彼女の過去です」。

英国大使館で、CDUの首相候補メルケルは自信がなさそうな表情で、奇妙にも自虐的な言葉を連ねた。あまりの正直さにトニー・ブレアと首席補佐官ジョナサン・パウエルはあっけにとられた。「私はいくつかハンディを背負っています。カリスマ性もありませんし、女性ですし、コミュニケーションもうまくありません」。彼女はいきなりこう述べたのだ。ブレアは彼女に忠告した。今の状況からいって、今回のドイツの総選挙は、おそらくSPD（社会民主党）との大連立という結果になるだろうと。「あなたが国内政治において力を発揮できる余地は小さくなるでしょう。それより、ヨーロッパを舞台に何ができるかを強調するのです。EUに変革をもたらす人になれますよ」と、ブレアは言った。メルケルはその言葉をしっかり心に刻んだ。そのまま実行はしなかったが。彼女が何より念頭に置いていたのはヨーロッパではなかったし、一期目においてそうはならなかった。しかし、「トニーと彼女はすごくウマが合いました」とジョナサン・パウエルは語る。この最初の話し合いはひじょうに長引いたので、トニー・ブレアは次に控えていたシュレーダーとの約束の時間を忘れてしまった。「首相官邸に着いたのが遅れて、シュレーダーはカンカンでしたよ」とパウエルは述べている。シュレーダーとブレアの蜜月時代が終わろうとしていた頃だった。彼らは、旧来の社会民主主義と新自由主義の対立を超える新たな政治路線となる「第三の道」をともに目ざしていたが、二〇〇三年、アメリカが引き起こしたイラク戦争への介入の是非をめぐって激しく対立した。トニー・ブレアはジョージ・W・ブッシュを支持していたし、ゲアハルト・シュレーダーはアメリカに真っ向から反対し、フランスのジャック・シラクに接近していた。アメリカは、イラク大統領サダム・フセインが大量破壊兵器を保持しているとの根拠も明白な証拠もなく、国連の承認もないまま戦闘態勢に入った。アンゲラ・メルケルは、当時ブレアと同じく軍事介入を支持していたが、世界中から非難を浴びた紛争に深入りするリスクを冒すことなく首相の座を射止めたことに胸をなでおろすことになる。この戦争に深く関与していたら、おそらく彼女の積んできたキャリアはそこで終わっていただろう。しかし、当時の彼らの協議事項は別のことだった。メルケルは首相になる覚悟をし、ブレアの方は、二〇〇五年下半期、英国が輪番制のEU理事会議長国に就任しようとしていた。欧州理事会の政府首脳たちの間に初めて席を占めたとき、アンゲラ・メルケルはCDUで慣れてきたように、紅一点だった。怖い英国のマーガレット・サッチャーが数年前すでにかき回していたが、男ばかりの集団が普通だった彼らに交じって大国を代表する唯一の女性になった。首相に選ばれたばかりのメルケルは、シュレーダーから僅差で勝利をもぎ取っただけに自信たっぷりというわけではなかった。フランス大統領ジャック・シラクは、古きフランスの伝統で、彼女をなにかと気遣った。トニー・ブレアは小柄な新人のメルケルと相通ずるものを改めて感じた。対米協調主義の話題が二人を近づけた。リベラリズム、緊縮財政、ヨーロッパ構想の話もかみ合った。欧州憲法条約の批准がフランスの国民投票で否決されたことの穴埋めとして、大統領選を控えたニコラ・サルコジが力を入れたリスボン条約は、ポルトガルがEU理事会議長国だった時にリスボンでようやく署名されたが、メルケルとブレアが牽引役だった。ブレアは英国の指導者のうちでもっともヨーロッパに対する愛着が強く、ブレグジットの際も陰で貴重な助言をすることになる。彼は私に、アンゲラとはあいかわらず「定期的にこっちかあっちで」会っている、とちらりと言った。

ジョナサン・パウエルは首席補佐官時代の回想録、*The New Machiavelli : How to Wield Power in the Modern World*（『新しいマキャベリ、現代世界における権力行使の方法』）を二〇一一年に上梓しているが、彼によれば、二人の肝胆相照らす関係には別の理由がある。それは政治への情熱とマキャベリ的巧妙さという共通点である。ブレアとメルケル、二人のマキャベリはすでに前年の二〇〇四年にも英国大使館で会う機会があった。ベルギーのギー・フェルホフスタットを欧州委員会の委員長候補から外すという、高度な戦略を要する共通の目的が念頭にあったからである。ブレアとしては欧州懐疑論の国英国が何より嫌うヨーロッパ連邦主義者であるという理由で、メルケルとしてはもっと基本的に、自由党所属であり同じ保守派グループではないという理由で、ベルギーの元首相フェルホフスタットが気に入らなかった。フェルホフスタットを支持するジャック・シラクとゲアハルト・シュレーダーを敵に回し、二人は巧みに互いを利用し合い、結託してジョゼ・マヌエル・バローゾを後押しした。バローゾは個性のない男で教条主義的な自由主義派だったが、二〇〇八年の金融危機において展望のなさを露呈し、欧州委員会委員長を退任したあとは、サブプライムローン問題の象徴というべきゴールドマン・サックスに移るといった人物だった……しかし「策略は策略」であり、この男は過度な規制によって彼らの活動を妨害する恐れがないという重要な長所があった。ジョナサン・パウエルは、「メルケルは自分のグループのヨーロッパ統合支持派、すなわちEPP（欧州人民党）の議員をひじょうにうまく取り込みました。反フェルホフスタット派の小国を集めて、特別多数決阻止比率に達するよう、我々と一緒に頑張りました。彼女の有能さは電話で発揮されました」と述懐している。「SMS（ショート・メルケル・サーヴィス）」はフル稼働した。フェルホフスタットは落選し、二〇〇四年七月、バローゾが欧州委員会委員長に選ばれた。こうして上首尾に終わった一件が下敷きになっていたからこそ、この二〇〇五年六月一三日、ベルリンでブレアとメルケルは膝を交えて話し合い、意気投合したのである。数か月後の一一月、トニー・ブレアはメルケルの首相就任を喜んだ。負けたのは過去に彼とともに第三の道を提唱したゲアハルト・シュレーダーだったが。ブレアとメルケルはロンドンとベルリンで、何度か一緒に食事し、メルケル政権誕生を祝い、笑いあった。ジョナサン・パウエルは著書の中で、「『フェルホフスタットが電話をかけてきて、英国人たちをやっつけてほしい、そして当選後の最初の訪問先はブリュッセルにしてほしいと頼まれたわ』と、メルケルは我々に言い、ひどく可笑しそうだった。パリのすぐあと、彼女が足を運んだのはロンドンだった……」と述べている。著書の題名は『新しいマキャベリ』だが、『マキャベリたち』にしてもよさそうだ。

グローバル・ムッティは有名だ。欧州理事会でも各国首脳サミットでも、彼女は自国の連邦議会と同じように振る舞う。立ち上がってうろうろし、お喋りする。得意の小さなメモを一人一人に配っていく。それはゼスチャーということ以外に、彼女の指導者だったヘルムート・コールに教わったやり方なのだ。異を唱える相手とつねに一対一で向き合い、不意打ちを食らわせるのである。メルケルは場を仕切るのがうまく、党派に目をつけ、密談をみごとにやりこなす。議論が白熱すると、彼女は鎮静化する役に回り、別の問題に目を向けるよう冷静に求める。長期戦略はなく、あくまでその場その場の戦術であり、案件を手厳しくさばいていく。ゆっくり、落ち着いて、粘り強く。ときにはばっさり切る。本人も認めているように、メルケルにはカリスマ性がない。しかし威厳がある。アンゲラ・メルケルは、声高に訴えなくても、ドイツの重みを感じさせることができる。彼女は歴代首相にはなかった落ち着きを身につけている。

「メルケル・メソッド」と呼ばれるものがある。彼女の持ち味は細かい事柄で生かされる。ディテールに彼女はこだわる。ディテールを好み、究める。会議に出るときはかならず、前もって正確無比な議事日程を要求する。どれほど複雑な問題も把握し、相手方についての政治的情報、その弱点、交渉の余地のある要素を頭に叩き込む。メルケルはけっして冷淡にはならず、つねに誠実な態度だが、社交辞令や回りくどい言い方や無駄な配慮はしない。彼女は世界について哲学的に考察しようとしているのではなく、世界についての大理論を立てることもしないが、目標を設定しひとつひとつ段階を踏んで解決しようとする。

ミシェル・バルニエがこうしたメルケルの特徴を肌で感じたのは、EU離脱を決めた英国との交渉をEU側責任者として進めた数年間、そしてともに環境相という同じ立場にあった一九九〇年代半ば頃である。「ひじょうにシンプルで、理路整然とした人だと思いました。ストレート・トゥ・ザ・ポイント、つねに単刀直入です。男性女性を問わず、フランスの政治家にはあまりないことですが、彼女は細かい点に目を配るのです――私もディテールは好きなのですけどね！」。バルニエはさらに「EPP（欧州人民党）サミット」の際にメルケルをじっくり観察した。欧州理事会の始まる前、四半期ごとに開催される欧州議会保守派の会合で、十人ほどのEPP首脳が参加する。メルケル、EPPグループ関係各国代表、副代表らがそのメンバーで、ミシェル・バルニエも含まれていた。「きわめて几帳面な女性だったと記憶しています。すぐに立ち上がってはテーブルの反対側の別の指導者の隣に座って、文意をはっきりさせたいので、党の担当者に会いたい、というのです。彼女にとって、書かれている以上、言葉が大事なのです！　私は感心しました。彼女はあの頃から今と同じ性格でした。シンプルで、簡素で、率直で、裏表がなく、ひじょうに細かい。問題を解決し、落としどころを見つけるのが好きなのですね」とバルニエは語る。メルケルと多くの仕事をしてきたパスカル・ラミーもやはり、「メルケル・メソッド」に強い印象を受けた。元WTO（世界貿易機関）事務局長ラミーは語る。

「メルケルとは、いつも話が実利的になります。四十五分お互いに時間があるとして、彼女は会談から何を引き出したいか考えをまとめ、最初にそれを説明し、最後に総括して自分がすべて正しく理解したか確認します。こうした徹底的な手法を持っているのは彼女だけです。サルコジなど、私に四〇分間もビジネス外交について滔々と述べてから質問してきたものです。彼女は反対でした。彼女はテーマをしっかり研究してから取り仕切ろうとします。ビル・クリントンがそうでしたが、彼女には相手から情報を収集するあの特別な方法がありました。彼女はひとつのポイントから切り出し、それについて皆は議論し、彼女は聞き役に回り、最後に『理解が進みました』と言うのです。ユニークです！」

第14章

メルケルと四人のフランス大統領

「サルコジでもオランドでもなく、彼女が好きなのはシラクとマクロンです」

アンゲラ・メルケルのブレーン

彼女は鮮やかな薄赤のジャケットを選んだ。いつもより丁寧に化粧をし、やはり就任したてのニコラ・サルコジやフランソワ・オランドが訪独した式典の時よりも念入りにおめかしした。この日メルケルは、生き生きと輝くような笑顔だった。二〇一七年五月一五日月曜日、アンゲラ・メルケルは新しいフランス共和国大統領、エマニュエル・マクロンを迎えた。就任式はその前日に行われ、フランスとドイツの恒例の儀礼に従い、マクロンは最初の国家元首としての訪問先をドイツ首相にあてた。迎えるメルケルはいつもと微妙に違う気持ちだった。このフランスの元首は他の元首とは異なっていたからだ。若く美男で、華やかで一匹狼、無党派、経歴も浅く、溌剌としており、二四歳年上の女性と一〇年前に結婚している。メルケルと同世代の女性である。この最後のディテールがアンゲラ・メルケルの心をつかんだ。若い頃を過ごした東ドイツの全体主義社会では、他と違うことはことごとく嫌な眼で見られ、押さえつけられた。皆と同じように考え、皆と同じように振る舞わねばならず、目立ったら高い代償を払わねばならなかった。違っていることを堂々と受け入れて生きる人々にメルケルは憧れた。ブルジョワ的順応主義とは一線を画し、人が何と言おうと気にしないこの青年の勇気に、メルケルはいたく感動した。「彼の生き方を見ていると、自分が何を求めているかが分かっていて、原理がある人だと分かるわ」と、彼女は周囲に言った。

めったに興奮した表情を見せず、マンシャフト（ドイツのサッカー代表チーム）かバイエルンの試合のときくらいしか感情をあらわにしない彼女が、エマニュエル・マクロンの勝利の話となると熱弁をふるうのだった。マクロンは壮大にも主神、ゼウスにたとえられた。アンゲラ・メルケルはさしずめ知恵の女神アテナというところだが、この二人の神々はオリンポス山で仲良くやっていけるはずなのだ。二人には政治の世界に降り立ったUFOという共通点があるからである。メルケルはもっとも意外な首相候補だったし、マクロンはもっとも意外な大統領候補だった。メルケルはジャーナリストたちと距離を置き、マクロンも、彼らを過剰に利用したフランソワ・オランドとは異なり、彼らとの間に垣根を設けるようになった。メルケルは右派と左派の絶妙なバランスで大連立政権を率い、マクロンは「右でもなく左でもない」ハイブリッド政権でみごとに混乱の種を蒔いてくれた。マクロンの無意識の口癖として知られる「そして同時に」は、メルケルの「単純な解決はありません」と響き合う。メルケルはこの台詞をことあるごとに繰り返し、議員たちをいら立たせている。マクロン＝メルケル、あるいはラディカルな中道派だ。いつものことだが、フランスとドイツの指導者の組み合わせは、色々に略される。「メルコジ」、「メルコランド」のあとは「マクレル」あるいは「メルクロン」。あまりぱっとしない呼び方だ。ドイツの新聞や雑誌は「M&M」と呼ぶ方が多い。他の二人の大統領候補、フランソワ・フィヨンとブノワ・アモンと同様、マクロンは以前、側近時代にドイツ首相官邸を訪れていた。オランド大統領のもとで副事務総長を務めていたマクロンに会ったときから、メルケルは強い印象を受けていた。首相官邸の広大な執務室のソファに座ったマクロンは、論理的に明らかなこととして自らの政策について滔々と述べた。「フランスでは、左派と右派はいがみ合っています。私はブレーンとして国の近代化を推進しようとしてきましたが、右派も左派も改革を行うことができません。変革するためには、中道派が推進力となるしかありません」。マクロンは、釈迦に説法とも思わず自説を展開した。メルケルは、保守派候補フランソワ・フィヨンの自滅から、右派と左派の二大政党候補の敗北に至るまで、世界中が注目するフランス大統領選のドタバタ劇を注意深く見守っていた。第一回投票を目前に、ともにヨーロッパ統合反対派の極右政党マリーヌ・ル・ペンと極左政党ジャン゠リュック・メランションを含む四人の候補者がほぼ互角との調査結果が出たとき、メルケルは顔を曇らせた。ドイツへの敵意では負けないこの二人は、フランスがドイツの言いなりになっていると痛烈に批判しており、決選投票で彼らのうちどちらかが勝てばEUも終わりと思われた。ル・ペンは敗北したものの、当たらずといえども遠からずだった。

マクロンは彗星のように現れ、ライバルをコテンパンにやっつけ、フランスの潮流とは逆方向のイデオロギー計画、すなわち革新・社会自由主義的中道政治とEU推進を唱えて不思議にも当選した。これこそドイツが称賛し待ち焦がれていたことだった。右派のアイデンティティ主義と左派の平等主義のはざまで硬直した保守的なフランスに、ドイツが望んでいたことだった。「リベラル」と「ヨーロッパ統合」が耳障りな言葉となり、中道主義がいい加減な同意として軽視され、改革よりも、革命か「何もしない」のどちらかを選ぶフランスに。五月七日、マクロンはルーヴル美術館のピラミッドの前で、フランス大統領として初めて「欧州の歌」（ベートーヴェンの第九「歓喜の歌」）の演奏とともに就任を祝った。マクロンはまた、ドイツに好意的な組閣をした最初の大統領だった。首相を含め、少なくとも三人の閣僚はドイツ語が堪能だ。ドイツ人から見てマクロンは、願ってもない人材だった。ベルリンでは明らかに高揚した気分が漂っていた。五月一五日月曜、マクロンが初めてドイツを訪れたとき、「友愛のもとに」とフランス語で書かれたブルーの横断幕が首相官邸の正面に掲げられた。エディット・ピアフの「バラ色の人生」が近くのスピーカーから流れていた。アンゲラ・メルケルが官邸の前庭で新しいフランスのパートナーを迎え、ベルリンを一望できる九階のテラスに案内したとき、数百人の群衆が柵の前にひしめき、フランスとヨーロッパの小さな旗を振っていた。人々はオーケストラとともに「ラ・マルセイエーズ」とドイツの国歌を歌った。これほど大勢の人々が集まって喜びに沸いたのは、前年一一月、ドナルド・トランプが選出された九日後、別れの挨拶に来たバラク・オバマの訪問以来だった。メルケルはすぐにいつもの冷静さを取り戻した。若いフランス大統領を歓迎する演説の中で、彼女はヘルマン・ヘッセの「あらゆることの始まりには魅力がある……」という言葉を引用し、「しかし、結果を伴わなければ魅力は続きません」と彼女らしく締めくくった。言い換えれば、「焦らずじっくりやりましょう」ということだ。マクロンは他の指導者より親EU派で真面目そうではあるが、公約通り、労働市場を自由化し公的支出を抑えられるかどうかについては未知数だった。とにかく盤石の地位のアンゲラ・メルケルはこれまでフランス大統領たちを何人も見てきたのである。その数四人、第五共和制の大統領の半数である！　最初で最後の東ドイツ民主政権時代、報道官としてロタール・デメジエールと一緒に大統領官邸を訪ね、フランソワ・ミッテランに会ったこともあるのだ。四人の大統領とつきあった一二年間の首相生活で、メルケルははやる気持ちを抑えることを学んだ。歴史の流れを変えるのだと息まいたかと思えば、すぐに目の前の単純な喜びに浸る、血気盛んなフランス人に、彼女は慣れた。

メルケル自身、西側の文化に染まらず、歴代ドイツ首相が抱いてきたようなフランスへの親近感はなかったが、瞬く間に調子を合わせるようになった。フランスの伝統的な政治家というのは、ドイツと排他的な結びつきにならないよう、裏ではドイツに対抗する友好関係を結び、コンプレックスを感じるほど良い子すぎて癪にさわるこの友邦を突き放そうとするのだ。ジスカール・デスタンやサルコジは英国と、ミッテランやオランドは南ヨーロッパと裏で手を結ぼうとしたが、数か月もすると、古き良き独仏関係ほど確かなものはないと、それぞれ納得した。連帯と責任と、このヨーロッパの微妙なバランス関係において、フランス人はどうしようもなくつねにキリギリスであり、ドイツ人は蟻であることをメルケルは理解した。構造改革の約束などけっして守られない、このフランス人特有の芸当に、メルケルは用心することを覚えた。ジャック・シラクは就任早々、いっさい手をつけなくなり、改革派のアラン・ジュペ首相をお払い箱にした。ニコラ・サルコジは就任早々、富裕層に減税のプレゼントをし、呼ばれてさえいなかったユーログループの会合で、支出削減計画を尊重するつもりはないと発言した。フランソワ・オランドは就任して二年経ってから、（企業に対し税・社会保障負担の軽減と引き換えに雇用創出を求めた）「責任協定」を打ち出し、四年経ってから労働改革に着手した。二人の大統領、サルコジとオランドは隣国ドイツから評価を得るために重い腰を上げたものの遅すぎた……再選されるための努力も間に合わなかったが。メルケルはドイツ人らしく、何より信頼性、すなわち約束の尊重を相手に期待する。フランス人は約束を言語化することが何より得意だ。エマニュエル・マクロンはメルケルにとって四人目のフランス大統領だ。それまでの大統領にはがっかりしてきただけにハードルは高くなっていたし、マクロンもそれは分かっていた。「フランスは規則を破り、信頼を失ってきました」と彼は言ったが、さらにドイツのジャーナリストで作家だったクルト・トゥホルスキーの名言をつけ加えてもよかっただろう。「ドイツ人を愛するには彼らを理解しなければならない。フランス人を理解するには彼らを愛さなければならない」。四人の中でメルケルのお気に入りは誰だろう？　私は側近たちにしつこくこの質問を繰り返してきたが、おしゃべりなフランス人とは違い、ドイツ人につきもののあの口の重さで、一様に困った顔をして話をそらす。だがついに一人が口を滑らせた……ドイツ風に。「サルコジでもオランドでもなく、彼女が好きなのはシラクとマクロン、ということは言えます」。

シラク大統領（在任 1995 ～ 2007 年）と。写真提供：AFP= 時事

四期にわたるアンゲラ・メルケル政権に共通点があるとすれば、つねに重大な局面に立っていることだ。危機の連続といっていいほどだが、そのひとつひとつが独仏関係のパートナーと関連している。シラクの時代は、旧ソヴィエト衛星国が大半を占める一〇か国が新たにEUに加わり、拡大による混乱を収めなければならず、欧州憲法条約が国民投票によって拒否されたことも波紋を広げた。サルコジ時代は、欧州憲法条約批准の頓挫を穴埋めする意味で、十全とはいえないリスボン条約が締結され、世界的な金融危機が起き、さらにギリシャの財政危機に端を発する欧州ソブリン危機は悲嘆と動揺を招いた。オランド時代は、プーチンによるクリミア併合、ウクライナ紛争、フランスで起きたイスラム過激派による連続テロ事件、難民問題、ブレグジットの是非を問う国民投票、ドナルド・トランプの大統領就任と、じつに多難だっ

た。オランド時代の幕引きをしたマクロンは、新型コロナウイルス感染症拡大、および医療だけでなく経済にも及んだ未曾有の危機に直面した。連帯的なヨーロッパ経済復興計画をともに打ち出し、より政治的な連合の構築にむけてやはりこれまでにない一歩を踏み出した。

メルケルが初めて政権を握った二〇〇五年、ジャック・シラクはすでに別世界の人に思われた。それまでに会った大統領――すべての国家元首や政府の長一般――のうちで、フランス人らしく手に口づけする挨拶をしたのはシラクだけである。欧州理事会のバーに足を運び、彼女のためにサンドイッチとビールを注文し、プレートに載せて持ってきたのもシラクだけである。議論がとげとげしくなり行き詰まると、シラクは雰囲気を和らげる、なんともおかしいやり方を知っていた。ペンでグラスを軽くたたいて静粛を命じ、もったいぶった口調で「皆さん、フランスがここで提案するのは……コーヒーです！」と宣言するのである。アンゲラ・メルケルにとって、シラクは導き手であり、ドゴール将軍世代の人だった。女性が権限のある職務につくと居心地の悪い思いをする男性の例に漏れず、シラクは逆に過剰なほどの礼儀と気配りをもって接した。メルケルに対して情愛深い祖父のように振舞ったが、彼女はそれが気に障った。ヘルムート・コールを思い出したからだ。しかしメルケルはシラクを尊敬していたし、好きだったので、シラクの誕生日にはかならずビール一樽を贈らせた。シラクは感激していた。シラクに病気が見つかると、メルケルは彼の体調をたえず気遣い、エマニュエル・マクロンがベルリンに来たときは真っ先にシラクの病状を尋ねたほどだった。

二人の関係の滑り出しは好調ではなかった。新任首相メルケルと老練の大統領シラクとの間に、シラクとシュレーダーの近しい関係という壁と、イラク戦争という問題が同時に立ちはだかった。ジャック・シラクは、社会民主主義者でありメルケルの前任だったゲアハルト・シュレーダーと、政治的党派は異なるものの、親密な関係を築いてきた。二〇〇三年、イラクの独裁者サダム・フセインに対しアメリカが開始した戦争への参加について、シラクとシュレーダーはともに反対した。世論の反発を避けたかったというのが主な理由だったが、イラク攻撃に異を唱えた二人は緊密に結びつき、トニー・ブレアと袂を分かった。ブレアは不幸にも、ジョージ・W・ブッシュ大統領の新保守主義的十字軍に加わった。アンゲラ・メルケルもブレア同様、軍事介入に賛成したが、その根っこには、やはり特殊な生い立ちが関係していた。東側で育ったアンゲラ・メルケルは、アメリカが体現する欧米主義に傾倒する気持ちがどうしても強かった。ロシアは依然として危険であり、アメリカは民主主義と自由という絶対的な、異論の余地のない価値観を保証する存在だった。アメリカ、それはマーシャル・プランであり、一九四八年の西ベルリン封鎖の際の大空輸作戦であり、自由の擁護であり、ジョン・フィッツジェラルド・ケネディが一九六三年にベルリンで行った演説──「私はベルリン市民である」──だった。イラク戦争をめぐって議論がかまびすしいなか、メルケルはあくまで用心深くはっきりした立ち位置を示さなかったが、二〇〇三年二月一九日、アスペン・インスティテュートから招聘された際、グランドホテルエスプラナードで思い切った親米路線の演説を行い、世論に横やりを入れた。アメリカあってのヨーロッパである、とヘンリー・キッシンジャーとコリン・パウエルの言葉を敷衍《ふえん》して簡潔に述べた。メルケルはアメリカの言説に沿いながら、二〇〇一年九月一一日の同時多発テロ事件はアメリカに対する攻撃ではなく、文明社会全体への攻撃であり、独裁者の手にある大量破壊兵器は我々すべてに脅威を与えている、と説いた。ヨーロッパは単独で安全を確保することはできないし、するつもりもない。制度も意志も能力も——すなわち軍事力がないからである。防衛協力関係に加わるしかないのだ、と彼女は締めくくった。

当時、主力野党の党首だった彼女の演説は、傷ついた女性のそれだった。二日前の二月一七日、ジャック・シラクは、東側のEU加盟候補国を明らかに見下す言動でメルケルに不快感を与えていた。実際、ポーランド、ハンガリー、チェコ共和国とその他六か国は、イラク戦争を支持する書簡を差し出がましくアメリカに送っており、シラクは気位が高く古い大国らしい傲慢な言葉で応じた。「黙っていればいいものを、余計なことをしたものだと思います」。アンゲラ・メルケルにはこの言葉が個人攻撃として響いた。東側の国、それは彼女だった。第二次世界大戦後はソ連の傘下に組みこまれ、西ヨーロッパから切り離され、壁の向こうの全体主義政権下におかれ、西側諸国からは顧みられず、一九八九年からは遅れを取り戻すよう急かされてきて、ようやくEU加盟に手を挙げられるようになったのだ。ヨーロッパ文化を培う豊かな土壌だったのに、ヨーロッパは東側諸国を見捨てた。東側諸国と同じように、アンゲラは遅れてきた人であり、ヨーロッパの移民のようなものだった。彼女は長い間、取るに足らないオッシーであり、自信たっぷりの西の大物の中におどおどと紛れ込んだ東側の女性だった。キャリアを積み、首相に就任した後も、彼女は自分の出自を忘れず、東からの新参者に対し親近感を持ち続けた。彼らと同じように彼女は、ヨーロッパ統合が自分とは関係なくスタートを切ったのを見てきた。一九五七年、欧州連合の基本条約となったローマ条約が調印された際、アンゲラは壁の向こう、蚊帳の外にいた。彼女は後にこの条約調印の六〇周年記念式典を他の国家元首とともに盛大に行うことになった。二〇〇四年、メルケルはこうした東側諸国の加盟がEUの政治的弱体化を招こうとも、何としてでも実現しようと尽力した。シラク大統領の発言は、彼が当然のものとして鼻を高くする象徴や印を持たずに成長した者を侮辱するものだった。しかし、メルケルは頭のいい女性だった。首相になると、自分の不満は封印した。ブッシュ大統領に与《くみ》してイラク攻撃に賛成したことは目をつけられずに済み、この立ち位置から体よく抜け出せたことは有り難かった。ちょうどそのとき、政権の座ではなく野党のCDU党首だったのが幸いした。大失敗に終わったばかばかしい戦争にドイツを巻き込む選択をして、有難い支援者たちから永久にそっぽを向かれずに済んだ。

ジャック・シラクは中東に詳しく、メルケルを感服させた。メルケル自身は、シリアの独裁者、バッシャール・アル＝アサドにはいっさい譲歩しないつもりだった。しかし当時のドイツは対中東外交に精通していなかったので、たいていの場合フランスに同調し、シリアやレバノンにはどのような立場をとるべきか、教えを乞うていた。ミシェル・バルニエがすでに着目し、パスカル・ラミーたちも感心していた「メルケル・メソッド」は、シラク陣営でも驚嘆の的となった。メルケルはみごとな手腕を発揮し、複雑な案件でも可能な限り詳細に検討した。ディテールにこだわるときの彼女の腕の冴えは半端ではない。この点、メルケルはひじょうにマニアックだ。すべてが力関係で展開するトップ同士の話し合いでは、問題の深い理解が武器になる。メルケルはすぐにこのことを理解し、物理学を学び始め、科学アカデミーで研究をしていた頃からこの方法を身につけていた。政界に入ったとき以来、それがトップ同士の会談で存在感を示す彼女なりのやり方であり、彼女はそれを貫き通した。細かいことに目を配り、構成と総括に長けているのがメルケルだ。先見の明やイデオロギーはないが、その場その場でひとつひとつ段階を踏んで実行するプラグマティズムの人であり、まったくもって重箱の隅をつつくような性格だ。首脳会談で彼女はペンを片手に、「第三パラグラフ、小文字のb、二行目、『とくに』を削除すべきです……」と指示する。じつに根気よく。つきあう指導者たちはため息をついて時計を見、成り行きにまかせる。楽しんでいるのは彼女だけだ。しかし結局のところ、高邁な思想に欠けていようと、最終決定権は、どんなときも涼しい顔のメルケルにある。「力のある女性という感じですよ。彼女がこれで十分と言えば十分なのです」と、欧州理事会の若い女性職員は言う。首相就任からわずか四週間後、ブリュッセルで、メルケルは毅然とした態度でEUの予算交渉に加わり、皆を驚かせた。フランソワ・ミッテランが「(独裁者)カリギュラの目とマリリン・モンローの唇」と評した英国のマーガレット・サッチャーは、びた一文も譲らぬ強気の姿勢だったという。シラクは、物腰はサッチャーよりは柔らかいものの、アンゲラ・メルケルもやはり手強い相手だと理解した。メルケルがトニー・ブレアとともに財政規律の遵守をいきなり強硬に主張し始めると、ますますその感が強くなった。理由は異なるものの、財政規律は英国にとってもドイツにとっても尊重すべきものだった。しかし、根本的な対立があっても、またシラクがメルケルよりもシュレーダーを、その男っぽい哄笑をあいかわらず好んだにもかかわらず、メルケルとシラクはこのうえなく誠意ある独仏関係を二年間保った。メルケルの手に口づけすることから、その他色々、あの手この手で維持され、老いたる獅子シラクが政権の座から降りるまでもった。

二〇〇七年、ニコラ・サルコジがシラクの後を継いだ。アンゲラ・メルケルは今や逆の役割になった。メルケルがすでに地位を得た側であり、新任のフランス大統領を初めて迎える立場になった。当時、ドイツはEUの議長国だったので、メルケルは、自分が首相に就任したとき、議長国首脳だったトニー・ブレアがしてくれたように、サルコジを引き入れ、皆に認めさせた。二人は「メルコジ」を形成した。「メルコジ」は、金融危機の長い混乱とユーロ救済に対処すべく、正反対のキャラクターがやむなく結びついた、奇妙な生き物だった。初めの頃は困難が多く、中盤となっても波乱続きだった。メルケルの側近は、「二人は良い時もあったのですが、険悪になるときも多かったですね。サルコジ相手だと、いつも張りつめた空気になるのです。メルケルはそれにいら立ち気味でした」と述べている。

ニコラ・サルコジは、二〇〇七年五月一五日の大統領就任式の翌日、ドイツ首相官邸に迎えられた。メルケルとサルコジの最初の会談は対決だった。メルケルはサルコジの衝動的で威圧的な性格については聞いていた。サルコジは、メルケルがヘルムート・コールを始めとして、ライバルをことごとく次々と蹴落としてきたことを知っていた。メルケルがまだ今日のような象徴的存在ではなかったにせよ、そのいきさつには敬意を払わざるをえなかった。なにしろ前任者でありライバルのゲアハルト・シュレーダーを僅差で破ったというのだから。メルケルはまだ自信をつけていなかったが、ともかく政権掌握という意味ではサルコジより一年半先輩であり、ドイツは二〇〇七年一月一日からＥＵの議

リーマンショックとギリシャの債務危機の際はサルコジと組んだ。写真提供：ロイター/アフロ

長国だった。彼女はこの二つの優位にものを言わせるつもりだった。首相官邸最上階のダイニングで催された就任記念晩餐会は同じ群れを支配するオス同士の力比べのようだった。メルケルは射るようなライトブルーの目で獲物を狙うようにサルコジを見つめ、サルコジはマルセイユあたりで空威張りする輩さながらのエネルギッシュなボディランゲージで応じた。前置きとして、フランスの政治情勢について——決選投票でセゴレーヌ・ロワイヤルにめでたく勝ったこと、フランソワ・フィヨンを首相に据えたことなど——礼儀正しく述べたあと、欧州憲法条約という本題に入った。二〇〇五年の国民投票でフランスとオランダが「ノー」をつきつけたことにより、ヨーロッパには重苦しい雰囲気が漂い、統合推進にブレーキがかかった。ニコラ・サルコジは

簡素化したミニ条約にしてはどうかというアイディアをもってきた（これはリスボン条約として調印が実現されることになる）。それはメルケルにとって悪くない解決法だった。制度の停滞から救われるし、六か月務めてきたＥＵ議長国の面目を保つことができるからである。まずはサルコジが一本取り、リードした。今度はメルケルがポイントを上げる番だった。先輩格であり諸問題に通じているというアドバンテージに意を強くした彼女は、進行中の貿易交渉の専門的な点についてサルコジを問い詰めた。「ＥＵ郵便指令に対するフランスの立場は？」といった類の質問だった。サルコジはどうにか逃げ切ったが、これで一対一である。そこでサルコジはふたたびボールを手にした。彼は次回欧州理事会までに、ミニ条約締結に向けてスペイン社会労働者党のサパテロ首相やポーランドの厄介な双子のカチンスキ兄弟〔兄ヤロスワフは首相、弟レフは大統領〕を自ら説得すると申し出た。メルケルは彼らとぎくしゃくした関係だったので、サルコジは彼女を窮地から救ったことになり、勝負は二対一となった。

メルケルとサルコジのパートナーシップは独仏関係を戯画化する格好の題材だった。ヨーロッパ一の大国を泰然と率い、節度があって穏やかなメルケルは、合意なく至急に下した決断として大演説を嫌った。そんな彼女と、エネルギッシュで血気盛んで人目を引くのがうまく、冗舌でとんでもない役者のサルコジは、水と油だった。アンゲラとファーストネームで呼び、いきなり抱擁し、腕や手を取るサルコジのラテン的振る舞いには困った。パリの革命記念日の祝典で、サルコジがメルケルをそばに引き寄せて人々に挨拶させようとするので、「ニコラ、手を引っ張るのはやめて！　みんなが見たがっているのは私ではなくてあなたでしょう！」と、彼女は言った。そのうえ、サルコジは彼女の夫であるヨアヒム・ザウアーを間違って「ムッシュー・メルケル」と呼んでしまった。こうしたことが重なり、東ドイツの牧師の娘メルケルは、シラク、そして古きフランス式の手への口づけを懐かしく思わずにいられなかった。メルケルはサルコジの活力と決断力に感心はしたが、対処のしようがなく、育ちが悪く派手好きで、欲張りで衝動的だと思った。つねにメルケルの決断を迫ろうとする彼のやり方も気に障った。サルコジはメルケルの冷静さ、慎重さ、緩慢さにいら立った。「待って。じっくり考えないと。連邦議会に諮らなければなりません」と言う癖も。メルケルの「待って、待って」にサルコジは苛々《いらいら》し、陰で真似をした。「彼女はいつも、最後の一分一秒まで待たなければいけない！　私は行動を起こしているのに！」。サルコジは、二〇〇八年の金融危機の際、ドイツがなかなか事の重大さを認識しようとしないと思い、記者会見で大っぴらに不平を漏らした。「フランスは動き、ドイツは考えこむ」。メルケルはこの言い回しが気に入らなかったので、すぐに反撃し、フランスが喋っている間、ドイツは動き、連邦議会に第二次復興計画を検討させていた、と述べた。サルコジは謝り、「ドイツは動き、フランスは考えこむ」と訂正した。トニー・ブレアと大の仲良しのニコラ・サルコジは、ドイツ人の真面目さよりも英国人の軽妙なユーモアが好きだったし、一時は先人と同様に、旧来の独仏関係から方向転換し、英国に接近しようとした。アンゲラ・メルケルは駆け引きを良しとしなかったし、ましてや、ドイツの協力なしに「地中海のための連合体」の構想を——大統領特別顧問のアンリ・グアイノによる構想だったが、すぐに多くの反発と疑問を招いた——提唱するなど、評価できなかった。二〇〇八年後半にちょうどフランスがＥＵ議長国となり、サルコジが主導権を握ったものの、収拾がつかず構想の規模は縮小された。

せっかちなサルコジは、他のフランス大統領にまして、アンゲラ・メルケルの長考癖が性格的特徴というだけでなく、システムの違いによる制度的な要請によるものだということがなかなか理解できなかった。メルケルは第五共和制大統領とは違うのであり、きわめて厳密に権力の独立性に注意している。連立を組んでいる党の意見を考慮しなければならず、連邦議会に敬意をもって諮り、かならず諸州の首相に相談し、権力の強い憲法裁判所の統制なしには何も執行しない。メルケルは行事を先導することはなく、前面に出ることもなく、慣例的妥協が立ちいかなくなったときに仲裁的権力を行使する（コロナが急拡大した二〇二一年三月、厳格なロックダウンの実施を諸州に強制できなかったメルケルは、ドイツのテレビであらためてこのことを述べた。「専制的首相職は民主主義の遂行に適しません。納得を得ることが必要です」）。連邦首相の権威は、制度上共有されているので、相対的なものだ。ニコラ・サルコジはこの違いに耐えきれず、二〇〇九年一月、安全保障に関する年次会議のおりに、バイエルン州都の宮殿を改装したホテル、バイエリッシャー・ホフ・ミュンヘンで催された記念晩餐会の席で吠える始末だった。ドイツの巨大企業でありヨーロッパ随一のエンジニアリング会社であるシーメンスが、フランスの多国籍企業アレヴァ社との合弁関係を解消すると発表したばかりだった。アレヴァ社は原子力事業を主力とし、フランス政府が株式を保有していた。ニコラ・サルコジは怒り心頭に発し、容認できなかった。アントレを待っているとき、彼は「シーメンスがアレヴァを見捨てるのを許すなんて、信じられない！」と、メルケルに向かって叫んだ。メルケルは、「私に何ができたっておっしゃるの？　こちらは民間企業です。一緒にしないでください。そもそも私は知らなかったのですから。あなたと同じようなタイミングで知らされたのです」。サルコジは吠え始めた。「そんなバカな！　フランスとドイツの関係は台無しじゃないか！」。メルケルは落ち着いて「信じてくださらないかもしれないけれど。私は知りませんでした」と言った。サルコジは肩をすくめ、まったく耳を貸さず、わめきつづけた。同席していた何人かの人々は茫然としていた。晩餐会が終わると、メルケルは好きな言葉のひとつについて述べた。「力は静寂に宿る」――十八番の「単純な解決はない」を口が酸っぱくなるほど繰り返したあとに彼女が折に触れて持ち出す叡智の原則である。もうひとつのお気に入りの言葉はラテン語で、《*Respice finem*》。「結末に思いをはせよ」。メルケル流に言い換えると、「好きなだけ言ってなさい（私は興味ないから）」ということだ。

二〇〇八年九月、リーマン・ブラザーズの経営破綻とともに始まり、世界を揺るがした金融危機ほど、サルコジとメルケルという相容れないキャラクターを鮮やかに浮かび上がらせた出来事はない。二〇〇七年八月、サルコジは、すでに切迫している財政問題をG8の議事日程に含めるよう、メルケルに書き送った。「どのくらい急ぎですか？」というのがメルケルの返事だった。二〇〇八年後半にフランスがEU議長国となり、舵取り役となればなおさら、ニコラ・サルコジは創意と主導性を発揮しようと奮い立った。彼はリーダーであり、こうした危急の際にはメルケルより賢明だった。メルケルの慎重すぎる性格はかなり長い間、ピントがずれているように思われた。サルコジは最初から事態の深刻さを正確に把握し、共同戦線を張ろうとした。メルケルは時機をうかがい、赤字を増大させることしか能がないフランス人たちを本能的に警戒した。二〇〇八年一〇月、サルコジは、英国の労働党党首であり首相のゴードン・ブラウンを「ゲストスター」として招き、ユーロ圏の国家元首や政権の長を大統領官邸に集めた。英国はユーロ圏外だったが。財務大臣としてはリベラルな経済政策を推進していたが、ブラウンはいくつかの英国の銀行を国有化した。ブラウンは、金融機関を救済し、財政赤字の膨張に目をつぶり、規律を一時的に無視するといった思い切った手段に出るよう勧めた。メルケルは不満げだった。ドイツの銀行は破綻とは無縁と信じ、この金融危機がどれほどの規模になるのか、あいかわらず理解していなかった。そのとき会議の途中に一本の電話が入り、ドイツの不動産金融大手、ハイポ・リアル・エステートが経営難に陥っていると知らせてきた。メルケルは口をつぐんだ。翌日、彼女は打って変わって柔軟な姿勢になった。

リーマンショックからギリシャの債務危機にいたるまで、サルコジとメルケルの二人三脚はこんな調子だった。サルコジが苛々《いらいら》をつのらせればつのらせるほど、メルケルは突っぱねた。彼がヨーロッパ通貨基金を創設したいと言えば、彼女は最初、ドイツはそこに出資したりしないとにべもなかった。「君はリーマンが好きだったよね、今度はギリシャを大好きになってくれよ！」と、サルコジは言い、ギリシャを救援するのをぐずぐずためらっていては大変なことになると説明した。サルコジは顧問たちの意見に従い、必死の努力で態度を和らげ、穏やかに彼女を説得しようとしたこともあった。その結果、欧州首脳会談の前に、以下のような会話が繰り広げられた。

サルコジ「アンゲラ、今こそやらなければいけない。これは我々の提案だ。僕が君の反論を十分受け止めたことは認めるよね。だからここで打ち切って、皆に発表しよう」

メルケル「駄目です。すぐには発表できないわ。込み入っているので、じっくり考えます」

サルコジ（独り言）「ほら、俺は頑張った、あいつの指摘ものんでやった。だが、どうしようもない。あいつは嫌だと言う、いつだって何もかも邪魔する！」

メルケル（独り言）「彼とはやっていけないわ。いつでもごり押しなんだから。単純な解決なんかないのに」

度重なる危機は二人を緊密な関係にし、結束させた。二人はお互いを知るようになり、お互いに我慢した。他の人々をけなす段になると、二人は以心伝心、同調することもあった。二〇〇九年一〇月夜、大統領官邸でアンゲラ・メルケルとニコラ・サルコジは思い切り笑っていた。いつも通り、サルコジはメルケルのために、チーズの盛り合わせと上等のボルドーワインを用意させる心遣いを見せた。二期目に再選されたばかりのメルケルは、晴れ晴れした表情だった。リスボン条約は発効目前であり、簡素化されたこの憲法条約が想定した新たな役職である欧州理事会議長（通称EU大統領）が必要だった。二人は候補者、言い換えれば同じ立場である政府の長や仲間についてあれこれ検討した。まさに露骨な品定め、マクベス夫人さながらの引きずり降ろし大会だった。ブレア、ユンケル、バルケネンデ、シュッセル……晩餐のあいだ、次々と名前が挙がった。二人は笑いながら、彼らの長所、とくに短所をあげつらった。そして一人一人消していった。あいつはどう？　はい退場！　チーズのお代わりは、アンゲラ？　デザートになると、決めなければならなかった。サルコジはトニー・ブレアを候補に推したが、メルケルははっきりと反対した。強い個性、つまりうるさい人はいらないのだった。サルコジが「じゃあ、誰？　ファン・ロンパイ？」と言うと、メルケルはきょとんとして「それ誰？」と聞いた。メルケル側の通訳も、やはり馴染みのない名前だったので、分からないまま彼女の耳にささやいた。「フェルホフスタット」（ベルギーの元首相で欧州議会議員。すでにメルケルはトニー・ブレアと結託して欧州委員会委員長選に出馬した彼を落選させていた）。なめらかだった会話は急に止まった。メルケルが「フェルホフスタット？　なぜフェルホフスタットなの？」と言うと、サルコジは訂正した。「違う違う。ファン・ロンパイ、ベルギー首相の！」。メルケルは「ああ、ファン・ロンパイね！　いいアイディアだわ。考えさせて」と応じた。同調的であまり邪魔にならないヘルマン・ファン・ロンパイはそのまま議長に選ばれることになる。

「メルコジ」の衝突は数知れず、仲直りもそれだけ多かった。メルケルは、小さな庭とＩＫＥＡの家具のある、ブランデンブルク州の別荘で週末を過ごすのはいかがと、サルコジを誘ったことがある。目を惹くような華やかさは何ひとつないところだった。サルコジは旧東ドイツの静かな田舎で過ごすことにさほどの魅力を感じず、そんな暇はなかった。パリの自邸にメルケルを招いて、妻のカーラ・ブルーニも一緒に食事をする方が良かった。カーラはサヴォワ風フォンデュを用意してくれた。大統領官邸からほど近いホテル・ル・ブリストルのテラスでの昼食にメルケルを招待するのも何より楽しみだった。メルケルはブレス産若鶏が大好物なのだ。サルコジはグアナハ産チョコレート・スフレに目がなかった。モクレンと白いパラソルの陰で、サルコジがスフレをむしゃむしゃ食べるのを、メルケルは目を丸くして面白そうに眺めている。リーマン・ブラザーズ破綻による金融危機の際、二人はケンカしたものの、結局、若鶏とグアナハのスフレで試練をともに乗り越えた。リビア戦争でもやはり二人はもめた。サルコジが急き立てればメルケルはしりごみし、サルコジが地団太を踏めばメルケルはじっと考え、「さあ、やろう」「待って、考えるから」という同じパターンが繰り返された。緊急事態でも行動する前にじっくり考えるというあの癖がいつも出るのだった……サルコジはリビアに介入したがった。リビア第二の都市、ベンガジが反政府勢力に制圧され、独裁者カダフィは激烈な反撃を展開し、虐殺を予告していた。メルケルは介入が妥当かどうか、確信が持てなかった。サルコジ「早く動かなければ。ベンガジが(カダフィ政権に奪還され)崩壊してしまう。なにも手を打たないまま、民衆がむざむざ殺されるのを見過ごすわけにいかない」。メルケル「《*Respice finem*》結末に思いをはせよ」。介入がどのような結果をもたらすか、彼女は考えていた。ドイツは当時、国連安全保障理事会の非常任理事国だった。フランスはドイツの票を期待し、圧力をかけた。英国首相デーヴィッド・キャメロンはメルケルに電話をして説得を試みたが、無駄骨に終わった。ドイツは棄権し、サルコジの怒りを買った。

とはいえサルコジとメルケルは、最初から正面切って自分たちの相違点や対立と向き合い、サルコジの好物である、トリュフを浮かべたアーティチョークのスープを前に、考えを述べあった。サルコジがメルケルをギ・サヴォワの店に招待したのである。二〇〇八年が明けて早々持たれたこの告白ディナーでは、何杯かの美味しいボルドーワインでメルケルの舌はなめらかになり、本音を述べるにいたった。サルコジはアルコールを一滴も飲まないが、お茶や炭酸入りの水でも饒舌になる。二〇〇五年の国民投票でフランス国民が批准を否決した後、この欧州憲法条約という形式を救ったサルコジの手腕に、メルケルは感心していた。彼が金融危機に本格的に取り組もうとしているのを、彼女はまだ分かっていなかった。「あなたは私のことを遅すぎる、とおっしゃるけれど、時間の感覚があなたとは違うの。私は政治の世界に入るのが遅かったし、入れるとも思っていなかった。私はドイツ民主共和国にいて、定年までずっとそのままで、老後は西ドイツでと思っていたの。壁の崩壊は突然に起きたわ。緩やかさのなかに希望があるのを見てきたから、私はじっくり時間をかける人間なの」。少女の頃、プールの飛び込み台から飛び込むのが怖くて、とうとう水泳の先生がしびれを切らしてホイッスルを鳴らすまで動けなかったことは言わなかった。運命は彼女のそうした癖をいっそう増長させた。妥協と制度の均衡のドイツを体現することに加え、彼女自身のスタイル、東の重力が加わった。アンゲラ・メルケルの緩やかさだ。

二〇一二年五月。メルケルの相手はニコラ・サルコジから、三人目の大統領、フランソワ・オランドへと移った。「サルコ」の時のように、毎日、「また私に何をやれって言うのかしら?」と思わなくて済むということを、彼女は瞬時に感じた。オランドとの方が、静かだった……「ちょっと静かすぎた」と、メルケルの側近は認める。「メルコランド」は幸先が良くなかった。ある側近は「あれは誤りだった」と言う。二〇一二年の大統領選の際、サルコジはメルケルに、オランドを歓迎しないように言い、彼らはそれに従った――社会党党首だったオランドは現職大統領サルコジの対立候補だった。

サルコジ「とにかく、君はオランドを歓迎すべきじゃない。そんなことをしない方が彼のためになる。僕が選挙に勝ってほしいよね、アンゲラ?」

メルケル「もちろん。(二人とも欧州議会の同じEPP〔欧州人民党〕という議員グループなのだから当然)」

サルコジ「そうか、では、今回、君はオランドを歓迎してはいけない。それが彼のためだ」

このいきさつについて話してくれた側近は残念そうにため息をついた。「彼女はサルコジの頼みを渋々聞き入れましたが、それが間違いでした。今回、フィヨン、アモン、マクロンに対してしたように、候補者オランドを受け入れるべきだったのです」。この前触れのためにアンゲラ・メルケルとフランソワ・オランドの関係は最初、ぎくしゃくしたものになった。天空および人間世界の運行をつかさどる神、ジュピターの雷霆《らいてい》とまでは言わずとも、雷が落ちたのである。二〇一二年五月一五日の夕刻、大統領就任式を終えたオランドが、ドイツ首相官邸を初めて訪問するためベルリンに向かったとき、運悪く飛行機が落雷を受け、一旦引き返す羽目になった。「二人はすぐに打ち解けましたが、後のマクロンとの関係ほど明らかに滑り出し好調というわけではありませんでした」と、側近は述べた。

メルケルはオランドを「謎めいていて」「読みにくい」相手だと感じた。しかし、「メルコランド」は「メルコジ」とは対照的に、柔軟に機能する要素がそなわっていた。何かと騒動の絶えなかったサルコジとの五年間を乗り越えたメルケルは、フランソワ・オランドの穏やかで控えめな性格にほっと息をついた。サルコジよりもオランドとつき合う方が楽だった。オランドはしょっちゅう急き立てたりしなかったし、ゆとりをもたせてくれた。メルケルは皆と同じように、オランドの知性とユーモアを認

ウクライナ紛争、イスラム過激派テロ、難民危機、ブレグジット、ドナルド・トランプ大統領就任にはオランドとともに対処。写真提供：AFP= 時事

め、高く評価した。メルケルとオランドが性格的にそれほど違わなかったのも大きい。二人はともに諸政党の取りまとめ役であり、それなりの柔軟性と面の皮の厚さを持っていた。策略家で、慎重でひじょうに穏やか、独仏の象徴にこだわる欧州統合派であり中道派だった。メルケルは総意を得ることとは得意だったし、長らく大連立政権を率い、対立する政党を政権内の協調に導く彼女の手法は、「ジンテーゼ」「超派閥集団」の社会主義者を想起させた。それは、大統領時代に比べ平穏だった頃のオランドだった。オランドは、メルケルとの類似点をいくぶん楽し気に

私に語ったことがある。エリゼ宮の庭で、「彼女は妥協がほんとうに好きですね」と、それこそ長所だと断ったうえで語った。「彼女はつねに妥協に向けて頑張らなければならないのです。彼女自身が率いる政党や大連立政権において、国内の州やフランスとの関係において……。交渉し、共に解決策を探りながら、つねに妥協に向けて進むべきという考え方に行きつくのです」。

メルケルとオランドが、経済やヨーロッパ統合の問題でぶつかることは少なかった。「同じ問題で正反対の考え方の人が二人いたとして、オランドは両方と意見を合わせることができました。彼はかならずしも明快で分かりやすい人ではありませんでした。メルケルは、彼がウイと言っているのかノンと言っているのか、分からないこともありました……」と、首相官邸では言われている。そしてとくにメルケルは、CDU党首であり術策を弄する立場だったが、党派よりも国単位でヨーロッパについて考えるのが好きだった。それは、東と西のブロックに分断されていた時代のトラウマから来た反応だった。ヨーロッパは分裂しない、あるいは二度と分裂しない。オランドはメルケルにくらべ、党派的体質を脱ぎすてるだけの時間が持てなかった。たとえば、一九五七年のローマ条約調印六〇周年の準備委員会の際、フランス、ドイツに南欧の代表二か国のイタリア、スペインを加えたヨーロッパ四大国の国家元首や政府の長が集まって写真を撮ることになった。「フランソワ・オランドは、メルケルとイタリアの社会民主主義者マッテオ・レンツィと一緒に撮りたかったのですが、スペインの保守主義者、マリアーノ・ラホイが目障りだったのです」とある側近は言う。ラホイをうまく外して写真に納まったオランドは「ラホイは過半数の支持を得ていないし、誓約ができなかったしね」と言い訳した。メルケルはオランドに従った。「メルケルにとって大事なのは独仏関係です。政治においては、あくまで主張すべき時もあれば、あっさり諦めるべき時もあるのです」と、この側近はひじょうに賢明なことを言った。二〇一四年、メルケルは自分の選挙区であるメクレンブルク＝フォアポンメルンにオランドを招いた。二〇〇七年のG8の際、ジョージ・W・ブッシュ大統領を始めとする各国の指導者が訪れた場所である。メルケルとオランドはリューゲン島の漁師たちのものだった「メルケルの小屋」にまで足を運ぶことはなかったが、船で周遊しながら親睦を深めた。シュトラールズント市役所はこれだけの大物たちを迎えることに慣れていなかったので、当日、フランスの三色旗の代わりに、同じ青、白、赤の配色だが水平に区切られたオランダの国旗――いやシュレスヴィヒ＝ホルスタインの州旗〔オランダ国旗は上から赤、白、青の順、シュレスヴィヒ＝ホルスタインの州旗は青、白、赤の順に色分けされている〕だったかもしれない――を掲げるという失態を演じてしまった。オランドの任期の後半、フランスはユーロ圏の国々で唯一、財政赤字が三パーセントを超えたままだったが、メルケルは約束した構造改革をあっさり断念した。オランドの素朴さと自然さにメルケルは好感を抱いた。

他の人々と同様、フランソワ・オランドもやはりアンゲラ・メルケルが異質な存在であることを実感した。自由の中でぬくぬくと育った西側の平凡な男に、彼女の独自性は理解しがたかった。オランドは「私たちはちょうど同い年でしたが、個人的な経歴からいくと、まったく素地が違いました。東ドイツにいた彼女は、フランスも、一九六八年の五月革命から一九八一年五月〔社会党フランソワ・ミッテランの大統領就任〕までの激動も、肌で感じたことがありませんでした。私はあの動乱の中で自己形成したのですが。フランスが、妥協ではなく、対立の文化だということに、彼女は驚いていました」と述べている。しかし、サルコジの場合と同じように、危機と試練をともにくぐり抜けた結果、オランドとメルケルは緊密な関係になった。フランスのイスラム過激派によるテロ、ジャーマンウィングス機墜落事故、フランスの財政問題、ギリシャのユーロ圏残留問題、オランドが主導者の一人となったパリ協定の合意、ウクライナ紛争……。二人はロシア大統領ウラジーミル・プーチンを説得して停戦交渉に加え、「ノルマンディーフォーマット」を確立し、ウクライナ政府とウクライナの分離独立派との間の和平合意「ミンスク2」を成立させた。ノルマンディーフォーマットとは、ノルマンディー上陸作戦開始日と同じ六月六日に生まれた交渉の枠組みであり、交戦国であるロシアとウクライナの大統領（プーチンとポロシェンコ）と、ヨーロッパの仲裁役の二人（メルケルとオランド）が何度か会談を行い、情勢の解決をめざした。停戦にはならなかったが、プーチンがたくらんでいたロシア軍の進出を止めるに至った。以来、膠着状態が続いている。

さらにまた危機が待っていた。この時は協力体制の盛り上がりはなかった。二〇一五年末、ドイツは行き場を失った八九万人の難民を受け入れることになった。シリアの戦禍を逃れた何十万人の市民が、トルコとバルカン半島経由でヨーロッパに向かった。九月初め、無数の難民がハンガリーにひしめき合う事態になった。彼らの目指すところはドイツだった。より豊かで、それゆえ受け入れに寛大と噂されていたドイツは難民にとって新たな夢の黄金郷だった。中東では、フランスは安住の地としての信用を失ったと言われていたからである。メルケルはハンガリーとドイツの間に位置するオース

「私たちはやり遂げます」。難民問題が深刻化したドイツで彼らの受け入れを決断したメルケルは2015年8月31日にこう発言し、難民歓迎政策を体現し、ヨーロッパの名誉を救った。同時に政治的代価は高くついた。写真提供：AFP= 時事

トリアの首相の同意を得て、トルコ経由でハンガリーにたどり着いた難民を受け入れる決定をした。難民たちの数は膨れ上がるいっぽうで、犬のように扱われていた。八月三一日、「私たちはやり遂げます」とメルケルは述べ、その後も何度か同じ台詞を繰り返した。二〇一五年末、百万人近い難民がドイツで庇護申請をした。ドイツの市民は立ち上がり、寛大にも難民たちを歓迎した。学校は体育館を開放した。住民たちは交替で食料を配布した。ドイツの諸州は相当な額の予算をつぎ込んで援助した。フランスはといえば、だらしなくも深刻な事態を見て見ぬふりで、ドイツに責任を押しつけ、人道上の危機を一手に引き受けさせた。それればかりか、社会党所属の首相、マニュエル・ヴァルスは、二〇一六年二月、ミュンヘンで、メルケルを公然と批判

した。ドイツ政府はとりあわなかったが。やむにやまれず連帯の名のもとに門戸を開いたメルケルは、フランスのおかげでヨーロッパの連帯の限界を身をもって知ることにもなった。二〇一六年二月、パリのベルシー庁舎で、ドイツとフランスの経済・財務の関係閣僚を集めた昼食会が持たれた。フランス側はエマニュエル・マクロン経済・産業・デジタル大臣、ミシェル・サパン財務・公会計大臣、ドイツ側はジグマール・ガブリエル経済・エネルギー大臣、ヴォルフガング・ショイブレ財務大臣である。現ヨーロッパ・外務大臣付ヨーロッパ問題担当副大臣、クレマン・ボーヌも出席した。当時ベルシーでマクロン大臣の側近だったボーヌは、ヴォルフガング・ショイブレがアペリティフを口に運びながら、話題を難民問題の影響に誘導しようとしたのを覚えている。フランスが数万人の難民を受け入れる約束を守ろうとしないいっぽうで、ドイツは大部分の負担を引き受けていた。ジグマール・ガブリエルがすかさずショイブレに加勢した——クレマン・ボーヌの記憶では効果は今ひとつだったが。「ガブリエルは、体育館に難民を収容するために体育の授業が中止になったとか、一部の州では、公的機関が難民用に買い占めたのでＩＫＥＡの家具がなくなったとか言っていました。そこへミシェル・サパンが『では皆さん、ご起立ください。昼食会に行くとしましょう！』と言ったのです」。

二〇一七年五月八日、エマニュエル・マクロンが大統領に選ばれた翌日、メルケルはオランドの送別会として一席設けた。オランドは政府専用機のファルコンに搭乗する最後の機会にベルリンへと飛んだ。五年前の飛行が懐かしく思い出された。飛行機はあの時と違って落雷に遭ったりしなかったが。

メルケルは首相官邸にもっとも近いレストランを選んだ。おかしなことに店の名前はこの夕食会の趣旨にあまりそぐわないもので、「パリ＝モスクワ」といった。来る日も来る日もミンスクで、プーチン相手に二人で交渉したことを称え合いたいという気持ちが無意識のうちに働いたのだろうか？　いやそれより何より、メルケルとオランドは二〇一六年という厳しい年をともにくぐり抜けた。アメリカ大統領選におけるドナルド・トランプの勝利、そしてブレグジットの是非を問う国民投票と、ヨーロッパは立て続けに向かい風に見舞われた。八月三〇日、エマニュエル・マクロンが、自ら結成した政治団体「アン・マルシュ（前進）！」の活動に専念し、「新たな政治的解決策を打ち出す」ため、経済・産業・デジタル大臣を辞任した。メルケルとオランドはウクライナ、ユーロ圏、独仏関係……そしてもちろんマクロンについて話し合った。並外れた頭脳を持つこの元ブレーンの本心を見抜けず、あっさり出し抜かれたことに言及すると、オランドは苦々しい思いを抑えきれなくなった。アンゲラとベルリンで食事するときはいつもそうするように、彼はカツレツを食べた。そして急に落ち込んだ。最後の搭乗となる専用機のファルコンで帰路についた。

第15章 二〇一六年、*annus horribilis*《アヌスホリビリス》（ひどい年）

「私は詩人ではありません。そうしたことは苦手です」

アンゲラ・メルケル

二〇一七年九月の総選挙に四期目をかけて立候補するかどうか、アンゲラ・メルケルはひじょうに迷った。彼女は周囲の人々にかなり相談しながらも、フランソワ・オランド大統領には「当然出馬する、というわけではありません」と打ち明けた。二〇一六年一一月二〇日、ベルリンのCDU本部で正式に立候補を表明したとき、「ずいぶん長い間」考えに考えた、と述べた。「一一年間この職を務めたうえで、四期目を目指して立候補するという決意は生半可なものではありません」と彼女は言い、さらに、じっくり時間をかけ熟考する物理学者らしい言葉を述べた。「私には時間が必要なのです。決定は遅くなりますが、決めたことはしっかり守ります」。

その二か月前の九月二日、メルケルは、エヴィアン＝レ＝バン独仏会談のため、レマン湖のほとりのエヴィアンでオランドと会っていた。毎年恒例のこの会談が第二五回の節目を迎え、メルケルとオランドはおよそ三〇名の両国の大企業経営者と指導者の前で共同声明を行うため、到着した。参加者の中にはＷＴＯ（世界貿易機関）の元事務局長パスカル・ラミーもいた。レマン湖は美しく、皆がそのみごとな眺望を認めて称え、彼らの悲観主義を押し隠したが、雰囲気は重かった。終盤に入りつつある二〇一六年という年は *annus horribilis*《アヌス・ホリビリス》（ひどい年）だった。六月に英国で行われた国民投票で、ＥＵ離脱支持派が僅差で上回ったことは、ヨーロッパに大きな衝撃を与えた。続けざまにドナルド・トランプがアメリカ大統領に選出された。ブレグジットとトランプは、勝利のために新たな政治的戦略を用いたという点で共通していた。すなわちフェイクニュースと確信犯的虚言であり、主観を優先し事実に疑いをはさみ、リーダーのために「フォロワーたち」の影響力を拡大する、といった策略だ。ＳＮＳは民主主義国家を異様な興奮に巻き込み、驚異的な速さでこうしたあらゆる巧妙な妨害を繰り広げる。ブレグジットもトランプも、「国民の意志」に委ねると約束しながら、不安と妄想をあおり、スケープゴートをつくり、単純な空想的解決を押しつけて権力を握ろうとした。ブレグジットもトランプも国民的誇りを鼓舞し、多元主義とその規則や制御から解放された「主権を取り戻す」夢を与えた。ブレグジットもトランプも、理由は異なるものの、ＥＵを標的にし、追い風に乗った。

ヨーロッパのリベラルな議会制民主主義のモデルはもはや評価されなくなった。一時的な熱狂ではなく、まさに大きな変動が表面化しようとしていた。左派の社会民主党や中道右派の両主流政党はあちこちで分裂し、さまざまな集団が雨後の筍のように出現した。力関係は専制的指導者やナショナリストの方に傾き、しぶとく居座るロシア大統領ウラジーミル・プーチンは、彼らにとって牽引役であり世界のトーテムだった。人々の衝動がほとばしり、大きなうねりが起こった。その後、ドイツ議会で極右勢力が驚異的な伸びを見せ、オーストリア政府で中道右派と極右政党が連立を組み、イタリアで無節操な左派と極右政党が連立政権を樹立し、ハンガリーではリベラリズムから遠ざかっていくオルバーンが再選され、ブラジルで極右の退役軍人が大統領に就任し、フランスで大統領選の決選投票にマリーヌ・ル・ペンが登場することになる。オランダのナショナリスト、ヘルト・ウィルダースは、二〇一七年三月の総選挙で敗北を喫するとは思えないほど人気を集めていた。イタリアの社会民主主義者マッテオ・レンツィ首相はまだ退陣を表明するに至っていなかったが、ジュゼッペ・グリッロの左派ポピュリズム「五つ星運動」が人心をつかみ、他を脅かしていた。フランスの政治は混迷を深め、不安な状況だった。フランソワ・オランドが二期目をかけて大統領選に立候補するかどうかもまだ分からなかった。エマニュエル・マクロンの勝利など誰も想定していなかった——本人以外は。勤務実態がないにもかかわらず議員秘書としての給与をフランソワ・フィヨンの妻が受領していた「ペネロプ（妻の名）事件」は発覚しておらず、フィヨンは中道右派陣営の大統領候補予備選挙でまだ勝ってすらいなかった。フランスの大統領選はまだ波乱含みといったレベルではなく、第五共和制始まって以来のとんでもない展開になるなど、予想できなかった。FN（国民戦線）党首マリーヌ・ル・ペンはまだ勝ち目があった。彼女は大統領官邸からまさに目と鼻の先にあるフォブール＝サン＝トノレ通りの選挙対策本部に、お守りとしてブレグジットのポスターを張り出していた。

アンゲラ・メルケルは、歴史の新たなサイクルがこのように表出した状況をもっとも客観的に見ることができた。二つに分断されたヨーロッパに生まれ、自由を奪われ自由に憧れる暗い側で育った彼女は、皆と同じように、ベルリンの壁崩壊の高揚感のなかで、全体主義の終焉と民主主義の世界的普及を信じた。グローバリゼーションの高まりとその荒波、社会変動、不平不満の噴出を目の当たりにした。大きな犠牲を払って手にした自由民主主義が三〇年足らずで、アイデンティティ主義やナショナリズムの再来、超保守主義、専制主義、「デモクラテュール（見かけは民主的だが内実は強権的な政治体制）」、「非自由主義」といった正反対の価値への志向を生んだ。この二〇一六年九月二日、エヴィアンには重苦しい空気が漂い、人々はなんとかして明るい見通しを探り当てようとしていた。湖に面したホテル・ロワイヤルの大会議室で、パスカル・ラミーと企業経営者たちはメルケルとオランドに話しかけた。「首相、大統領、お二方には、ヨーロッパにヴィジョンを、物語を与えていただきたいものです。我々に感動を与えてください！」。フランソワ・オランドは当惑した表情だった。すでにフランスで集中砲火のごとく批判され、支持率は致命的に低迷したまま任期を終えようとしていた。「皆さんに感動を与えるなど、今の状況では……」、オランドの言葉をアンゲラ・メルケルが引き取った。「おっしゃることは分かりますが、私は詩人ではありません。そうしたことは苦手です。ヨーロッパ礼讃の旗振り役となることなど、私に求めないでください。私にはできません」。彼女にしかできない率直で簡潔な答えだった。

ドイツ連邦議会選挙は二〇一七年九月二四日に予定されており、メルケルは四期目をかけて打って出るかどうか、考えあぐねていた。当時六二歳のメルケルは、選挙のときには六三歳、在位一二年になる。重い年月であり、有権者もうんざりする。第二次世界大戦以来、任期がこれを超える首相は（二人ともCDUである）、一九四九年から一九六三年まで一四年間務めたコンラート・アデナウアーと、一九八二年から一九九八年まで一六年間務めたヘルムート・コールである。オランドは「長期政権の記録を打ち立てようという思いが彼女の背中を押した」と言う。しかし、コールと同様、長すぎる任期にはリスクが伴うことにも彼女は気づいていた。二〇一六年末、徐々に形勢が逆転し支持率を盛り返しつつあったが、万全ではなかった。CDUは地方選でいくつか敗北を喫していた。二〇一五年に難民問題が深刻化し、百万人の難民にメルケルが人道的精神を示したことにより、世界中のメディアから称賛を浴びたが、政治的に失ったものは大きかった。「私たちはやり遂げます」というメルケルの台詞は、有権者たちに理解も評価もされなかった。二〇一六年に、ある古くからのCDU支持者は、「『私たちはやり遂げます、私たちはやり遂げます』って、言うのは簡単ですよ！　皆を受け入れて大混乱になろうと、それで私たちが苦労するのを放置しているだけなんですから」とずっと言っていたし、激しいいら立ちを感じている人は他にも大勢いた。メルケルはCDUの右派やCSUの超保守派といった一部の身内を敵に回し、それまでくすぶっていたドイツの極右政党、AfD（ドイツのための選択肢）の台頭を許してしまった。イスラム過激派組織の活動はパリ、ブリュッセル、ニースに始まり、一二月にベルリンのクリスマスマーケットを襲撃して犠牲者を出し、さらにマンチェスターやロンドンまで及んだ。EU離脱強硬派にとってアンゲラ・メルケルの判断は、開放しすぎたヨーロッパを批判する格好の材料だった。ＥＵ懐疑論者のナイジェル・ファラージは、ぼろ着をまとった難民の群れを写したポスターの前で、それ見たことかとポーズをとった。

側近から聞いたところによると、アンゲラ・メルケルは人をののしったり、怒りをあらわにしたりするタイプではなく、黙ってこらえ、じっくり考えて次にそなえるという。二〇一六年一一月八日、ドナルド・トランプが大統領に選出された。ここで彼女は踏ん切りがつき、それほどやる気満々だったわけではなかった選挙への出馬を決めた。二週間も経たない一一月二〇日、メルケルは四期目をかけて立候補する決意を表明した。出馬表明は一時間半にわたり、メルケルは明快に考えを述べた。「二〇一六年は、さらなる平穏と安定をもたらす年にはなりませんでした。いえそれどころではありませんでした。とくにアメリカ大統領選が終わってから私たちは、ＮＡＴＯや対ロシア関係をめぐって再編しようとする世界と対決しました」。彼女はトランプが勝利したときに述べたのと同じ言葉で、「民主主義的価値観の擁護と私たちの生活様式の維持」に言及した。急に当たり前のことではなくなった現実に対して、この基本的な警告が必要であるかのように。「民主主義、自由、個人の権利と尊厳の尊重、そしていかなる出自、肌の色、宗教、性別、性的指向あるいは政治的傾向であろうと尊重すること」。メルケルの支持者は、彼女が、勢力を拡大しつつあるポピュリズムに対峙し、ヨーロッパの民主主義的価値観の重みを最後まで守り抜こうとしているのを感じた。バラク・オバマが退任の挨拶のためベルリンに足を運び、メルケルに会いに来たときは、通夜のごとき雰囲気だった。自由とヒューマニズムという価値観の名残りをメルケルに託しているかのようだった。ビル・クリントン政権の国務次官補だったジェームズ・ルービンは、「アメリカは世界を見放しました。ヨーロッパの指導者のうちで、今のメルケルほど政治とモラルにおいて影響力を持った人物はいません」と述べている。だがメルケルがそう望んでいるのかといえば、まったくそうではない。

そこに逆説、そして大きな誤解がある。フランス人の伝統である辛辣な見方によれば、ドイツは永遠の敵であり、権力と覇権への志向を断ち切れず、EUにこだわるのも支配下において世界に君臨したいからだ、というのである。実際、ドイツはヨーロッパで第一位、世界で第四位の経済大国であり、今後もそうあり続けようとしている。ドイツ経済が（低賃金、貿易黒字、インフラ投資の不足など）他を犠牲にして成り立っていることには不満の声が多く出ている——貿易相手国はまさにその例に漏れない。そう、ドイツは強くありたいのだ。しかし、強すぎてもいけない。歴史のトラウマがつねにうるさくつきまとう。前景にくっきり描かれたものが、奥深い構図に視線を誘うかのように。オバマが去ったあと、メルケルに西側世界のリーダー的役割を引き受けるつもりはなかった。あらゆる方面からこの大役を担うよう促されたメルケルは、いかにそのような考えが「こっけいでばかげている」か、述べた。最後の西側世界の人間、最後の民主主義者、皆が拠りどころとする存在、それこそ彼女がなりたくない人物像だった。グローバル・ムッティはひとりで世界の重荷を背負いこむ気はまったくなかった。ドナルド・トランプが当選し、フランス大統領選に不透明感が漂い、彼女に選択の余地はあまり残されていなかった。牧師の娘メルケルは原理原則と使命感を持っていた。ところがドイツ経済の三本柱である、大西洋同盟、自由貿易、単一市場を形成するEUが危機に瀕していた。疎外された人々の不満を吸い上げるポピュリストによってひとつの世界が蝕まれ、終わろうとしていた。ますます相互依存関係が強まる世界で、西側世界が独占権を失い、プーチンのロシアが過剰なナショナリズムと軍事力の誇示によって経済停滞をとりつくろい、中国が強大な力にものを言わせている。

二〇一七年五月二八日、ミュンヘンで、メルケルは歴史的な演説をした。場所も、集まった人々も、催しも、取り立てて特別な機会というわけではなかった。CDUのバイエルン州支部的存在のCSU（キリスト教社会同盟）の党員や支持者を前にした、単なる選挙集会だった。しかし、メルケルはタオルミーナで開かれたG7から帰ってきたばかりだった。決定的となったその会合で、アメリカとヨーロッパを隔てる新たな溝ができたことを彼女は公式に認めた。この首脳会談の際、トランプ大統領は地球を救うための一致協力に加わることをきっぱり断った。その数日後、トランプは地球温暖化対策の国際的な枠組みであるパリ協定からの離脱を表明し、今後世界に背を向けていくことをほのめかした。アメリカ、そしてブレグジットに沸く英国に共通する内向きの姿勢は、西側諸国の地政学的秩序を揺るがした。ミュンヘンでCSU支持者を前に、メルケルは重々しい口調で語った。「私たちが他国に全幅の信頼をおくことのできた時代はある意味、変化しました。私は最近、それを実感しました。私たちヨーロッパ人は、私たち自身の運命をしっかり手中にしなければなりません。もちろん、可能な限り、ロシアと同様、アメリカや英国とは良き隣人として友好関係を維持すべきです。しかし、私たちの未来と運命のため、ヨーロッパ人として自ら闘わねばならないことを、私たちは知るべきです」。メルケルはこう述べつつ、同時にドイツの喫緊の課題である防衛予算の追加の必要性を有権者に納得させようとした。二日後、彼女は、ヨーロッパは今後「国際世界に関わる中心的存在」となるという結論を明確にした。『ニューヨークタイムズ』はこの言葉と出来事の重要性を認め、「劇的転換点となりうる」と評した。ベルリンとワシントンのあいだで長く続いた堅固な同盟関係にひびが入った。社会党所属の元外相ユベール・ヴェドリーヌは「このメルケルの言葉は、考え方の変化を明らかにしたという意味でなおさら重要です。メルケルについて話す場合、彼女の力は彼女ではなくドイツの世論から来ているという事実が軽視されるからです。メルケルはおおむね世論の動きに従います。トランプに対してドイツ人は不安を感じており、マクロンのフランスとの結束が固められる可能性があるという印を有権者に示したのです」と述べている。

パリのリヴォリ通りの新しいオフィスで、表も裏も知り尽くしている一人のフランス人がこの波紋を呼んだ一連の出来事をじっくり観察していた。エリゼ宮を去ったばかりのフランソワ・オランドである。「予兆は感じられましたが、このミュンヘンでの演説で重大な断絶が示されましたね。それまでドイツは、もっぱら経済問題や政治や社会の危機に注意を集中していました。アンゲラ・メルケルはその一線を越えました。防衛と安全保障の問題を喫緊の課題として追加しました。それまでなかったことです」とオランドは述べている。以前オランドがアフリカ西部マリの武装勢力を排除するため、戦力強化としてドイツ空軍の支援を頼んだとき、メルケルはいつも通りの答え方をした。「連邦議会としては、我々に殺戮兵器の輸送はできないのです……」。テロリズムだけでなく、何をするか分からないトランプの行動によって流れが変わった。それまでドイツ人は、植民地紛争がないおかげで外の世界から守られていると思っていられた。しかし今や彼らも未解決の紛争の影響をうける羽目になった。移民問題とイスラム過激派のテロリズムが彼らの国にも迫ってきたのである。フランソワ・オランドは、「中東とアフリカは決定的な地域であると今のドイツは考えています。これも今までなかったことです」と言い、大西洋の連帯は必然性を失いつつあるが、やはり優先課題であると考えている。「ドイツはけっして大西洋同盟を反故にしないでしょうし、アンゲラ・メルケルならなおさら尊重するでしょう。しかし、世界はますます不安定になり、トランプは何をするか分かりません。ドイツは防衛政策を持ち、対外的軍事作戦を強化しなければならないとメルケルは今、考えているのです」。

annus《アヌス》 *horribilis*《ホリビリス》（ひどい年）だった二〇一六年がほんとうに終わったのは二〇一七年一月二〇日だった。その日、二か月半前にアメリカ大統領に選出されたドナルド・トランプの就任式が行われた。メルケルは出席せず、テレビで式典を見ることもなかった。ポツダムにオープンしたバルベリーニ美術館の開館式典に出席する方を選んだ。美術館には印象派風景画の重要な個人コレクションが展示されることになった。世界の注目を集めながらワシントンで行われている行事に背を向け、ヨーロッパ文化を象徴するモネの絵画に見入る、フューシャピンクのジャケットを着たメルケルの後ろ姿の写真には威厳が満ちていた。東ドイツに暮らした彼女はアメリカに憧れていた。自由世界の大国アメリカに、移動と言論の自由を奪われた何百万の国民は密かな希求を抱いた。ドナルド・トランプは自由を思う存分味わい、甘やかされてきた子どもだった。ナショナリズムを掲げ、壁を建設するこの我儘な大統領は、イスラム教徒を差別し、宗教による市民権付与の優遇措置を設けようとし、あの偉大なアメリ

カのページをめくった。ホワイトハウスに入る五日前に、トランプは二つの保守系日刊紙――ドイツの『ビルト』と英国の『タイムズ』――のインタビューに応じ、アメリカと切っても切れない仲だったヨーロッパに宣戦布告した。アンゲラ・メルケル？　難民政策は「致命的な誤り」だったじゃないか。ブレグジット？　「快挙」だ。他の国も「EU離脱」に傾き、「英国の離脱は正しかった」ことになるはずだ。NATO？　「無用の長物」と化した組織だ。トランプのこの発言をウラジーミル・プーチンは喜んだ。アンゲラ・メルケルはといえば、クロード・モネの描く光の移ろいをじっと見つめていた。それはヨーロッパ、そしてヨーロッパの知へのまなざしだった。

ヒトラーが政権の座についてから九〇年近くを経た今日、開放、移民の受け入れ、コスモポリタニズム、多国間主義、自由の擁護といった価値観を体現しているのは、このドイツの女性指導者なのだ。そして、これまでの歴史を逆転させる、道化師的かつ悲劇的存在が、アメリカの指導者ドナルド・トランプだった。今やネオナショナリストたちは、我々にかつて民主主義と自由を教えたアングロ・サクソンの陣営についている。そして人道に対するもっとも重い罪を犯したドイツが、今日では自由民主主義諸国の希望の星となっている。バラク・オバマは、ホワイトハウスを去る前、ベルリンにメルケルを訪ね、明快なメッセージを残した。「一九四五年以来初めて、アメリカが保証しなくなった欧米の価値観のバトンを、自分はアンゲラ・メルケルに委ねに来た」というものだった。メルケル自身は、二〇一七年の総選挙への出馬を表明したとき、重責をかみしめている表情だった。テロリストによる襲撃が相次ぎ、軸足が揺れ動く世界情勢のなか、沈滞する世界の最後の民主主義者になるかもしれないという責任感だった。それはメルケルがまったく携わるつもりのなかった任務だった。メルケルは豊かなヨーロッパの建設や、社会的市場経済の円滑な機能や、原理、予算配分、モラル、条約、権利の尊重を強く願ってはいたが、自由世界のヒロインとみなされたいとは思ってもみなかった。それは「こっけいでばかげている」と彼女は言い続けた。二〇一七年五月、メルケルはエマニュエル・マクロンの当選を歓迎した。彼女がごめんこうむりたいと思っている重圧から、まぎれもなく欧州統合派の若い大統領マクロンが解放してくれるとあって、メルケルはなおさら嬉しかった。ヨーロッパにおける最後の民主主義擁護者となり、ひとりで権力の重荷を背負うことなど、まったく望まなかった。

エマニュエル・マクロンが勝利した翌日、ベルリンの町は喜びに沸いているように思われた。マリーヌ・ル・ペンが大統領選の決選投票に残ったことは、ヨーロッパと独仏関係の将来に不安を与えていた。首相官邸はともかく街中のカフェにいても、私のような通りすがりのフランス人が、まるで何か関わりがあるかのように祝福された。フランスの政治を間近で見つめ、我がことのように思いたがっているメルケルも、この新しいパートナーの登場を喜んでいた。マクロンのことはオランドのブレーンであり閣僚だった頃から注目していたし、また彼は選挙戦の間もベルリンを訪ねて来ていた。マクロンの当選の翌日、メルケルが慣例通りに首相官邸に彼を迎えて開かれた共同記者会見は、ＥＵに対する楽観宣言だった。

マクロン「私たちはヨーロッパの歴史的瞬間に立ち会っています。私たちは、新たな基盤作りとなる歴史的な時を必要としています」。メルケル「ドイツは協力できるところでは協力します。ヨーロッパが活況を呈していなければドイツもうまくいかないですから。そしてフランスがヨーロッパにおいて力を持たなければ、ヨーロッパは活況を呈することはできません。私たちは新たな活力を創り出したく思っています」。マクロンは、両国の「信頼を取り戻すため根本的に」改革を行おうとしていると述べてメルケルを安心させたが、彼女にとっては何度も聞いてきた台詞だった。彼らはそれぞれ熱意を示しあった。過去の経験から財政赤字とインフレをことさらに恐れるドイツとしては、債務共有化は何より避けたかったが、マクロンは「過去の債務の共有化」はないと言い、未来の債務――「投資」――のみを対象とする、と述べた。ドイツは原則として、予算に関するあらゆる条約改正に反対だったが、メルケルは「もし意義があるなら条約を変更する」準備はあると述べた――どの条約が該当するか、またどのような変更が盛り込まれる可能性があるかは用心深く明言しなかったが。しかしこの譲歩は、マクロンに向けた好意の印だった。騒乱の絶えない世界で、ドイツはヨーロッパの連帯強化に向けて舵を切るほどに成熟したとの印象を与えた。メルケルははっきり「協力する」と言ったものの、やはり踏み込んだ発言には至らなかった。

とはいえドイツとフランスの両方で熱が冷めたのはまもなくだった。極右派の躍進と、連立交渉の難航（二〇一八年三月に連立政権が成立するまで約半年かかった）で求心力を失ったメルケルは準備不足だった。選挙戦で示されたエマニュエル・マクロンの改革への熱意にメルケルは感激したが、ヨーロッパにかける彼の情熱には気圧された。マクロンはソルボンヌで、ヨーロッパの主権や壮大な共同計画について意欲的に述べ、いつも通りいかにもフランス人らしい高揚感で実利主義のドイツ人たちを辟易させ、反感を呼んだ。メルケルの方がマクロンより親米路線だった。マクロンはユーロ圏の共通予算と共同財務相ポストの設置を提案したが、メルケルは原則として反対だった。フランス側では、この温度差はリズムの問題に過ぎないということになっていた。「メルケルの望むヨーロッパはマクロンの提唱するヨーロッパとは違うというわけではなく、二人は政治的サイクルが同じではないということです」と、マクロンの下で大統領府ヨーロッパ特別顧問を務め、現在はヨーロッパ・外務大臣付ヨーロッパ問題担当副大臣のクレマン・ボーヌは述べている。「初っ端から、メルケルがマクロンに言ったのは──大体このようなことです──『あなたは危機というものを知らないわ。あなたは活力をもたらしたけれど、私はそんな精神状態じゃないの』。彼女は状況に従って落ち着いて対処し、安定を保ちたかったのに、キラキラした若い大統領にせっつかれるように感じていました」。

ドイツ側は、別の見方をしていた。メルケルの側近は語る。「マクロンは我慢が足りません。メルケルは現実的に段階を踏んで進めようとしているのに、彼はすぐにすべてをほしがります。マクロンは偉大なヨーロッパ人のイメージをまとい、メルケルは責められる立場のように感じていました。フランスを始め他国では、『ドイツはフランスにどう答えるのか？　ドイツはどこに？』という声が至るところで聞かれました。愉快なことではありませんでしたし、彼女は嫌がっていました」。週刊誌『エコノミスト』のトップ記事に、舞台の上で煌々たる光を浴びてマイクを手にしたマクロンと、舞台の袖の暗がりで耳を傾けるメルケルの姿が掲載された。二人の隔たりを象徴するかのようだった。マクロンはフランス人らしい情熱の持ち主だったが、メルケルほど、イタリアのマリオ・ドラギが欧州中央銀行総裁時代に述べた名言、「アンダープロミス、オーバーデリバー（小さな約束、大きな成果）」が似つかわしい人物はなかった。実現できる以上のことを、けっして約束しないのだ。フランス大統領とドイツ首相は言語のレベルが同じではなかった。マクロンとメルケルの出会いは期待大だったが、頓挫した。しかし危機がふたたび二人を近づけることになる。

第16章

最後のメルケル

「EUの将来の方がブレグジットより大事です」

アンゲラ・メルケル

アンゲラ・メルケルはどんなイメージを持たれているのだろうか？　メルケルと聞いて思い浮かぶのは、アテネの町に貼られた、ヒトラーのヒゲをつけた彼女のしかめっ面のポスターだろうか？　ソブリン債務危機の際、緊縮政策に苦しめられたギリシャ人たちは、メルケルをけっして許さない。あるいは、難民たちが、彼らに保護を与えた心の広いメルケルと一緒におさまった誇らしげな自撮りの写真だろうか？　ドイツの危機に対処し国益を守った優れた指導者として、あるいは偉大なヨーロッパ人、世界に民主主義を鼓吹する拠りどころ的存在として、メルケルは歴史書に残るのだろうか？　ある秋の日パスカル・ラミーに、彼女ならではの素っ気なくきっぱりした言葉で述べたように、アンゲラ・メルケルは詩人ではなく、詩人でありたいとも思っていない。メルケルは人々に感動を与えるために選ばれた指導者ではなく、大計画を構想する先見の明の持ち主でもなく、大胆不敵な向こう見ずでもない。彼女は調整と粘りが身上であり、交渉と妥協の戦略を心得ており、意見聴取と政治的忍耐のコツを知っている。メルケルの落ち着きに周囲は安心感を抱き、時間をかける癖に気をもみ、華やかなオーラのなさに戸惑う。二人のメルケルがいるのだ。会計士とヒューマニスト。道徳を説く説教家と人間性を省察するモラリスト。小粒の政治家と原理原則の人。東ドイツ出身のメルケルは、特異な青少年期に身につけた価値観が骨の髄までしみ込み、それらの価値観のはざまでしばしば悩む、道徳的実務家だ。

新型コロナウイルス感染症拡大はメルケルの最後の危機だった。戦後ヨーロッパが直面したもっとも深刻で予断を許さない危機であるばかりでなく、まさにメルケルにとって面目躍如を果たす機会でもあった。たとえドイツのワクチン接種がフランスと同じくらい遅々として進まないと判明しようと、たとえ二〇二一年の春が、感染のみごとな押さえ込みによってドイツが世界中の羨望を集めた前年とは異なっていようと、諸州の間の討議が不協和音に満ちていようと、メルケルはその気質と問題理解によってみごとな陣頭指揮ぶりを印象づけた。感染のメカニズムを示す指数曲線について短い言葉で簡潔に説明するメルケルの姿を見てほしい。この理論物理学博士は感染率に関わる言語をよどみなく話し、無数に入力されたエクセルの表にも怖気づかない。先に述べたように、東ドイツのテンプリンでメルケルを教えた数学教師は、みごとに彼女のずば抜けた能力を見抜いていた。不安を広げる未曾有の感染症に対峙し、メルケルほど自らの任務にふさわしく振る舞った指導者はいない。分析が得意なこの科学者は、空理空論を連ねることはけっしてない有言実行の人だ。メルケルの穏やかで的確で類まれな演説は英国の女王並みといってよかった。

二〇二〇年一二月九日に連邦議会で演説したときのメルケルは泣き出しそうな表情すら見せた。クリスマス前の感染拡大抑制対策として、隔離の必要性と学校の冬休みの前倒しについて議会に諮らねばならないいっぽうで、両立しない価値観の板ばさみになった末の苦渋の決断だった。感情的な芝居がかった訴えは元々メルケルの好むところではなかったが、それだけにこの時のメルケルの姿は人々の心を打った。「心の底から、まことに申し訳なく思います。しかし、私たちが払う代償が、一日五九〇人の命だとすれば、私には受け入れられません」と彼女は述べ、詳細な説明を加えながら、感染予防のための行動制限を守るようドイツ国民に呼びかけた。「いかにつらくとも――ホットワインやワッフルの屋台を皆さんがどれだけ楽しみにしているか、私には分かっています――、飲食はテイクアウトにして家で味わうのみにすることへの合意が何より大事なのです。この三日間に解決を見出すことができなかったなら、百年に一度のこの出来事を後世の人々が振り返ったときに何と言われるでしょうか?」。危機に直面したアジア諸国のみごとな感染抑制を評価しながらも、メルケルは、あらゆるデータを集めて強権的に隔離を命じる制度を真似ようとはしなかった。一二月九日の演説で見せた、涙をこらえる表情は、自由と権利と人間的生活という三つの原理に折り合いをつけねばならないことへの痛恨を如実に物語っていた。この三要素は、独裁政権のもとで暮らし、プロテスタント教育を受けたメルケルがもっとも執着し、また彼女の統治の方法を決定づけたものだった。ドイツ人の命を救うため、メルケルは、彼らの自由を奪う権利を行使しなければならなかった。じつのところ、アンゲラ・メルケルのすべては、彼女の人格形成の過程によって説明できる。メルケルを理解し、そのじつに特異なリーダーシップの発揮のしかたを知るには、彼女の子ども時代と若い頃にさかのぼり、プロテスタンティズムと独裁政権から受けた影響に手がかりを求める必要がある。この二重の影響こそ彼女のすべてを規定し、彼女の気質、慎重さ、厳格さ、じっくり時間をかける癖、価値観に基づいた政治的決断を明らかにしている。このときの演説は政治家というより、牧師のものだった。

同様に、二〇二一年三月二四日に行ったような謝罪ができる指導者は、メルケル以外に考えられない。急激なコロナ再拡大対策として制限を強化し、イースター(復活祭)期間のロックダウン計画を発表したものの、各州の反発にあい、一日で撤回せざるをえなかった。メルケルは「これはひとえに私の誤りです」と述べた。ロックダウンの厳格化には変わらず賛同しているので、メルケルの無念は計画の内容によるものではなく、ロックダウン発表をめぐって「混乱」が起きたという点にあった。「私の提案が余計な不安を招きました。心から申し訳なく思い、皆さん一人一人にお詫びします」。政治家につきものの冷笑などではなく、許しを乞いながら弁明するこの姿勢は、あくまでプロテスタント的でありフランスでは考えられないが、宗教的モラルが今なお浸透しているドイツでは勇気として受け取られた。ドイツは指導者メルケルの謙虚さ、清廉潔白、芯の強さを認めた。

こうしたメルケル像ができあがるには年月を要したと思われる。メルケルにとってこの一六年間、国内政治はゆったり流れる大河のように平穏、などというものではなかった。少なくともそれだけは言える。社会民主系の『シュピーゲル』誌や大衆紙『ビルト』の一面トップでどれだけ非難されたことか。彼女の果断力のなさ、日和見主義的方針変更、政治屋的術策、あるいはギリシャに対する教条主義的冷酷さについて、どれほど容赦ない批判が寄せられたことか。

メルケルはギリシャ債務危機の際に、鞭打ちばあさん役を演じたかったわけではなかったし、南欧諸国からドイツの歴史上の蛮行について蒸し返されるのも嫌だった。ヒトラーのヒゲをつけた自分の顔が張りだされていることにも傷ついた。二〇一一年、ギリシャのゲオルギオス・パパンドレウ首相が、甚大な粉飾決算は一〇年以上も前から行われていたことを認めたとき、アンゲラ・メルケルは最初ドイツ人らしい反応を示し、道徳的で厳しく、信頼を裏切られた教師のように振る舞った。財政赤字の隠蔽は、ギリシャにおける汚職の蔓延の結果というだけでなく、ヨーロッパの指導者たちに共通する偽善、仲間同士の裏工作の累積によるもので、責任の一端は誰にもあるということを、彼女は忘れていた。不手際や方法が問題になったときは進んで誤りを認めるが、思い切った戦略的な決断をあらためて問い直したことは一度もなかった。リーマンショックやギリシャ債務危機の際、彼女の反応の遅さ、緩慢さ、教条主義、問題意識のなさ、小出しの処理が災いし、EUに代償を払わせたにもかかわらず、メルケルは自ら振った采配について悔いを漏らしたことはまったくない。リーマンショックやソブリン債務危機のようなはっきりした事例では、メルケルは偉大な指導者という印象を残さなかった。メルケルはそのとき、ヨーロッパは規則に厳しく横暴で、展望も連帯もなく、南を軽視して北が主導しているというイメージを与えた。ニコラ・サルコジは、サブプライム住宅ローン問題が起きたときにメルケルに注意を促したし、フランソワ・オランドはギリシャのユーロ圏残留のため、ともに闘うよう彼女を説得した。メルケルは結局、ヴォルフガング・ショイブレ財務相が強硬に主張した緊縮政策に背を向けた。時間をかけて分析し、じっくりと対応を先延ばしにすることだけが、連邦議会の議員たちを説得できる唯一の方法だ、とメルケルは最初から思っていたのだろうか。ドイツの議員たちは、財政赤字と借金、そしてナチズム台頭の原因となった超インフレの記憶に文化的トラウマを抱えていた。ドイツの世論を落ち着かせ、連帯への道にじょじょに導こうと「厳しいおばさん」を敢えて演じたのだろうか？　そうかもしれない。ともかくギリシャ債務危機において、ドイツのドグマを曲げたのは他ならぬメルケルだった。

そしてもう一人のメルケルがいる。打算的というより自発的で、理性的というより人間的なメルケルだ。このメルケルが、二〇一一年に起きた悲惨な福島の原発事故に反応し、一晩で原発停止を決断した。とはいえCDUは原発稼働延長を約束しており、メルケルはその主張ゆえに選出されていたといっていい。当時、連立を視野に入れていた緑の党の支持を得るための政治的打算であるという人もいれば、世論の流れに迎合しただけだという人もいた。おそらくどちらでもないだろう。たったひとりで下したこの決断は党内では彼女の利益にならないからである。脱原発の決定には国内で強い反対が今なお唱えられており、ドイツはロシアの天然ガスとパイプライン「ノルドストリーム」への依存からますます抜け出せなくなると見られている。メルケルが脱原発を決断したのは、二〇一五年にシリアの戦禍を逃れてきた難民を両手を広げて迎えたように、人類の悲劇に直面したからである。「私たちはやり遂げます」。しかし、いつものように、理解するには時間を要した。それがメルケル流緩慢さの極意なのだ。

アンゲラ・メルケルとパレスチナ人の少女が対峙した、メクレンブルク゠フォアポンメルン州ロストックで収録されたテレビ番組でのただならぬ出来事を振り返ってみよう。マイクを手に立ったメルケルは半円形に座った若者たちに囲まれ、対話を求められた。その中の一人の少女、リームは、ドイツに四年前から滞在していたが、レバノンへの帰国を求められていた。マイクを向けられたリームは、おずおずと震える声で言った。「私には色々計画があり、勉強したいと思っています。本気で、この目標をかなえたいのです。他の人たちが楽しく暮らしているいっぽうで、同じようにできないということはほんとうにつらいのです」。完璧なドイツ語だった。目をうるませた少女は続けた。「私たちは苦労してきました。ドイツから退去させられそうになり、学校に通うのも大変だったのです……」。

アンゲラ・メルケルは当惑した。「分かります。でも、政治はときに厳しいものだということも申し上げなければなりません。レバノンのパレスチナ人難民キャンプには無数の人々がいますよね。『どうぞどうぞ、アフリカからお越しください、皆さんどうぞ』と言ったりしたら、やっていけません。私たちはこの板ばさみになっているのです。ただひとつお答えできるのは、この決定がいつまでもこのままであってはならないということです。でも退去しなければならない人もいるでしょう……」。

沈黙が訪れた。メルケルは首をかしげて少女の顔をのぞき込むようにした。急に雰囲気が和らいだ。メルケルは数歩あるいて少女のそばに寄り、肩を撫でた。リームは泣きじゃくっていた。

言葉に窮したメルケルは「（あなたの発言、）すごく良かったわ……」と言った。

司会者は「首相、問題は良い発言をしたことではなく、つらい状況ではないかと思うのですが」と割り込んだ。

メルケルはむっとした。「つらいことは分かっていますが、それでも私は彼女を元気づけたいのです」。彼女はリームに穏やかな声で話しかけた。「……こういう状況にあなた方を追いやりたくありませんし、あなたもつらい思いをしていて、多くの人々に代わって、これまでのいきさつをあなたは立派に述べたのですから」。再びしんとした。リームはかすかに微笑んだ。

この場面とハッシュタグ#Merkelstreichelt（「メルケル撫でる」）はSNSで広まった。緑の党の元欧州議会議員で独仏の血をひくダニエル・コーン゠ベンディットは、それまではメルケルに手厳しく、小賢しい計算をする、慎重すぎるなどと批判していたが、このときは打って変わって肩を持った。「メルケルは、ほかの政治家と同じように、難民問題にまともに取り組むことを避けていました。EUの玄関口となるイタリアなどで、ダブリン規約（難民は最初に到着した国で庇護申請を行い、かならずその国でのみ審査され、EU加盟国間でのたらい回しや別の国での再申請は認められない）に縛られて難民申請者があふれているのを放置してきたのです。パレスチナ人の少女を前に、信じられないことが起きたのです。メルケルはテクノクラート的反応を示したので、共感力に欠ける『氷の女王』だと非難する人もいました。しかしそれは違ったのです。彼女はこれではいけないと気づきました。その後、さほどの時間をおかず、難民受け入れを決めたのですから。メルケルはあるとき言いました。『私が首相でいるかぎり、ドイツの国境に鉄条網はない』。あの日、彼女は偉大な指導者になりました」。

パレスチナ人の少女が発言した座談会の番組は二〇一五年七月一五日に放映された。その前年からすでにドイツは二〇万人の難民を受け入れており、二〇一五年は月を追うごとに流入が増え続けた。メルケルが「私たちはやり遂げます」と発言した八月三一日にはすでに八〇万人以上に上っており、やがて百万人を超えることになる。九月二日、トルコの海岸に打ち上げられたシリアの子ども、アイラン君の遺体の写真に世界中が衝撃を受けた。国は難民の大量流入による混乱に追いついていないと思われた。一二月三一日、ケルンで集団婦女暴行事件が起きると、極右勢力や反メルケル派はここぞとばかりに非難した。アンゲラ・メルケルは、オーストリアやスウェーデンを例外として、エゴイズムに凝り固まるヨーロッパの周辺国からの「幼稚」、「無責任」といった批判に耐えた。二〇一六年二月、フランス首相マニュエル・ヴァルスは、毎年開かれるミュンヘン安全保障会議に招かれた際、訓戒を垂れた。彼は記者たちを前に、「数か月前、『フランスのメルケルはどこにいる？』とフランスのメディアは問いかけ、彼女にノーベル賞をあげたいなどと言っていた。その結果がこれですよ……」と皮肉ったあと、「ヨーロッパはこれ以上難民を受け入れることはできません」と述べた。ドイツ人たちは憤りを感じた。アンゲラ・メルケルは毅然として取り合わず「もし今私たちが、緊急事態において友愛を示したことを詫びなければいけないとしたら、もはやこれは我が国ではありません」と姿勢を変えなかった。

難民問題のつけは大きく、長引きそうだった。極右政党ＡｆＤ（ドイツのための選択肢）の急伸は、過度のナショナリズムには免疫があると自覚していたドイツ社会に大きな衝撃を与えた。二〇一八年、CSU党首を長く務めてきた重鎮であり内務相であるホルスト・ゼーホーファーが、CDUとCSUの同盟関係を解消して連立政権から降りると警告した。エマニュエル・マクロンが音頭を取り、欧州理事会が動いてゼーホーファーの怒りを解き、メルケルを支えた――メルケルはゼーホーファーから受けた攻撃を忘れなかったが。メルケルは単身主導し、トルコ大統領エルドアンと（モラル的に問題があったことは確かだが）合意を結び、難民申請者と経済的動機による移民がギリシャ、すなわちドイツに流入するのをようやく止めた。二〇二〇年末には、膨大な資金をつぎ込んだ結果、五年前に来た（百万人以上の）難民のおよそ三分の二がドイツで働き口を見つけていた。メルケルにとっては成功と言えた。彼女の人道的行為は実を結んだものの、極右政党が勢力を伸ばすきっかけを作った。ヨーロッパのいるところで、ポピュリストの指導者が、難民危機に乗じアンゲラ・メルケルを標的にして票を集め、彼女を開きっぱなしでけじめのない民主主義の象徴にし、白人のキリスト教徒中心のヨーロッパの「（非ヨーロッパ系に取って代わられる）大交替」と凋落を招いた張本人と非難した。ブレグジット派は堰を切ったように勢いを増した。しかし結局のところメルケル自身は人気を盛り返した。東ドイツ出身のプロテスタントという立場が、名誉を守り、人としての義務をひたすら果たすには必要だった。

なぜあのような決断をしたのか？　どのような個人的な意図が隠されていたのか？　どのような政治的な利益を内心、狙っていたのか？　マニュエル・ヴァルスは無責任だとメルケルを非難した。何かと邪推する人々は人口減少と経済の関係からメルケルの意図を汲みとろうとした。メルケルは高齢化が進むドイツに労働力を呼び込もうとしているのであり、寛大なふりをして利用しただけだ！というのである。チェスの天才、カスパロフに匹敵する、戦略的な先見の明がメルケルにはあるという人々もいた。苦境にある百万人の難民問題をチェスにたとえることには無理があるのだが。メルケルは、最初に来る難民がもっとも経済的に余裕があり、もっとも高い教育を受けているだろうと見抜き、駒を進めた、そうして抜け目のない彼女はもっとも質の高い労働力を手にしたのだ！というわけである。それは、難民受け入れに伴う自己犠牲や、難民の教育や食料供給のために公的機関がつぎ込む何百億ユーロものお金のことや、市民、教会、組織、地方自治体による計り知れない献身など、まるで無視した考え方だった。まして、重大な政治的リスクを冒してメルケルが決断したことなど理解されていなかった。ＡｆＤ（ドイツのための選択肢）は、一部の世論の不安をあおろうと、ひたすらこの混乱を待ちかまえていた。ではなぜメルケルは「国境を開放した」のか？　メルケルの悪口を言う人たちがいつも用いるこの表現自体、間違っている。国境を開放したのはメルケルではない。なぜならそれはすでに開かれていたからだ。（スウェーデンとオーストリア以外の）ヨーロッパの指導者たちから支持を得られないまま、ハンガリーのオルバーン・ヴィクトル首相が持て余した無数の難民の勢いに押され、メルケルは封鎖しないと決めたのである。メルケルは道徳的判断をした――彼女の本気の決断だったという限りは。かつての国防軍の行進のように、制服姿のドイツの軍隊や警察が、延々と南北に列をなして国境を防衛することになったら、ドイツを始め世界の世論がどういう反応を示すか、想像したのだろうか？そしてまた、兵士がいなければどうなるのか？　大混乱が起きるのではないか。そう思うとドイツ人たちは耐えられなかっただろうと思われる。ベルリンの壁の向こう側で育った牧師の娘メルケルは、海の向こうの恵まれない地域に生まれたというだけで、国境の向こうに閉じ込められた人々の運命をないがしろにはしなかった。

かすかながら、気づかぬうちに少しずつ、ギリシャ債務危機はメルケルを変えた。メルケルは連帯を二の次にし、緊縮政策を押しつけ、法律や条約の徹底を優先した仲裁を行うあまり、ヨーロッパの計画をかならず台無しにすると、長い間ヨーロッパの他国から思われていた。メルケルもドイツ人も、明らかに歴史的な理由から、エゴイストや自己中心主義者とは思われたくなかった。メルケルは親ヨーロッパでも反ヨーロッパでもなく、ヨーロッパ不在で育ち、ＥＵの血は流れていなかった。英国人だがヨーロッパ統合派の首相、トニー・ブレアから二〇〇五年に助言を――「あなたが国内政治において力を発揮できる余地は小さくなるでしょう。それより、ヨーロッパを舞台に何ができるかを強調するのです。ＥＵに変革をもたらす人になれますよ」――与えられたとき、彼女はただ聞き流していた。メルケルはヨーロッパのすべてに対してノーという人だった。『シュピーゲル』誌が彼女を取り上げた表紙に“Frau Nein”（ミセス・ノー）というタイトルをつけたほどだ。二〇〇八年の世界金融危機の際、ヨーロッパの経済復興計画にメルケルが駄目出しを繰り返していたときに、指導者たちがつけた名前だった。彼女はさらに頑としてノーを突きつけていった。（すでに二〇一四年から予定されていた）ヨーロッパレベルでの失業保険計画にノー、ユーロ共通債やあらゆる形の借金肩代わりにノー、銀行監督と銀行の破綻処理を統一的に行おうとする銀行同盟の構想にノー、ドイツの貿易黒字削減にノー、共通の巨大産業の育成にノー――大国のなかで孤軍奮闘し、中国への輸出を抑えるドイツにノー。エマニュエル・マクロンのヨーロッパの主権という――防衛、産業あるいは予算に関する――提案に(二〇二〇年までは)ノー。メルケルは、強大なヨーロッパにかかずらうより、ドイツの納税者を引きつけておくほうが得策であることを知っていた。東ヨーロッパからは疑いの目で見られ、南ヨーロッパからは無益だと思われ、北ヨーロッパでは犠牲を要すると見なされ、フランスだけが望んでいるのが、「強大なヨーロッパ」なのだ。

しかしながら、メルケルはきわめてドイツ人らしい姿勢で、EUのことはつねに念頭におき、真剣に考えていた。東ドイツで育った彼女は、先人たちが染まっていた、独仏にまたがるライン川流域の文化と無縁だったのはたしかだ。彼女が政権の座についたのは二〇〇五年で、二〇〇四年のEU拡大の後であり、EC設立当初の加盟六か国時代のことは振り返りようもなかった。彼女のヨーロッパ人としての自覚は、危機のなかで、また危機によって育まれ、どんなときもフランス大統領と連携してきた。しかし、メルケルといえば優れた運営能力と危機管理の手腕しか思い浮かばない人は、彼女がけっしてぶれない軸をいくつか持っていることを忘れている。第一にドイツ経済の力、第二に「ヨーロッパの戦略的自律」より(トランプは例外だったが)アメリカとの良好な関係を優先すること、第三に欧州連合条約の尊重である。ドイツが欧州議会やブリュッセルの諸機関にどれだけ関わっているかを見れば、フランスのいかなる指導者とも対照的に、メルケルがこの権力機構にどれだけ強い思い入れを持っているかが分かる。メルケルが東西ヨーロッパの和解にどれほど腐心しているかを見ても分かる。例えば、ハンガリーのオルバーン・ヴィクトル首相が次第に民主主義から逸脱し、何の共感も抱けないにもかかわらず、メルケルは、欧州議会の最大会派である保守系のＥＰＰ（欧州人民党）にオルバーンが率いる政党をとどめておく努力をした。旧ソ連の衛星国の加盟でＥＵがいっそう拡大した後に政権を握り、自身も東側出身であるメルケルは、何よりも統合推進派なのだ。他国を排除しかねないユーログループのような、ＥＵの内部集団を彼女は警戒する。メルケルはポーランドの重要性を認識し、ナショナリズムを振りかざす強権的な右派政権に反感を覚えながらも、軽視するような姿勢はいっさい見せていない。メルケルにとって、ポーランドは東欧ではなく中欧なのだ。隣の大国ポーランドを中欧とすれば、ドイツは地理的にヨーロッパの中心となる。

そのうえメルケルは、二〇一八年三月に連立政権が成立した直後、最初の公式訪問先を慣例通りにフランスにするのではなく、ポーランドにするつもりだった。マクロン大統領が丁重に注意を促したので、メルケルは大人しくエリゼ宮に足を運んだが。以前マクロンの下で大統領府ヨーロッパ特別顧問を務めた、現ヨーロッパ・外務大臣付ヨーロッパ問題担当副大臣のクレマン・ボーヌは、「メルケルは迷っていました。ポーランドに強い姿勢を見せたいと思っていましたから。それは何よりもフランスに対する強い姿勢になると言われて、……彼女は諦めました。メルケルとポーランドの超保守政権とは何の共通点もありませんが、ポーランドとは複雑な関係でした。ドイツが歴史上犯した残虐行為に対する罪悪感を持っていると同時に、彼女は政権を握る身としては拡大後のＥＵしか頭にないからです。彼女にとって、ポーランドは主要な国です。オルバーン・ヴィクトルのことは、たびたび物議をかもしたり、EUに大げさに楯突いたりするのも見過ごしてきましたし、彼の本性は彼女には分かっていました。ポーランド政府に対しては、メルケルは傲慢な態度をけっしてとらないよう細心の注意を払っていました」と述べた。この観点からすると、ドイツが議長国だった二〇二〇年後半の欧州理事会は「メルケル流」首脳会議の傑作であり、難航しつつも成果をあげ、あちこち綻びの目立つヨーロッパの統一性をなんとかして維持しようとした。ハンガリーとポーランドは、法の支配の順守を条件としていることを理由に、共通の復興計画を頓挫させる可能性をほのめかした。法の支配を軽視し続けるこの二国は、復興基金の配分に法の支配の順守を結びつけようとするEUの案に強硬に反対した。結論はどっちつかずの妥協案で、対立する当事者のそれぞれに勝利宣言をさせる総花的なものだった。双方別々に言い含めながら駒をひとつひとつ進める独特のやり方で、数学の得意なアンゲラ・メルケルの面目躍如たるものがある。まず、ポーランドには（域内地域間の経済的不均衡の格差是正を図る）結束基金による財政支援もなく、EU予算の大幅な減額という惨憺たる結果が待ち受けていると説明する。それから、不安になったポーランドを頼り、ハンガリー首相の態度を軟化させる……。

つねに欧州統合の推進を図るメルケルは、EU離脱に自国を導いた英国の指導者たちを恨んでいた。あるブレーンは、「『あれは保守派の愚行ね』とメルケルはいつも言いました」と打ち明け、国民投票で「離脱《リーヴ》」支持が五一・八パーセントと発表された二〇一六年六月二四日、首相官邸で八時半の打ち合わせをしたときのことを覚えているという。「皆ショックを受けていましたが、首相はあまり動じていませんでした。科学者ですね。結果は結果として受け止め、もうその影響について調査検討し始めていました」。

国民投票の結果を踏まえ、EU離脱に向けた交渉が行われた数年間、離脱派はアンゲラ・メルケルについて誤解していた。メルケルがアングロサクソン系の間では暗黙の合意である自由貿易を前提として、彼ら離脱派と単独で交渉し、防衛に関してアメリカという同盟国を失ったことの穴埋めをすることに前向きであると、彼らは思っていた。メルケルが彼ら離脱派と同じような考え方をし、大国の支配する世界で国家主権という夢想を信じようとしていると彼らは思いこんだ。彼らは漁業権の問題に関し、メルケルがフランスと結託するのを防ごうとした。彼女がバルト海沿岸地域を地盤とする議員であることを忘れ、メルケルはヨーロッパの水産物確保のために英国との貿易の唯一の魅力に抗えないだろうと思い込んでいたのだ。メルケルはヨーロッパのパートナー国に背を向けるだろうと彼らは期待した。彼ら自身がつねにそうだったからだ。ボリス・ジョンソンは、エマニュエル・マクロンと対立するようけしかけるため、メルケルと直接交渉しようとぎりぎりまで粘った。ジョンソンは間違っていたし、彼の試みは失敗に終わった。「英国例外主義」を過信した彼は大事なことが見えていなかった。英国人かヨーロッパ人かと問われれば、メルケルはためらいなくヨーロッパ人を選ぶということを。ブレグジットに関するEU側の首席交渉官を四年近く務めたミシェル・バルニエは、メルケルが欧州統合にどれほど強い思い入れを抱いているか、つぶさに見てきた。彼は「ブレグジット交渉ではメルケルに助けられました。離脱交渉における英国の誤りは、我々を分裂させることができると思い込んだことです。英国側は私の頭越しに、同時進行でメルケルを初めとする指導者たちと交渉に入ろうと必死でした。彼らが政府やメディアに流していた情報と裏腹に、メルケルとマクロン、そしてその他ヨーロッパの指導者のあいだには一分の隙もありませんでした。彼らが我々を分裂させようとすればするほど、私たちの結束は固くなりました。アンゲラ・メルケルはつねに連帯を念頭に置いていました。テリーザ・メイであろうとボリス・ジョンソンであろうと、英国の指導者たちとの間に緊張が走って雲行きが怪しくなってくると、いつもEUの共通路線を張ろうとしていました。彼女にとっても私にとっても、ブレグジットはいつまでたっても不可解でした。彼女が言った『ヨーロッパの将来はブレグジットより大事です』というひと言は、いつまでたっても忘れられません」と述べている。

もう一人の証言者は有名な英国下院議長、ジョン・バーコウである。ウェストミンスター宮殿（議会）で、ざわめきを静めるため、彼が低くうなるように口にした“Order！ Order！（静粛に）”の声掛けは、今やヨーロッパの政治の世界でむしょうに懐かしがられている。ブレグジット問題の火付け役、保守党のデーヴィッド・キャメロン首相がメルケルを英国議会に招いた二〇一四年二月二七日のことがバーコウは忘れられないという。メルケルは議会のロイヤル・ギャラリーに集まった両院議員を前に演説をするというめったにない栄誉に浴したあと、キャメロン首相と昼食をとり、エリザベス女王とお茶を共にした。メルケルは現首相のボリス・ジョンソンよりははるかにデーヴィッド・キャメロンを評価していた。対人関係だけでなく、ジョンソンにおける事実とはったりの区別は、メルケルの政治の概念とはまったく相容れなかった。とはいえメルケルは、保守党内の欧州懐疑派に甘い顔を見せたキャメロンが許せなかった。欧州議会の有力な保守派グループであるEPP（欧州人民党）から英国の欧州議会議員が離脱したことも恨んでいた。右派をなだめるために、EU離脱の是非を問う国民投票を提案するというキャメロンの考えに、メルケルは断固反対であり、彼の無頓着さを懸念していた。その日、ウェストミンスターでジョン・バーコウは、紹介としてメルケルの理論物理学の論文について延々と意味不明のことを述べて彼女を微笑ませた。そのあとメルケルは、いきなりきっぱりした言葉を述べ、二〇分間にわたって演説した。「これから私が、現実と空想を織り交ぜながら、英国のあらゆる要望にお応えするような、ヨーロッパの根本的な構造改革の道筋を示すスピーチを行うものと期待していらっしゃる方もいるでしょう。それが失望に終わるのではないかとたいへん心配しています」。

演壇に立ったメルケルのそばでバーコウは、一列目の「たった十歩（三メートル）しか彼女と離れていない」位置に座っているキャメロン首相を見下ろした。「メルケルが、キャメロン首相に対してまったく儀礼的な言葉をかけないことにびっくりしました。ほんとにまったくでしたよ。普通述べるような賛辞も社交辞令もありませんでした。礼儀は十分わきまえていましたが、ずばずば言っていましたよ。ヨーロッパの統合が象徴する成功、とくにその社会モデルについて自信たっぷりに主張しました。EUにおいて四つの自由がいかに基盤となり不可欠であるか、あらためて述べ、人、モノ、資本、サービスの移動の自由、といちいち列挙しました。彼女の演説は明らかに、デーヴィッド・キャメロンに対する真正面からの反論でした。彼女が喋っている間、私はキャメロン首相を観察していました。礼儀正しく育ちの良い人なので、平静を保っていましたが、私はじっと見ていたので、これだけは言えます。彼はひじょうに、いたたまれない思いを味わっていました」とバーコウは述べている。

アンゲラ・メルケルの最後の任期は彼女によるヨーロッパ改革の期間となった。新型コロナウイルス感染症拡大に押される形で(また、メルケルには遺憾だったが、カールスルーエのドイツ連邦憲法裁判所が欧州中央銀行の金融緩和政策である国債購入プログラムを批判したことも一因となり)、ときにせっつきながらメルケルを説得したエマニュエル・マクロンの粘りがついに報われた。二〇二〇年五月一八日、メルケルはマクロンとともに記者会見を行い、「連帯」、「統合」、「産業政策」、「ヨーロッパのチャンピオン企業」など、今まで聞かれなかった言葉を使った。さらに「ジャック・ドロール」なるビッグネームも飛び出した。政治的統合を視野に通貨統合を推進した立役者である。メルケルは「哲学の変化」があったと説明した。歴史に残る規模の共通債務計画において、EU全体で借金する形で、(コロナ禍の影響がもっとも著しかった)受益国はEUから返済義務のない補助金を受け取る。もともとあまり大胆ではなく、亀のようにゆっくりしたテンポのメルケルが豹変したのはこれで三度目だ。二〇一一年に党の方針に逆らって原発停止を決定したとき、二〇一五年に政治的代価を払って百万人の難民を受け入れたとき、そして今回である。財政赤字の回避と自由競争に関するドイツのタブーをみごとに打ち破る、政治的ヨーロッパへの踏み込んだ解決策だった。そしてやはり動くのに時間がかかるEUが大きく舵を切ったのも三度目だった。共通市場の設立(一九五七年)、通貨統合(一九九二年)、政治的統合の構想(二〇二〇年)の三回である。中国の脅威、アメリカの身勝手、コロナ禍による前例のない経済危機に対し、ヨーロッパのパワーだけがＥＵを――すなわちドイツを救うことができる。私たちだけでなくドイツもヨーロッパのパワー次第だからだ。アイデンティティよりは信条によってヨーロッパ人であるアンゲラ・メルケルは、ドイツにヨーロッパの価値を取り戻し、さらにその緊急性を理解させた首相として、一挙に歴史の中に位置づけられた。この一八〇度の転換は、にわかに博愛精神に目覚めたというよりは、単に先見性によるものだ。私たちに関係なく世界が少しずつ昔とは違っていくいっぽうで、ドイツはヨーロッパを必要とし、私たちは皆、私たち自身の生活を必要とする。そのことに気づき対応するために、新たな二つの要素がメルケルに必要だったことになるだろう。彼女の説得役のフランス大統領エマニュエル・マクロンと、緊急事態、すなわち感染症とその影響というＥＵ発足以来もっとも深刻な危機である。

アンゲラ・メルケルが二〇一七年の総選挙の出馬をためらっていたというのは驚きだ。この四年間でメルケルは、ドイツの政治家としてのスケールの大きさをさらに確立した。二〇一七年秋、メルケルの遺産といえば、強大なドイツだけではなかった。混乱した政情、ギリシャ債務危機で悪化したイメージ、南北に分断されたヨーロッパ、そして難民問題に対する歴史的な決定だった。この決断はメルケルを孤立させ、ドイツ社会を分裂させた。その四年後、辞任するメルケルの業績を総括するとすれば、ドイツの安定と強さ、ヨーロッパの連帯への一層の注力と同時に、所属政党ＣＤＵの支持低下も挙げるべきだ。大政党ＣＤＵをより中道に近づけ保守系から遠ざけることにより、また社会民主党と連続して大連立を組むことにより、メルケルはＣＤＵに方向性を失わせた。コロナ禍にからむ汚職

2017年ブリュッセルにて、欧州理事会のアンゲラ・メルケル。最後となる4度目の首相任期はヨーロッパの変革の時期となった。Photo/Getty Images

問題――CDUとCSUの議員がマスク取引で多額の手数料を受け取っていたという――が浮上したうえに、党としてのアイデンティティが揺らぎ、劣勢に立つCDUを残していくことになる。同時に、極右政党の台頭を許し、「CDU・CSU同盟より右に合法的な民主主義政党が存在可能であってはならない」という、元バイエルン首相フランツ・ヨーゼフ・シュトラウスの立てた原則がもろくも崩れた。この賭けには負けた。メルケル時代は極右政党がAfDという名で戦後初めて連邦議会に舞い戻った時代である。伝統的な主流の国民政党が――ヨーロッパの至るところでそうだったように――新しい集団に道を譲り、分裂した時代だった。メルケル時代はドイツの緑の党が躍進した時代であり、皮肉にもこの党はメルケル後の政権に加わる可能性がもっとも高い。ベルリンの壁崩壊後、なし崩しにCDUにすべり込んだアンゲラ・メルケルは、CDU生え抜きの首相以上の存在感を示した。メルケル自身乗り気ではなく、専門家が苦し紛れに「余計な再選」と呼んだ四期目は、じつは「プラスの任期」で、彼女の宿命に抗いながら決然たる態度を取らせた。きわめてドイツ人らしいメルケルが、ヨーロッパの首相になったのがこの時だった。

第17章 マクロン語る

「彼女がいなくなると寂しくなりますか？」

「もちろん！」

何か月も前からインタビューを申し込んでいたエマニュエル・マクロンから、官邸にお越しいただきたい、とのお声がかかったのは、本稿が印刷に回されようというときだった。四月九日のことで、もはやぎりぎりのタイミングだったが、メルケルが対峙した四人のフランス大統領のうちで最後となるマクロンは、彼女について以下のように語ってくれた。

▼マリオン・ヴァン・ランテルゲム（以下、M・V・R）
「『メルケル時代』について考えますと、『幸福なドイツ』の時代、ドイツが好感の持てる国になった時

代だったように思われます。大統領はどのようにお考えですか？」

▽エマニュエル・マクロン（以下、E・M）

「アンゲラ・メルケルが登場したのは、ドイツが再統一という歴史的な段階を乗り越えようとしていたときでした。ヘルムート・コール首相がこの大計画を引き受け、ゲアハルト・シュレーダーがそれを強化する改革を行い、メルケル時代にその成果が表れました。彼女はそうして受け継いだ遺産を踏み台に、ドイツを再び経済大国にし、それによって政治的な力をも復活させ、ドイツを系譜と忠誠によってヨーロッパの計画の中心にすえました。その後、メルケルはドイツに女性らしい顔を与え、フランス、その他のヨーロッパ諸国、バルカン諸国とさまざまな協力関係を結びました。彼女の気質と方法、それは絶え間ない対話です。アンゲラ・メルケルの念頭にあるのは、ドイツの覇権の追求ではありません。ドイツの経済力、あるいは政治力の一端からすれば、そのような印象を受けるかもしれませんが。おそらくあなたがおっしゃるように、東ドイツで若い頃を過ごした経験に根ざしているのでしょうが、メルケルはバランスにたいへんこだわります。彼女が後世に引き継ぐ功績は、ヨーロッパ統合計画にドイツをしっかり根づかせたことです」

▼M・V・R

「あなたの五年の任期のうち最初の四年は、アンゲラ・メルケルの四期目ということになりますが、メ

コロナ禍とヨーロッパ復興計画ではマクロンと連携。
写真提供：dpa/時事通信フォト

ルケルはこの四期目でいわゆる『ヨーロッパ革命』を実行しました。これはあなたのご尽力によるものですか？」

▽E・M

「とてもそんなことは言えません。そもそも私はヨーロッパの計画という問題で彼女を説得する必要はありませんでした。アンゲラ・メルケルは筋金入りのヨーロッパ統合主義者だと思いますから。彼女が政権四期目を迎えたとき、政治的にきわめて強い制約がありましたし、メルケル政権の前途ははっきり見通せませんでした。つねに制度的な制約を克服し、自身のシステムを条件に合わせて調整しようとたえず努力してきた人です。金融危機が続いたときも、彼女は私の前任者であるサルコジ、オランドとともにそのようにしてきました。数年間、ヨーロッパ統合の流れが滞ったこともあります。自国政界の強硬派が優位に立って収まりがつかなくなることを避けるため、メルケルが『真ん中の』ポジションを取ったからです。彼女がドイツをヨーロッパ統合計画に根づかせた、と私は申しましたが、メルケルはすべての党派に配慮しつつ、これを実現したのです。厳しい局面を迎えたときもありましたが、政治的な意味も含めて、自国の強硬派にならないような立ち位置をつねに取ったのです」

▼M・V・R

「メルケルは、つねに双方を納得させることができる、交渉の達人だと言われています。ドイツが議長国だった二〇二〇年一二月の欧州理事会は、メルケル流交渉術の集大成でした。共同復興計画を阻止しようとしたハンガリーとポーランドがとうとう折れました。メルケル流とはどのようなものですか？」

▽E・M

「共同作業にこだわる人ですね。今触れられた首脳会議では、我々は連携して、一人一人と話し合おうとしたので、幾日もかかりました。メルケル流とは、議論を打ち切らず、前に進める努力をし、とくに事前の準備をきちんとやり、到達点を見定めておくことにあります。移民問題のように、彼女自身、議論が難しすぎると思い、手をつけたがらなかった問題もありました。彼女は何が有効かを見極める力があるので、手に負えないと思われる議論や交渉は絶対にやらないのです。このやり方では、物事を進めるには不十分なところがあるので、強行突破が必要な場合も出てきます。二〇二〇年五月や七月に共同復興計画を合意にこぎつけることは、あのやり方のままではできなかったでしょう。普通なら論外の話だったのですから。そこから議論して話を展開するには大論争が必要です」

▼M・V・R

「お二人の『大論争』は幸先良くなかったですね。大統領はソルボンヌでヨーロッパの主権について演説されましたが、かみ合っていない感じがしました。大統領の方は、『フランス人らしい』情熱にあふれ、かたやメルケルは……」

▽E・M

「……理詰めですね」

▼M・V・R

「……大統領の方はたいへん情熱的で、メルケルのプラグマティズムと対照的です。彼女は、自分にはできない壮大な提案にいら立っていました。側近の一人が私にこう言ったんです。『マクロン大統領は偉大なヨーロッパ人のイメージをまとい、メルケル首相は責められているかのように感じていました』と」

▽E・M

「そんなことはありません。いや、それは思い込みですよ。私には情熱があります。それは認めます。私はヨーロッパが好きですから。しかし、あの演説で述べた明確で具体的な約五〇の提案を思い出していただきたいですね。二〇二〇年七月にまとめられたヨーロッパ復興計画は、ソルボンヌでの演説そのものです。あの演説で私は、共同債を提案したのです。あのときは、『それはおかしい』、『フランス人らしい熱意だね』などと言われました。フランスの提案に則った独仏主導の復興計画とは何でしょうか。まさにソルボンヌでの演説の内容そのものです。ヨーロッパの主権については、皆から『馬鹿げた考えだ』と言われました。しかし、アンゲラ・メルケルと閣僚たちは、この表現を使うようになりました。今や、共通の防衛構想と5G（共通インフラ網）の基盤ができました。ヨーロッパの大学ネットワーク構築も進んでいます。ソルボンヌでの演説はヨーロッパへの愛の告白というだけではなく、あらゆるレベルの愛の証明です」

▼M・V・R

「アンゲラ・メルケルと組むときは、大統領が主導権を握り、メルケルが最後には従った、という形でしたか？」

▽E・M

「私たちは、ヨーロッパのイデオロギーを掲げて仕事をするという役割を果たしただけです。ドイツは、ヨーロッパ統合のイデオロギーを自国の歴史にほとんど組みこまずにきました。メルケルはそれを実行したのです。メルケルは、ヨーロッパについての自分のヴィジョンがどういうものか、あえて口に出しませんでした。カール・ラマーズ（ドイツ連邦議員）やヴォルフガング・ショイブレ、それにヨシュカ・フィッシャーは口にしていましたが。あのとき、フランス人からの反論はまったくありませんでした。私はそのときフランス人が持つヴィジョンについて話したのです。そしてこの基本理念について、アンゲラ・メルケルからの反応はなかったとは、私は一度も言っていません。私は彼女を尊敬していますし、理解するようになりましたし、一緒に仕事をしましたから。彼女からの反応がすぐにほしいわけではありませんでした。第一に彼女が抱えている問題、第二に彼女の性格を知っていたからです。それにしてもお互いに尊重しながら、懸命に働きましたよ。私たちはいっしょに立ち位置を合わせようと努めました。いざという時になり、彼女の政治生活で何度か経験したように、変化を起こすことが可能になったと彼女は思い、二〇二〇年春、将来的な債務共有化へと宗旨替えしたのです。ドイツのシステムにとってそれは革命的な変化でした。危機のおかげというべきか、あるいはやむなくというべきか。イタリアとスペインが、ドイツやオランダを始めとする世論に訴えかけましたから。一歩一歩の共同作業でした。ヨーロッパがメルケルとともにたどったこの最後の四年間を顧みるに、ヘゲモニーという点で、私は十分満足しています。まさにソルボンヌで述べた内容と合致しています」

▼M・V・R

「メルケル首相の側近から聞いた話です。『エマニュエル・マクロンは、経済や予算関連の共有化をいつも熱っぽく説いているが、そのいっぽうで、フランスが国連安保理事会の常任理事国の枠を放棄してEUに譲ることが期待されている』。言い換えれば、『君のものはすべて私のもの、私のものはすべて交渉可能』ということでしょうか？」

▽E・M

「アンゲラが側近と同じように考えているとは思いません。この問題はドイツ政界につきまとう妄想で、彼女の思いではありません。軍事力や外交力とは何かという問題で、メルケルとこの議論をしたことがあります。安保理事国とは、相応の資格を持つ大国です。常任理事国であることは、外交、軍事において信頼性を持っているということです。核の抑止力に関しても、必要不可欠な軍事行動の決定に関しても、政治的均衡はドイツに集められていません。フランスは国連安保理事会常任理事国ですから、レッドラインを越えたときには、(シリアのバッシャール・アル＝アサドの化学兵器施設を破壊するため、フランスが主導してアメリカと英国とともに実行した) ハミルトン作戦のような軍事行動の決定をすることができます。ドイツにそれはできません。そもそもそれが本当の問題で、そうした脱皮をしたいのかどうか、またどのように脱皮したいのか、ドイツは今後よく考えなければなりません。しかし今、事実、この同等システムを設ける〔国際的な安全保障の問題に適用すべき原則をEUにも適用しようとする〕というのは問題の設定のしかたが間違っています」

▼M・V・R

「メルケル首相と大統領とでは、言葉の使い方が違いますね。マリオ・ドラギのあの名言、『アンダープロミス、オーバーデリバー』（小さな約束、大きな成果）ほど、メルケルの性格をよく言い表す言葉はありません。一般にフランスの指導者たち、とくにマクロン大統領は、逆の傾向をお持ちではありませんか。『オーバープロミス、アンダーデリバー』（大きな約束、小さな成果）では？」

▽E・M

「フランス人とドイツ人に関する決まり文句をすべて列挙なさりたいのであれば、どうぞご勝手に。私は止めようと思いません」

▼M・V・R

「メルケル首相とマクロン大統領のことを申し上げているのですが」

▽E・M

「いや、私が改革をしていると言った場合、それはフランスのために改革を行ったということなのです。ヨーロッパをどこに導こうとしているかを言うことは大事です。でないとどこにもたどりつけません。ひとつの方向性を示したのですから、私がヨーロッパをどこに導こうとしているかを、とにかく申し上げたことは良かったと思っています。実際、それはむしろフランスの使命だと私は思っていますから、さまざまな提案をしたのです。私はそれを『オーバープロミス』とは呼ばずに、方針を示す、と言います。ヨーロッパの現状を見れば、ただ成り行きまかせに物事を運び、リスクを取るのを恐れて将来的な話を曖昧にするわけにはいきません。日々の仕事をこなすのではなく、ヨーロッパという大陸を作り変えなければならないのです。私はあえてリスクを取り、何を目指していきたいか口にしてきました。アンゲラ・メルケルはひじょうに強い制約を課されていたので時間がかかりましたが、可能になれば即、実行しました。ヨーロッパの計画に基づいて我々が実現してきたことは、彼女が心底望んだことであり、我々がたどりついた成果です。そして今まで通り、独仏関係を強固にする力は、他国を説得するための条件です。この圧力は必要でした。私はこの圧力をかける仕事を今まで引き受けてきましたし、また我々はたえず連携しながらともに引き受けてきました」

▼M・V・R

「お二人の共通点は何ですか?」

▽E・M

「私たちが過ごしてきた精神的バックグラウンドはまったく異なっていました。両国で行き来した際、公式会談の合い間合い間に、私たちはお互いを知るようになりました。とくに各国首脳会議やヨーロッパ首脳会議があるたび、夜まで延々と交渉が続くときも一緒でした。私は、彼女が今受けている制約だけでなく、経歴や考え方まで少しずつ理解しました。お互いの性格の共通点も見つかりました。細部を大切にするのが好きなこと、他人の生き方に対する興味、他者の理解への関心といったことです。私はフランスの従来の政治システムとは距離を置いていますし、彼女にしてもドイツの伝統的政治システムとはそれなりに距離を置いていますし、この点でも似通っていると思います」

▼M・V・R

「どういう意味ですか？」

▽E・M

「たとえばロシアに対する考え方ですが、彼女の経歴を考慮しなければ理解できません。私たちはそれぞれ、ウラジーミル・プーチン体験をしています。彼女の方が長く、私より心理的に深い繫がりがあります。私は私なりに、プーチンという人を知るようになりましたし、ロシアとは歴史的な、それなりの親近感を伴う繫がりがフランスにはあります。我々が出したさまざまな結論はかなり似通っていました。しかし、彼女はロシアに対して、絶対にそろばん勘定でつきあってきませんでした。私がやろうとしたように、ドイツとフランスで異なる認識をもったうえで、あのような対話が必要である、と彼女はつねに考えていました」

▼M・V・R

「ノルドストリーム2計画の支持はプーチンのロシアへの依存を決定づけましたが、これはメルケル政権の汚点あるいは誤りとして残らないでしょうか？」

▽E・M

「まず私は、同じ最高指導者のあら探しや審判などとてもできません。ましてアンゲラ・メルケルのことならなおさらです。また、ノルドストリーム2に関しては、私は最初、疑念を示しましたが、我々は（ガスパイプライン計画におけるヨーロッパの枠組みについて）調整しましたので、私の役目は、この点に関し彼女を裏切らないことだと思っています。そして彼女はつねに歯に衣着せずに話しますが、トランプ、エルドアン、習近平に対してと同様、プーチンに対して、対立を招くようなことは絶対にしません。対決を好む人ではなく、むしろ緊張を和らげようとする人です。彼女は、ナワリヌイ氏の事件についてプーチンに率直な意見を伝えましたが、エネルギー（天然ガス）を我々の交渉の一環として、ウクライナ問題についてプーチンと話し合いを続ける手段としています。それこそメルケルの手法なのです。た

2018年6月9日、カナダのシャルルボワで開かれたG7サミットで、ドナルド・トランプ大統領と向き合うメルケル。トランプ大統領は遅れて到着したうえ早々に退席し、ほとんどすべての問題に関し、同盟国と袂を分かった。写真提供：AFP=時事

えず討論し、交渉し、断ち切らず、またけっして声高に主張しない。語気を荒げるのは彼女の流儀ではありません。エルドアン大統領に対し、私たちがとった方法は同じではありませんでした。エルドアンは対決を望んでいると私は思いましたが、やはりここでも、私とメルケルはそれぞれ有意義な役割を果たすために連携を取りました。私は、アンゲラ・メルケルが感情的に対立するのを見たことがありません。それは、彼女が自分の立場を固持しないということではありません。トランプ大統領が閉幕後に首脳宣言を承認しないよう指示した、カナダのG7のときなど――我々全員を前に彼が座っている、あの有名な写真ですね――難航した場面はいくらもありましたが、感情的な対立というものではありませんでした」

▼M・V・R

「ドイツは、そしてとくに経歴からいってアンゲラ・メルケルは、フランスよりも親米的ですし、英経済誌『エコノミスト』のインタビューで、大統領がNATOのことを『脳死状態』と述べられたことに不快感を抱いたようです。『ニューヨークタイムズ』によると、二〇一九年一一月、ベルリンの壁崩壊三〇周年を記念してシュタインマイヤー（ドイツ）大統領が催した晩餐会で、メルケルがマクロン大統領に『あなたが周りをかき回すやり方が好きなのは分かっています。でも私は、割れたかけらを拾うのはもううんざりです。何度も何度も、あなたが壊すたびに破片を集めてカップを作り直し、また席について一緒にお茶を一杯飲めるようにしなければいけないのですから』と言ったそうですね。本当ですか？」

▽E・M

「いいえ、それは違います。彼女はそんなことを言ったことはありませんし、NATOに関しても絶対にそういうことは言っていません。彼女の発言に注意すれば、私がNATOのことをああ言ったときに抗議しなかったことが分かりますよ。私は、とくにトルコ問題について、わざとあのように言ったのです。あのとき、メルケルはNATOに対してひじょうに難しい立場にあったことを忘れないでください。前回のサミットで、トランプ大統領は『負担分担』で躍起になり、彼女を指さして個人攻撃をしましたからね。『アンゲラ、あんたは自分の車で我々を虐殺しながら防衛費を払わないんだな』と言って。私たち皆にとっても耐え難い非難でしたが、とくに彼女にはこたえたでしょう。アンゲラ・メルケルは、あらためてNATOや対米関係に対して、ドイツの他の政治家よりも冷静に考えるようになったと私は思います。バイデン大統領が就任して皆が胸をなでおろしたにもかかわらず、自発的な親米路線の形について、メルケルが依然として、周囲で言われているよりもいっそう冷静で厳しく慎重であるのを見るにつけ、私は驚いています。彼女はつねに親中路線、親ロ路線ですが、アメリカには与《くみ》しません。彼女が主導した脱皮において、ドイツを国際政治の舞台に復帰させるという意図もあり、そうすることで、彼女は主権あるヨーロッパと、提示され推進された『強国としての』ヨーロッパという概念に同意したのだと私は思います。ジョー・バイデン就任後の時代になっても、彼女の方に変化はなく、共有している計画の断念もなく、ヨーロッパにかける意志も変わりありません」

▼M・V・R

「メルケルの長期政権についてはいかがですか？」

▽E・M

「ヘルムート・コールのもとでドイツの制度を学んだこととひじょうに関係していると思います。つまり、権力の均衡をきちんと尊重するということですね。それが、この一六年間のおおかた、さまざまな連立を組んできたということですし、フランスの政治との大きな違いです。ゆえに、つねに交渉が必要で、こう言ってよければ少数派のパートナーを毎回うまく吸収してきたということです。敵味方関係なく、関わりのある人々に目を配りながら物事を進めていくのです。我々は会議の前に、つねに他国を巻き込むよう細心の注意を払いながら、たえず連携し、ヨーロッパレベルの仕事をする方法を作り上げてきました」

▼M・V・R

「アンゲラ・メルケルはドイツを体現する存在ですが、彼女の退任によって状況は一変してしまうでしょうか？」

▽E・M

「ドイツ人、そしてヨーロッパ人としては、彼女への愛着、この一六年間彼女が築いてきた均衡への思いはあります。気持ちとして、何らかの影響はありますし、一抹の寂しさもあり、移行期が訪れるでしょう。しかし彼女は、制度の尊重と長期政権という実績がありますし、普通なら遺産《レガシー》は受け継がれるでしょう。彼女が尽力してきたこと、ヨーロッパにおけるドイツの地位を確かなものにし、近年は連帯と主権を軸とする政策を推進したことは、もはや後戻りできないことだと私は思います。彼女はこうしたことに、ひじょうに責任感をもって取り組んでいると思いますし、それは我々にとって大事なことです。ドイツ、ひいてはヨーロッパのために大事なことがいつまでも継続するよう、彼女は条件を整えてくれたのです」

▼M・V・R

「メルケルの人気を羨ましくお感じになりますか？　もしフランスの大統領選に彼女が出たら、勝てるでしょうか？」

▽E・M

「わが国とはシステムもまったく異なりますし、比較になりません。フランスでは、権力にかける期待がもっと集中します。連邦国家ではありませんし、議院内閣制ではありません。選挙によって選ばれた大統領はもっと、期待や反発を一身に集めますし、任期は五年です。アンゲラ・メルケルは、国民からの人気について、私と同じような考え方です。選挙に勝って活動することを可能にしてくれるという意味で人気は役立ちます。そうでなければ、ナルシシズムもいいところです」

▼M・V・R

「彼女がいなくなると寂しくなりますか？」

▽E・M

「もちろん！　でも、彼女にはこれからも注目していきます。政治家としての生活をきっぱり終え、自分の時間を持ってから、別の意義のある仕事にかかわっていきたいのだと思います。ともかく私は、今後も彼女と話し合いをしていきますよ。ひじょうにさっぱりして気持ちのよい、自由な意見交換をしていますから」

▼M・V・R

「どんな贈り物をされるおつもりですか？」

▽E・M

「まだ分かりません。何らかのご招待をするでしょうけど。でも、彼女が大げさな送別会を望んでいるかどうかは、分かりませんね」

第18章

「幸福なドイツ」の首相

「アンゲラ・メルケルは女王のようにほとんど変わらない。彼女の周りの世界が変わっていくだけだ」

アラステア・キャンベル

「首相、離陸できません……」

「修理にどれくらいかかるの？」

「分かりません」

アンゲラ・メルケルはため息をついた。ドイツ代表団の飛行機はまた滑走路で立ち往生した。メルケルは慣れっこだった。もう一度、こういうときにお定まりの冗談を口にしてから、彼女はブリュッセル空港の小さなサロンで部下たちと仕事し、午前四時まで仮眠をとりに行くだろう。他の欧州理事会のお偉方は皆、夕刻にはとっくに我が家に帰っているというのに。いつものことだった。ワシントン、パリ、ロンドン、モスクワ、北京、どこであろうと、無事離陸するまでメルケルは安心できない。

世界第四位の経済大国にして、なんとも皮肉な話だ。ドイツ連邦共和国は無駄な出費を嫌がるから飛行機はおんぼろで、すぐ故障する、と笑われるのだ。

政府首脳の安楽のために何億マルク、何億ユーロの支出が必要なことをドイツの世論は認めようとしなかった。一九九〇年のドイツ統一以降に首相の座についたヘルムート・コール、ゲアハルト・シュレーダー、アンゲラ・メルケルは、連邦議会に改善案を提出することすらできなかった――少なくともメルケルが二〇〇九年に再選を果たし、二期目に入るまではそんな気になれなかった。しかし、さまざまなトラブルが各国での首脳会談へ向かう際に起き、波乱含みの道中となることが相次いだ。これら歴代首相三人は、古ぼけたボンバルディア・チャレンジャー数機とガタガタのエアバス二機で我慢せねばならなかった。旧東ドイツ国家評議会議長エーリッヒ・ホーネッカーのために一九七〇年代末に注文したA三一〇機もそのひとつだ。ヨーロッパ中でいちばんお粗末だった。最後に首相の座についたアンゲラ・メルケルがすべての被害をこうむることになった。飛行中、ドアにすき間が開いたり、緊急着陸したり、空港で何日も足止めされながら、トンカチやネジ回しであれこれいじったあげく、ようやくドイツ連邦共和国の機械、いや機構が再始動するのを待ったりしなければならなかった。大西洋上空で通信することなど、夢のまた夢だった。電話機が他のものと同じく時代遅れで、通じなかったのだ。「機中では世界といっさい遮断され、最新ニュースがつかめませんでした。しょっちゅうトラブルが起きました。誰もあえて口に出す気はありませんでしたが、皆、ちょっとひやひやしていました」と元側近は述べている。

こうした場合、アンゲラ・メルケルはいつもと変わらない態度でいる。専門家の意見を聞き、状況を分析し、訪問する相手（あるいはその議会）に相談し、落ち着いて交渉し、必要なら働きかけをすることにし、必要でなければそのまま待っている。我慢強く、落ち着いて、プラグマティックに。激したり、大見得を切ったりしない。知っていること以上のことは言わないし、できること以上の約束はしない。権力を手にするためのマキャベリ的術策を立てる。危機を管理し、問題を解決し、落としどころを見つけ、分裂より一致を求め、指針としての道徳的価値観を念頭に行動すること、それがメルケル主義だ。ムッティは皆が頼り、不安なときにほっとさせてくれる存在だ。ドイツ人はこれまでメルケルとそのような関係を保ってきたし、一六年経ってなおメルケルに続投してもらってもいいと思うほど満足している。二〇二〇年六月、ＺＤＦ（第二ドイツテレビ）のジャーナリストがメルケルにインタビューを行った際、五期目の可能性について質問しようとしたが、メルケルは最後まで言わせなかった。

「あと一期という可能性は……」

「ありません（“Nein”）」

「ほんとうにないですか？」ＺＤＦのジャーナリストは粘った。

「ありません、ほんとうにないです、絶対に！」

と、メルケルはきっぱりと“Nein”を三回繰り返し、軽く微笑んで打ち切った。

四発のターボファンエンジンを装備し、二一世紀にほぼふさわしい通信機器をつけた新しいエアバスＡ三四〇に乗りながらも――二〇一六年七月一五日、彼女は飛行機の中で、トルコで起きたクーデター未遂のニュースをなんとか入手することができた――、メルケルは、形式にとらわれない形式と東のプロテスタントらしい厳しいモラルを保ち、全ドイツに似つかわしく、またドイツ人が何より望む安定性というものを身をもって示すという偉業を遂げた人物であり続けている。メルケルは歴史書にどのように書かれるのだろうか。もっとも遠慮してほしい質問をしてきた相手に、メルケル自身は「（彼女は）労をいとわなかった」と答えている。アンゲラ・メルケルの自我はすべて達成した仕事に宿っている。彼女はやれることを探り当て、それが円滑に運ぶのを見ることが好きだ。旧東ドイツの数学の恩師がすでに気づいていたように、問題が生じたそのときに解決策を見出すことは、彼女の大事なやりがいであるだけでなく、尽きることのない喜びでもあるのだ。名誉や後世のことはその後だ。最後の任期に起きたヨーロッパの激変によって歴史に足跡を残すことになるとは予想もしなかったが、この異例な二〇二〇年、感染症拡大と経済危機が突如として彼女を必要とした。メルケルには、ひと握りのカリスマ的な指導者が事前に練り上げた壮大な計画に基づいて歴史が進むとは思えなかった。この点についてフランスのマクロン大統領は対照的な考え方をしており、メルケルを説得しようとしたが無駄だった。メルケルの強みは今この瞬間を認識できることだ。ベルリンの壁が崩壊したら、乗り越える。たゆまず一歩一歩進み、堂々と反論することもいとわない。力づくで運命を切り拓こうとせず、じっと耐えて好機を待つ。急激な変化よりも緩やかな進化を目指す。この点でメルケルはまさに保守的である。ただし彼女は進歩主義的保守派だ。現状維持を好まず、プロセスの進行に沿っていく。意見を集め、世論を把握することのできる指導者は少ないが、彼女にはその能力がある。むやみに急がず方向と価値観をしっかり定め、機が熟したときに動かしながら、ドイツ社会の進化を理解し、主導した。日和見主義、世間へのおもねり、我慢強さ、プラグマティックな知性など、メルケルについては色々言われているが、ドイツ国民へのこうした独自の深い理解があってこそ、原発停止や難民受け入れから、近年のヨーロッパにおける哲学の変化にいたる、メルケルの起こしたいくつかの改革が可能となったのである。CDUを左傾化し、難民や女性に対する保守的考え方から脱却させ、この大政党を大きく変えることができたのも、ドイツ人への理解が背景にある。メルケル自身の出発点ともなった、冷戦後の新たな世界は、さまざまな新興勢力が古い米ソの対立を蹴散らし、インターネットやSNSが従来の政策と統治の形態をまさに吹き飛ばした。そうした冷戦後の世界と対峙したメルケルは、ヴィスコンティが映画化したジュゼッペ・ランペドゥーサ作『山猫』の通奏低音となる「何も変わらないためにはすべてが変わらねばならない」との哲学を貫いた。

現代の国家元首でメルケルと相似する人物を探すとしたら、皮肉なことに対極的な人物となるが、エリザベス女王だろう。ウィンザー朝の王冠と世界有数の巨万の富の継承者であり、実権を持たない君主であり、階級社会の古めかしい象徴であるエリザベス二世とメルケルの間には、一見なんの共通点もない。メルケルは消滅した世界からぽっと現れた指導者であり、既成秩序と無縁で、共産主義政権の平等主義的プロパガンダの下で成長し、贅沢や物質的豊かさに無関心で、制度的体裁と同じく外交儀礼や社交界趣味を嫌い、火中の栗を拾ってでも積極的で具体的な政策を選ぶ人だ。まったく対照的な人物像なのだが、じつは相通ずるものがある。新型コロナウイルス感染症が拡大し始めた二〇二〇年三月、四月にそれぞれ行った演説は、二人の類似性に気づかせてくれる。一人一人への共感、苦境から立ち上がるようにとの励まし。大げさな話し方でもなく、虚栄も感じられなかった。エリザベス女王の方は、一九四〇年に初めてラジオで演説したときのことに少しふれ、自負を見せることができたのは確かだが……。しかし二人とも、ゆるぎない存在感があった。使命に専心する二人の宣教師だった。目に見えない二人の私生活は任務の陰に隠れていた。生身の人間からポップ・アイコンに祭り上げられて驚いている二人の著名人だった。何十人もの大臣や大統領を見送り、その統治時代がそれだけで歴史小説となる、突出して在位期間が長い二人。モラルと政治の拠りどころ、統一と安定と民主主義の保証人の二人。エリザベス女王とアンゲラは激動する世界の不変の存在だ。アラステア・キャンベルは「アンゲラ・メルケルは女王のようにほとんど変わらない。彼女の周りの世界が変わっていくだけだ」と述べている。キャンベルはトニー・ブレア政権で戦略と広報を一〇年間担当し、ダウニング街一〇番地から女王を間近に見てきた。とくにダイアナ妃の死が招いた混乱の日々、ブレアとキャンベルは窮地に陥った君主制を救わねばならず、女王に接する機会は多くなった。「メルケルは自分が何をやりたいかを知っているという意味でひじょうに戦略的ですが、白黒はっきりしない状態の方が彼女は快調なのです。環境にうまく適応しますから。『私は今ここにいて、権力を持ち、やるべきことをやります』というわけです」。著書（*Winners : And How They Succeed*, 2015）の中でキャンベルは、スポーツ選手、企業経営者、政治家を対象に各界の著名人の成功の秘訣を探っており、その中にエリザベス二世とメルケルも含まれている。ヨーロッパの二人の「クイーン」だ。エリザベス二世に関しては「彼女は何かをするのではなく、ただ、いる」と書いている。立憲君主制の国家元首ならではのこうした性質を、アンゲラ・メルケルの誹謗中傷者たちは欠点に置きかえ、メルケルに当てはめる。手を下さずに政権の座にいるだけではないのか?と。自身が決めた目標に向かってドイツという国を導くことよりも、ドイツを体現しているだけではないのか? メルケルは記憶すべきものを何か残したのか? 何らかの大規模な改革を行ったと言えるのだろうか?

歴代の有名な首相が残した業績はすらすらと挙げられる。コンラート・アデナウアーはドイツをふたたび西ヨーロッパに仲間入りさせたし、ヘルムート・コールはドイツ再統一とユーロによる通貨統合を成し遂げた。ゲアハルト・シュレーダーは「ヨーロッパの病人」といわれるほど停滞していたドイツ経済に復興をもたらした。では「ムッティ」はどうなのか。「たしかにメルケルは、コール、シュレーダー、クリントン、ブレア、マクロンのように、『新しいヨーロッパ』、『刷新』、『国を改革する』といった、戦略的な中心概念を定めて連呼する類の政治家ではありません」と、キャンベルは答えた。また彼は、トニー・ブレアの下で行った、「絶え間ない対話による戦略の言語化に基づく」仕事は、メルケルが相手の場合は必要がなかった、と認めた。「メルケルは、彼らのように、世界を変えるとは言いませんでした」とも言った。しかし、大げさなアピールや豪語なしに、メルケルは世界を変えた。「私がやることは、私が言うことよりも大事です」と、彼女は世界に対して述べた。またメルケルが歴史の現場に立ち会ったのは、歴代首相たちとは異なる場所だった。ベルリンの壁崩壊を内側から、政治には縁のない立場で経験した。国の再建が怒涛のように始まるなか、権力を握った。野党党首だった彼女は、シュレーダーの自由主義的改革に対し、妨害をあおった自党の急進派とは異なり、痛みを伴うものの効果的であるとして支持するだけの先見の明があった。メルケル政権で現在、経済エネルギー大臣を務める古株のペーター・アルトマイヤーは、かつて「アンジーズ・ボーイズ・グループ」と名づけられた非公式の支援クラブの一員だったが、当時のメルケルの言葉を覚えているという。「これらの改革は支持すべきです。CDUがふたたび政権を握ったときには改革が完了し、私たちはそれをベースに進めていくことができるでしょうから」と、つねに先手を打つCDU党首メルケルは見抜いていたという。「シュレーダーが手掛け、メルケルが推進した改革はぶれませんでした。一六年間のドイツ経済の目覚ましい成長の地均《なら》しになったのです」と、アルトマイヤーは述べた。

アンゲラ・メルケルは歴史の流れとともにここまで来た。ドイツがナチズムとホロコーストへの罪悪感とともに存続し、過去の惨禍から立ち直り、模範的な民主国家を再建するには、ひと世代ではすまない、何十年もの月日が必要だった。二〇〇〇年、ケルンの若手デザイナーで一九七一年生まれのエーファ・グロンバッハは、ドイツ人としての軽やかで穏やかな生きかたを誇らしく表現し、世間をあっと言わせた。彼女はいまだに恥ずべき記憶を連想させる国旗をあえて取り入れ、黒、赤、黄(金)に色分けしたTシャツを作り、国章のワシを優しい感じにしてロゴのデザインにし、ドイツ人になったことに満足しているトルコやソマリアの移民をモデルに選び、プレタポルテ・コレクションのタイトルを「ドイツへの愛の告白」とした。「ドイツはクール」とグロンバッハは言った。斬新だった。二〇〇六年、今度はベルリンの町で、ドイツはもはや自責の念を捨ててよいと言わんばかりに黒・赤・黄の旗があふれた。サッカーのワールドカップがドイツ中で開催されたときだった。代表チーム（マンシャフト）が連勝し、ついに敗れはしたがイタリアとの準決勝まで進んだ。人々は喜びに沸き、胸を張って楽しんだ。大勢が集まる公の場でドイツ国旗が振られたのは、第二次世界大戦以来のことだった。二〇〇六年七月のドイツ代表の記録は『夏のメルヘン』というドキュメンタリー映画となった。

それはアンゲラ・メルケルが政権についてから一年も経たない頃だった。ドイツが変わりつつある手ごたえを感じ、シュレーダーの改革と「クール」な二一世紀への移行の勢いに乗り、変動へと導いた。二〇〇五年、ドイツは「ヨーロッパの病人」とまで言われ、保守反動的な社会には閉塞感が漂っていた。二〇一六年、ドイツは時代の精神を体現し、未来に目を向けていた。メルケル時代は世界中が称賛と羨望を抱いた「ドイツモデル」の構築のときであり、バラ色とまではいかなかったが、すべてが他国よりはうまくいっていた――産業の活性化、雇用、教育、医療制度、諸州間の権限の分配、官民間の流動性、組合勢力、集団の知的水準、市民精神、制度の尊重、難民受け入れ、すなわち、ある意味、文明において。メルケル時代は、信じがたいほど矢継ぎ早に見舞われた（金融、経済、気候、テロリズム、移民、感染症、地政学における）危機や、ドイツの（世界で四番目、ヨーロッパで一番の）強大国への昇格や、EUとのゆるぎない連帯に応じた、模範的リーダーシップのときだった。メルケル時代は、もはや世界が見失っていたドイツの一面の誕生のときだった。ナチズムによって絶対的な残虐の基準となった後、アデナウアー以降のドイツは、羨むべき自由民主主義国の例として見られつつあった。強い経済、穏健な政治、精神的な安定、温和な社会状況がそなわった現代的な国のイメージだった。メルケル時代は、ドイツが好感の持てる国として世界中の視線を集めるようになった時代だ。ほとんど「クール」といっていい。以前はそうではなかった。メルケルは、力と信頼とモラルと優しさを一度にもたらした。彼女は「幸福なドイツ」の首相である。

二〇二一年は、ドナルド・トランプの退任を間近に控えて始まり、アンゲラ・メルケルの退任の後に終わることになる。不思議な歴史の皮肉か、西側の民主主義大国のなかでもっとも相容れない二人の指導者は、それぞれ遺産と、頭領を失った戦士の一団とともに、ほぼ同時に政権を離れる。トランプは地位にとどまるためにあらゆることをしたが、メルケルはとどまるよう願う人々に抵抗した。片や四期一六年を務め、国際的名声を得、不安定な世界において信望を集める人となり、コロナ禍や経済危機で発揮した手腕もろとも去っていく。もういっぽうは、四年の任期が終了し、選挙の敗北を認めようとしないまま押し出され、連邦議会議事堂を襲撃するようファンをあおり、社会を分裂させ、暴力をはびこらせ、陰謀論でかき回し、良識に反する対応で感染症を蔓延させたままにした。トランプとメルケルは水と油の関係になるだろう。ムッソリーニを夢見るナルシシストの億万長者と、仲裁と法の遵守と制度の安定を旨とする、落ち着いた牧師の娘とでは繋がりようがなかった。トランプはメルケルが憧れたアメリカ、東ドイツ人には手の届かなかった夢に満ちた自由の国のイメージを裏切った。メルケルはジョー・バイデンの選出を「アメリカの民主主義の祝賀」と称え、マクロンの期待した「ヨーロッパの戦略的自律」よりも、アメリカの影響がヨーロッパに戻ることを期待した。メルケルは強烈なアンチ・トランプだった。この二人はトランプ主義とメルケル主義を我々に残した。SNSの力によってかき回された民主主義国家における二つの対照的なシンボル、二つの政治的モデル、二つの敵対勢力だった。

誰が出し抜くか？　二〇一六年、国民投票で英国のEU離脱が決定し、余勢を駆るようにドナルド・トランプが大統領に選出されると、ヨーロッパの政治的指導者たちはあおられたように交流を求めた。マリーヌ・ル・ペンはトランプタワーの一隅で、この超高層ビルの主に会ってもらえることを期待して延々と待ったが、結局面会はかなわず、代わりにトランプの元首席戦略官スティーブ・バノンを特別ゲストとしてRN（国民連合）党大会に迎えて満足した。EU離脱の旗振り役、ナイジェル・ファラージはトランプの政治集会で演壇に上がり、Twitterに画像を投稿し、彼らの親密さをアピールした。英国首相ボリス・ジョンソンはトランプとの近しい関係を誇示し、大きな期待をかけた。二〇一八年、ドナルド・トランプはノーベル平和賞受賞に値すると公言したのも彼である。ハンガリーのオルバーン・ヴィクトル首相はヨーロッパで先陣を切ってトランプの立候補を応援し、ホワイトハウスの大統領執務室に招かれた。ポピュリスト・ナショナリズムのうねりが社会を脅かしていた。その動きは、ル・ペン、ブレグジット派、ハンガリーにとどまらず、ボスフォラス海峡の向こう、トルコのレジェップ・

タイイップ・エルドアンはいうまでもなく、イタリアではマッテオ・サルヴィーニが、オランダではヘルト・ウィルダースが、スロベニアではヤネス・ヤンシャが、ポーランドではアンジェイ・ドゥダが加わった。アメリカのゴッドファーザーというべきトランプが葬り去られると、彼らは突然、親分を失った子分となり果て、鳴りを潜めた。オルバーン政権はジョー・バイデンが「奪った」勝利の伝説を支持し、ボリス・ジョンソンはあれほど熱心に演出したトランプとの親近性を払拭しようと躍起になった。マリーヌ・ル・ペンもそれまでのトランプへのすり寄りをごまかそうと、見苦しい歪曲に走った。しかし、ドナルドおじさんは彼らにトランプ主義なる置き土産を残していった。「もうひとつの事実」のでっちあげ、真実に対する徹底した不信である。真偽の区別の混乱はＳＮＳによって増幅され、制度への疑念を植えつけた。不正の証拠はいっさいなく、票の再集計が行われ、選挙結果を覆す訴えがことごとく退けられたにもかかわらず、トランプは何百万人ものアメリカ人に、ジョー・バイデンが大統領選で不正を働いたと信じ込ませることに成功した。彼は後継者であるバイデンの権威を傷つけた。陰で存在感を漂わせ、脅威を与えつつ「何らかの形で」復活すると支援者たちに約束した。大西洋の反対側のドイツでも、アメリカよりは小規模ながら国会議事堂で反乱が起きている。二〇二〇年八月二九日、政府のコロナ対策に反対する何百人もの抗議派、マスク反対派、ワクチン反対派、極右団体が強行突破して国会議事堂に侵入しようとしたのである。暴徒化した人々は、トランプが彼らを支援するためベルリン・テーゲル空港に到着したとのデマに舞い上がっていた。ナチの独裁確立のきっかけとなった一九三三年の国会議事堂放火事件の暗い光景が人々の脳裡に蘇った。ヨーロッパの安定と反ポピュリズムの支柱であるアンゲラ・メルケルの退任は、その後の世界に不安を与えている。

第19章 Tschüss（バイバイ）、メルケル

「オランドさんってやきもち焼きだったわ！」

アンゲラ・メルケル

政治家にとって、引退後の生活は心をそそる。もう間もなく、国でいちばん重要だった人物がほぼ一般市民と同じ身分に戻り、影響力を実感することもなくなり、分刻みの過密スケジュールから会合のない孤高の空白の日々に放り込まれるという、じつに急激な変化の瞬間が待っている。心が波立つのは避けがたく、落ち込む人も多い。エマニュエル・マクロンに敗れた直後、塗りたての塗料の匂いがまだ残るリヴォリ通りの新しい執務室で、フランソワ・オランドは引退後の不本意な影響をこまごまと私に列挙してみせた。もちろん、自分のことではなく、前任者たちだけの話であるかのように彼は述べた。アンゲラ・メルケルは違うでしょうけどね、とオランドは言った。「フランスの大統領と違って、彼女には権力から離れた生活がありましたから。会議のとき、彼女はよく『私は物理学者で

すから論理的です。決まったことをはっきりと書くのが好きです』と言っていました。彼女は率先してその日の総括をし、合意したことを要約し、ペンを執って最終的な公式発表の表現をぎりぎりまで直すのです。私たちフランス人は、立派な演説をたっぷり聞くのが好きだったりしますが。メルケルの場合、権力欲とは、活動の中心にいること、自ら手を下して難題に取り組むことなのです」。メルケルはごく親しい人たちには、旅行の計画をいくつか立てていることや、名誉博士号を授与された世界中の大学をすべて訪問したいことなどを打ち明けた。友人の俳優、ウルリヒ・マテスには、「なにが嬉しいって、今よりもっと劇場に行けるのよ！」と言った。アメリカの地図やシベリア鉄道の路線図を詳しく調べ、どちらにすべきかじっくり考えている。「彼女は新しい政治的ポストは望まないでしょう」と、一人の側近ははっきり述べている。「アンゲラ・メルケルは世界でもっとも権力と影響力のある職務を果たしました。形に残る仕事をしたいという女性です。組織の代表には興味はありません。権力の手段を手放す代わりに儀礼的役割を引き受けようとは思っていません。名声を求めず、静かにしているのが好きで、プライベート・ライフや家族や庭いじりに専念するのです。引退するときは当然、感極まる思いになるでしょうが、いつまでも寂しく感じるようなことはないと思います。彼女はいつも、ロールモデルにはなりたいと思わないと言っています。でも実際はロールモデルなんですけどね！」。当然ながら、メルケルは「ガールズ・キャンプ」に今後も一緒に仕事をしてほしい、と持ちかけた。エーファ・クリスチャンセンは色々検討中、かけがえのないベアーテ・バウマンはためらわず承諾した。バウマンは朝一番の短い現状報告をこれからも続けることができるだろう。「問題ありません」と。独裁政権下の閉塞感と政治家としての制約から解放され、アンゲラ・メルケルは生まれて初めて自由に生きることになる。各国首脳は、送別に何を贈るか、あれこれ知恵をしぼっている。私だったら、アンヴァリッドの中庭で共和国衛兵隊による儀式を捧げたりしないだろう。私なら、最優秀の物理化学専攻の学生との対話はいかがでしょう、と提案するだろう。公式訪問でしか見ることのできなかった世界、オーヴェルニュの火山帯のような風光明媚な奥地をゆっくり案内して差し上げたい。好物のフランスのチーズを作っている農場を訪ねていただいてもいい。どこかの大学の学部にメルケルの名前を冠するのはどうだろう。

私がアンゲラ・メルケルについて書いた最初の本（*L'Ovni politique*, アレーヌ社、二〇一七年刊、まえがきはアラステア・キャンベルによる）を上梓してから四年経った。メルケルがぎりぎりまで引き受けるのをためらった最後の任期と重なるこの四年間は、世界を覆いつくしたコロナ禍により、彼女の指導者としての運命を別の次元に押し上げた。この四年間、私は新たに数十人の証言者、閣僚、ブレーン、外国の交渉相手、政敵、東西ドイツ時代の同僚に取材し続けた。この間、私たちは同じように年を重ねた。一知半解のまま放り出したいくつかの大事な鍵を解くには、おそらく必要な時間だった。別世界から来たこの女性のどこに私は惹かれるのか、その謎にいっそう迫ることになった。彼女は政治家としてのモチベーション、内面、出自、何もかも独特だった。

私が何度も取材を断られたあげく、ようやく首相官邸の一階ホールでメルケルと五分間、話せたことは前著でも述べた。メルケルを追いかけ、一対一の面談を申し込もうと手を尽くすこと約一二年、すべてが無駄に終わっていた。メルケルはジャーナリストとの接触を制限しており、原則として外国報道機関のジャーナリストと話をするのは合同記者会見のときのみで、彼女について書かれた評伝も受け取らないことにしていた。もどかしいことこの上ないが、その実ますます尊敬の念がつのった。

二〇一七年五月一七日、メルケルは、移民の同化に尽力した人を対象とする賞の授与式を行っていた。この日、上機嫌に思われた。スラックスにハーフブーツをはき、何も考えず毎日とっかえひっかえ着ている同じデザインのジャケットの中から、この日はターコイズブルーのものを選んでいた。ジャーナリストは誰もいなかったが、私は紛れ込んでいた。メルケルは百人ほどの人に交じって席についていたが、立ち上がってくつろいだ様子で話し始め、冗談を飛ばして周囲を笑わせた。「難民受け入れと同化はわが国の義務です」とメルケルが述べると拍手が沸き起こった。彼女がスピーチを終えて出口に向かったとき、私は近づいて話しかけた。メルケルは警戒した。短く切った前髪は無造作な感じだったが、彼女が眉をひそめるとさっと緊張が走り、こちらに向けた、澄んだ青い目に気圧された。いきなり英語で話しかけてきたこの見覚えのない女は何を言い出すのだろう、と思っている様子が見て取れた。「パリから来ました。『ル・モンド』に首相についての記事を書きました」と私は言った。とたんにメルケルは明るい表情になり、私の腕を取って気さくに話し始めた。「ああ、あなたですね、あちこち私を追いかけて、フォアポンメルンの私の家まで来られたのは！　リューゲン島の漁師さんたちにも会ったんですって。信じられないわ。オランドさんって、…英語で何というのかしら…eifersüchtig…って」。メルケルはそばにいた人に「Wie sagt man “eifersüchtig” auf Englisch?… Ach ja !」、そして私に「Jealous!　オランドさんってやきもち焼きだったわ！」と言った。私は「オランドさんは文句が言えないんです。ジャーナリストに色々書かれてうんざりしたのではないでしょうか？」と答えた。メルケルは訳知り顔で「ああそうね、その通りだと思います……」と言った。私が書いた『ル・モンド』の一連の記事の内容は首相官邸の専門家が翻訳し、彼女に伝わっていた。メルケルは断片的に思い出した箇所を声高らかに繰り返し、書きっぷりを面白がり、「研究」という言葉を何度か使った。研究、それは科学者アンゲラ・メルケルにとって大切なものだった。そこで話は打ち切られた。「シンデレラ」の真夜中の鐘が鳴ったみたいにあっけなく終わった。メルケルは私の手を握った。「グッド・ラック・フォ・ユア・ブック！」それだけだった。ムッティとの五分間。二年後、彼女の表現によれば「黄色いベスト運動の現状を理解するため」、数人を招いた内輪の夕食会がパリで開かれ、私はメルケルに再会した。メルケルはデザートの代わりにチーズの盛り合わせを取り、南仏コルビエール産でドメーヌ・バロン・ド・ロートシルト社シャトー・ドーシエールの二〇一四年のワインを惜しげもなくふるまった。彼女は明らかに「別格の」明晰な頭脳を働かせ、紙片にメモを取りながら人の話を聞き、質問をし要点をまとめ、さらに突っ込んだ質問をした。食事が終わる頃、メルケルは寄ってきて、私をまっすぐ見つめ、威圧するような笑みを浮かべて「今夜の話はどこにも書かないで。新聞や雑誌もダメ、本もダメ！」と繰り返した。この本を書き、メルケルについての映画を作るため、私は最後の試みとして手紙を書いた。報道官のシュテフェン・ザイベルトが、私をベルリンで迎える前に、それをメルケルに渡してくれていた。「首相からは、お手紙にくれぐれも感謝の意をお伝えするようにとのことでした」と、ザイベルトはあいかわらず完璧なフランス語で言った。「しかしあいにくですが、二つの理由から取材に応じることはできません。原則として首相は、自身について書かれる内容に協力することは望みません。また、コロナウイルス感染症拡大のこの時期、職務を離れたくないとのことです」。了解。少なくとも、私はやるだけのことはやったと言えるだろう。

アンゲラ・メルケルがいなくなれば寂しくなるだろう。そして思いがけずベルリンで、東ドイツ時代からの旧知の人物に会ったときのエピソードは、メルケルを惜しむ理由を何よりも説き明かしてくれる。二〇一六年一月、メルケルは夫とともに、あるイタリア人ピアニストのコンサートを聴くため、ジャンダルメンマルクト広場のコンツェルトハウスに足を運んだ。ショパン、ラフマニノフ、シューマンといったプログラムだった。じつは難民支援のチャリティーコンサートだった。難民危機が激化している時期で、メルケルはまさに集中砲火を浴びていた。偶然、二人のちょうど後ろの席に、メルケルをよく知っている——すでに本書でも登場している——人物が座っていた。旧東ドイツの反体制派で有名だった人物で、メルケルの父親の元教え子であり、ベルリンの壁崩壊直後の一九八九年にメルケルが加入した最初の政党であるＤＡ（民主的出発）の設立者の一人、ライナー・エッペルマン牧師だった。何年振りかの再会だったが、メルケルもエッペルマンも昔のままの友達言葉で話した。休憩時間に挨拶しあい、エッペルマンは彼女を元気づけようとした。謹厳な彼は昔と変わらず単刀直入に言った。「今、難民のことで大変だろうね。ヴァーツラフ・ハヴェルのあの言葉を思い浮かべるといい。東ドイツ時代、僕はそれで力づけられたし、今の君にもぴったりだよ……」。共産党政権打倒に活躍し、チェコ共和国初代大統領となったハヴェルの言葉をエッペルマンはそらで言って聞かせた。そこで休憩が終わったので、メルケルは何も言わず、考え深い表情で席に戻った。

コンサートが終わると、メルケルはまたエッペルマンのところに来た。「ハヴェルの言葉をもう一度言ってくれる？」この言葉はメルケルの心に響くだろうと、エッペルマンは分かっていた。メルケルは、文章の意味を理解し、それが自分にとってどんなメッセージを持つかを読み取ることのできる世界の住人だった。エッペルマンは繰り返した。「希望とは、ひとつのことが良い結果に終わるという信念ではなく、どのような終わり方であろうとそのことが意味を持つという確信である」。

アンゲラは頷き、ありがとう、と言った。

参考文献

対談・評伝

Hugo Müller-Vogg, *Mein Weg*, Hoffmann und Campe,2005 ; *Angela Merkel. À façon*, L'Archipel, 2006.

Herlinde Koelbl, *Spuren der Macht*, Knesebeck, 1999.

Brititte Huber et Andreas Lebert, Entretien dans la revue *Brigitte*, 18 mars 2005.

Daniel Brössler et Stefan Kornelius, Entretien dans le *Süddeutsche Zeitung*, 27 juin 2020.

Jana Hensel, Entretien dans *Die Zeit*, 24 janvier 2019.

Gerd Langguth, *Angela Merkel. Aufstieg zur Macht. Biografie*, DTV, 2007.

Evelyn Roll, *Die Kanzlerin. Angela Merkels Weg zur Macht*, Ullstein, 2009.

Volker Resing, *Angela Merkel Die Protestantin*, St. Benno Verlag Gmbh, 2009 ; *Angela Merkel. Une femme de conviction*, Empreinte, 2010

Stefan Kornelius, *Angela Merkel. Die Kanzlerin und ihre Welt*, Hoffmann und Campe, 2013 ; *Angela Merkel. The Chancellor And Her World*, Alma Books, 2014.

Matthew Qvortrup, *Angela Merkel. Europe's Most Influential Leader*, Overlook Duckworth, 2016.

Jean-Paul Picaper, *Angela Merkel. Une chancelière à Berlin*, Jean-Claude Gawsewitch, 2005.

Baudouin Bollaert, *Angela Merkel*, Éditions du Rocher, 2006.

Florence Autret, *Angela Merkel. Une Allemande (presque) comme les autres*, Tallandier, 2013.

Nicolas Barotte, *François et Angela, Grasset*, 2015.

訳者参考文献

アンゲラ・メルケル著『わたしの信仰　キリスト者として行動する』（フォルカー・レーシング編、松永美穂訳）新教出版社、2018年

佐藤伸行著『世界最強の女帝　メルケルの謎』文春新書、2016年

三好範英著『メルケルと右傾化するドイツ』光文社新書、2018年

川口マーン惠美著『メルケル仮面の裏側』PHP新書、2021年

謝辞

アンゲラ・メルケルとごく親しくあるいはやや距離をおいて接し、快く取材に応じてくださった多くの方々に厚く御礼申し上げます。とくに左記の方々に感謝いたします。

旧東ドイツ時代から統一後に至るまでメルケルの同僚あるいは友人だった方々：ハンス＝ウルリヒ・ベースコウ、ライナー・エッペルマン、ハルトムート・ホーヘンゼー、ゴットフリート・ケルナー、ヘルリンデ・ケルブル、アンドレア・コスター、ウルリヒ・マテス、ギュンター・ヌーク、ミヒャエル・シントヘルム、フォルカー・シュレンドルフ、アリス・シュヴァルツァー、ペーター・ストランクに。

敵味方関係なく、ドイツの政治家たち：アンドレアス・アペルト、ダニエル・コーン＝ベンディット、アンドレアス・エーベル、ヨシュカ・フィッシャー、リュディガー・クルーゼ、ロタール・デメジエール、ヴォルフハルト・モルケンティン、フリートベルト・プリューガー、クラウス・プレシュレ、ヴォルフガング・ショイブレ、ラルフ＝ギュンター・シャイン、オーラフ・ショルツ、マンフレート・ヴェーバーに。

「メルケルさん」に少なくとも一回は票を入れた、リューゲン島の元漁師、ハンス＝ヨアヒム・ブルに。

ドイツ以外の指導者あるいは交渉相手：ミシェル・バルニエ、クレマン・ボーヌ、ジョン・バーコウ、トニー・ブレア、ティエリー・ブルトン、カーラ・ブルーニ＝サルコジ、アラステア・キャンベル、シルヴィ・グラール、フランソワ・オランド、パスカル・ラミー、ブリュノ・ル・メール、ジャン＝ダヴィッド・ルヴィット、エマニュエル・マクロン、ジョナサン・パウエル、ファビアン・レイノー、イヴァン・ロジャースに。

ドイツ政治の専門家たち：ラルフ・ベスト、ニコラウス・ブローメ、リュカ・ドゥラットル、クレール・ドゥメスメイ、ティナ・ヒルデブラント、アレクサンドル・ロビネ＝ボルゴマノ、ダニエラ・シュヴァルツァー、コンスタンツェ・ステルゼンミュラー、トーマス・ヴィーダー

過去および現在においてアンゲラ・メルケルの側近を務めた方々、信頼をお寄せくださったことに深謝します：ペーター・アルトマイヤー、エーファ・クリスチャンセン、ウーヴェ・コルセピウス、クリストフ・ホイスゲン、ニコラウス・マイヤー＝ラントルート、シュテフェン・ザイベルト、ウルリヒ・ヴィルヘルム。

そして、我がチーム、ノエミとアラン・フラション、苦楽を共にしてくれた陽気な仲間、アレクサンドル・ロビネ＝ボルゴマノとクレール・デスムメイ、友人の発行者ローラン・ベッカリア、そしてアレーヌ社の皆さんに感謝。三〇年間私を各地に派遣し、そして二〇一六年にはアンゲラ・メルケルについての連載をさせてくれた『ル・モンド』紙に感謝。

最後になりましたが、いつだったか大真面目に「フラウ・マリオン・フォン・デル・メルケル」と宿泊代の請求書に書いてくださった、シュトラールズントのホテル・ツァ・ポストに御礼を申し上げます。

アンゲラ・メルケル　関連年表

1954	Ⓜ当時の西ドイツ、ハンブルクで生誕（7月） Ⓜ牧師の父の赴任に伴い、東ドイツに移住
1957	ローマ条約調印、EEC発足
1961	ベルリンの壁がつくられる、東西冷戦本格化
1973	Ⓜライプツィヒ大学（カール・マルクス大学）で物理学を専攻
1977	Ⓜドイツ社会主義統一党の下部組織、自由ドイツ青年団に所属
1977	Ⓜウルリヒ・メルケルと学生結婚、その後離婚（82年）
1978	Ⓜ科学アカデミーに就職し東ベルリンに居住
1982	西ドイツにCDU・CSUとFDPによるコール連立政権発足
1985	ゴルバチョフが共産党書記長に就任、ソヴィエト連邦でペレストロイカはじまる
1986	Ⓜ理学博士号取得　チェルノブイリ原発事故
1989	ベルリンの壁が崩壊　ⓂDAに参加　東欧革命
1990	ⓂDAの広報官に（2月）　東ドイツ初の自由な議会選挙でデメジエール政権発足、Ⓜ広報官に　DAが東ドイツのCDUに合流 東西ドイツ統一（10月）　Ⓜ統一されたCDUに入党、連邦議会選挙に立候補し当選（12月）
1991	Ⓜ第4次コール内閣の女性・青少年相に、コール首相訪米に同行 湾岸戦争　ロシア連邦大統領選挙でエリツィン当選　ソヴィエト連邦解体
1992	妊娠中絶法成立
1993	マーストリヒト条約発効、欧州連合（EU）発足
1994	Ⓜ第5次コール内閣で環境・自然保護・原子力安全相に
1997	英ブレア労働党政権発足（前任は保守党のメージャー）　アムステルダム条約調印
1998	連邦議会選挙で敗北し、コールがCDU党首を辞任（後任はショイブレ）、SPDと緑の党によるシュレーダー連立政権発足（10月） ⓂCDU幹事長に　Ⓜヨアヒム・ザウアーと結婚（12月）
1999	共通通貨ユーロ導入　ポーランド、チェコ、ハンガリーが北大西洋条約機構（NATO）加盟、NATO東方拡大へ

※Ⓜはメルケル本人の出来事を示す
政党の略号は以下の通り。

CDU：キリスト教民主同盟
CSU：キリスト教社会同盟
FDP：自由民主党
SPD：社会民主党
DA：民主的出発

2000	NATOによるコソヴォ空爆　コール前首相へのヤミ献金が発覚、🅼フランクフルター・アルゲマイネ紙にコール批判を寄稿（12月）、コール政界引退
	ショイブレCDU党首辞任（2月）、🅼CDU党首に（4月）　露プーチン政権発足　米大統領選でブッシュ（子）当選
2001	米同時多発テロ、アフガニスタン紛争
2002	連邦議会選挙でシュレーダー連立政権が継続　🅼連邦議会CDU・CSU連合議員団長を兼務
2003	イラク戦争
2005	欧州憲法条約（2004年調印）批准をフランスとオランダが国民投票で拒否
	連邦議会選挙でCDU・CSUが勝利、SPDと連立政権、🅼歴代最年少で初の女性首相に（11月）
2007	ドイツが上半期EU議長国　仏サルコジ政権発足（前任はシラク）　🅼ハイリゲンダムG8サミットを主宰（6月）　リスボン条約調印
2008	コソヴォがセルビアからの独立を宣言　リーマン・ショック
2009	米オバマ政権発足、連邦議会選挙でCDU・CSUが勝利、FDPと連立政権、🅼二期目の首相に
	欧州理事会初代常任議長（EU大統領）にファン・ロンパイ　ギリシャ危機表面化欧州債務危機へ
2010	英キャメロン保守党政権発足（前任は労働党のブラウン）
2011	シリア内戦はじまる　福島原発事故　3か月の原子力モラトリアム（3月）、2022年末までのドイツの原発停止を決定（5月）、
	ノルド・ストリーム稼働開始
2012	仏オランド政権発足　ギリシャ債務危機沈静化
2013	連邦議会選挙でCDU・CSUが勝利、SPDとの連立政権が継続、🅼三期目の首相に
2014	クリミア〜ウクライナ危機、ミンスク合意
2015	ミンスク2合意　🅼エルマウG7サミットを主宰（6月）　イラン核合意　シリア難民百万人を受け入れ　ギリシャに金融支援（8月）　パリ協定採択
2016	国民投票で英国がEU離脱を決定　連邦議会選挙（9月）でCDU・CSUが勝利するも連立は難航　「ドイツのための選択肢」が躍進
	米大統領選挙でトランプ当選
2017	CDU・CSU、SPDと連立政権（3月）、🅼四期目の首相に　仏マクロン政権発足　コール前首相のEU葬（6月）
2018	🅼2021年の任期限りでの政界引退を表明（10月）、CDU党首を退任、後任はクランプ=カレンバウアー（12月）
2019	英ジョンソン政権発足（前任はメイ）　欧州委員会委員長にフォン・デア・ライエン（前任はユンケル）　コロナ感染のパンデミック
2020	ドイツが下半期のEU議長国　英国がEU正式離脱決定　EU復興基金で合意　米大統領選挙でバイデン当選
2021	CDU党首にラシェット（1月）　連邦議会選挙でSPDが勝利し、緑の党、FDPとの連立政権発足　🅼首相退任（12月）

あとがき

一六年間に及んだドイツ連邦首相の座を明け渡そうとしているアンゲラ・メルケルの評伝というべき本書は、最初に *Angela Merkel, l'ovni politique*〔アンゲラ・メルケル、政界に降り立ったＵＦＯ〕という題名で、二〇一七年にアレーヌ社から刊行された。訳者がこの本を読んだのは、二〇二〇年三月、新型コロナウイルス感染症が日本においても本格的な拡大を見せ始めた頃だった。その直前の二月末までは、在位一四年を超えたメルケルはもはや精根尽き果てたも同然、威信を保ちたいのであれば二〇二一年九月の連邦議会選挙を待たずに退陣すべきとまでメディアが書き立てた。

二〇一五年、百万人の難民を受け入れるためにメルケルが説いた連帯の必要性は、難民に関連する犯罪やテロの多発によって説得力を失った。ドイツは難民問題をめぐって分裂し、「私たちはやり遂げます」という威勢の良い掛け声とともに、難民を快く迎えるよう国民に求めたメルケルに非難が集中した。

感染症拡大が進むにつれ、メルケルはヨーロッパの危機を感じた。長い間ドイツの首相として重大な局面はいくらも乗り越えてきたが、この危機は彼女自身の「哲学の変化」を促すものだった。

三五歳のとき、不動と思い込んでいたベルリンの壁の崩壊を目の当たりにし、国家とイデオロギーがいともたやすく基盤を失うなか、政治の世界に足を踏み入れたメルケルは、ＥＵも民主主義も無敵ではないと知っていた。有効な手を打たなければ、このたちの悪いウイルスがヨーロッパ連合という大切な共同体に致命的な打撃を与えるのではないかという危惧にメルケルは奮い立った。二〇二〇年三月一八日、感染拡大を防ぐため、国民の結束を訴えた彼女のスピーチは世界中で反響を呼んだ。一人一人が制約を受け入れ、自由を犠牲にした連帯に与しなければならないとメルケルは説いた。こうした落ち着いたコロナ対策で、直前まで政治的にも肉体的にも力尽きたとさえ言われたメルケルの支持率は、この時期急激に回復し、存在感は高まった。

牧師の父親を持ち、東ドイツに育ち、物理学者から政治家に転身して首相の座に上りつめたメルケルとはどういう人物なのか、その内面にまで迫ろうとしたのが本書である。旧版は二〇一七年刊であったため鮮度がいまひとつの観があったが、幸いにも著者のマリオン・ヴァン・ランテルゲム氏は大幅に内容を一新し、題名も *C'était Merkel*〔それはメルケルだった〕と改め、今春の刊行に漕ぎつけた。

改訂版を一読して改めて感じたのは、フランス人ジャーナリストである著者の果敢な取材力である。しかも粘り強い働きかけが実り、ここ数年で人脈はさらに広がったらしい。旧版では、首相官邸の式典行事に潜り込み、メルケルとほんの五分間話ができたというだけで、ミーハー少女が大スターに会えたかのようなのぼせ方をした彼女が、今やメルケルの内輪の夕食会に招かれ、この四月にはパリの大統領官邸でマクロンに独占インタビューを行なっているのだ。本書の魅力は、何より彼女の旺盛な好奇心が引き出した、アンゲラ・メルケルをめぐる人々の肉声が新鮮な形で集められていることだと訳者は思う。

末筆ながら、赤羽高樹、寺嶋誠、神田順子の各氏には貴重な助言を賜りました。東京書籍の藤田六郎、フランス著作権事務所のカンタン・コリーヌ、ダルトア・ミリアンの各氏には本書の刊行に際し多大なご尽力を頂きました。この場をお借りして心より御礼申し上げます。

二〇二一年七月
清水珠代

著者

マリオン・ヴァン・ランテルゲム　Marion Van Renterghem

1964年、パリ生まれ。ジャーナリスト、『ル・モンド』元記者。2018年、*Angela Merkel, l'ovni politique*〔『アンゲラ・メルケル——政界に降り立ったUFO』2017年〕でシモーヌ・ヴェイユ賞を受賞。主な著書に、*Les Rescapés*〔『生存者』2005年〕、*FOG, Don Juan du pouvoir*〔『フランツ=オリヴィエ・ジズベール——権力のドンファン』2015年〕、*Mon Europe, je t'aime moi non plus*〔『私のヨーロッパ——ジュ・テーム・モワ・ノン・プリュ』2019年〕などがある。

訳者

清水珠代　しみずたまよ

翻訳家。上智大学文学部フランス文学科卒業。訳書に、ジャン=クリストフ・ブリザールほか『独裁者の子どもたち　スターリン、毛沢東からムバーラクまで』、ディアンヌ・デュクレほか『独裁者たちの最期の日々』、アンヌ・ダヴィスほか『フランス香水伝説物語　文化、歴史からファッションまで』（以上、原書房）、フレデリック・ルノワール『生きかたに迷った人への20章』（柏書房）、共訳書に、ヴィリジル・タナズ『チェーホフ』（祥伝社）、セルジュ・ラフィ『カストロ』、アレクシス・ブレゼほか『世界史を作ったライバルたち』（以上、原書房）、バティスト・コルナバス『地政学世界地図』（東京書籍）などがある。

アンゲラ・メルケル

東《ひがし》ドイツの物理学者《ぶつりがくしゃ》がヨーロッパの母《はは》になるまで

マリオン・ヴァン・ランテルゲム　著
清水珠代　訳

2021年 9月 6日　第1刷発行
2021年12月28日　第4刷発行

発行者	渡辺能理夫
発行所	東京書籍株式会社
	〒114-8524 東京都北区堀船 2-17-1
	03-5390-7531（営業）　03-5390-7500（編集）
デザイン	榊原蓉子（東京書籍 AD）
DTP	川端俊弘（WOOD HOUSE DESIGN）
企画協力	赤羽高樹（エスエフ・プレス）
編集協力	寺嶋誠　小池彩恵子
印刷・製本	図書印刷株式会社

ISBN978-4-487-81469-5 C0023

出版情報　https://www.tokyo-shoseki.co.jp
乱丁・落丁の場合はお取り替えいたします。